교회를 섬기는
자들에게

교회를 섬기는 자들에게

초판 발행	2021년 7월 7일
지은이	한양훈
발행인	한뿌리
총괄	이소진
교정	황가영
펴낸곳	有하
등록	2014년 4월 24일 제 2016-000004호
주소	서울 강서구 방화대로 44길 49
전화	02-2663-5258
팩스	02-2064-0777
저자 연락처	010-3394-5257, 010-8357-5257
	이메일 hyh530205@naver.com
인쇄	인스 P&B

값 22,000원
ISBN 979-11-85927-39-8
*이 책의 저작권은 저자에게 있습니다.

디모데전·후서, 디도서 강설

교회를 섬기는 자들에게

한양훈 지음

有하

차례

머리말   9

디모데전서

1장   믿음 안에서 아들 된   15
       다른 교훈   22
       율법이 필요한 자   29
       죄인 중에 괴수   37
       믿음과 착한 양심   44

2장   기도에 대하여   53
       중보자는 한 분이시다   61
       남자와 여자의 위치   67

3장   감독의 자격은   78
       집사의 자격   91
       경건의 비밀   103

4장   거짓말하는 자들   112
       좋은 일꾼   119

	성숙을 나타내라	126
5장	성도를 대할 때	137
	선한 행실의 증거	144
	사탄에게 돌아간 자	152
	장로들에게	158
6장	상전과 종의 관계	169
	자족하는 마음	173
	선한 싸움을 싸우라	182
	정함이 없는 재물	188
	네게 부탁한 것을 지키라	194

디모데후서

1장	사랑하는 아들 디모데	203
	거짓이 없는 믿음	207
	하나님의 능력을 따라	211
	그가 지켜주신다	216
	아시아 사람들	223

2장	예수 그리스도의 군사	229
	함께 왕 노릇하다	238
	인정받는 일꾼	246
	그릇의 종류	254
	거역하는 자들	259
3장	사악한 자에게서 돌아서라	270
	모세를 대적하다	281
	나를 건지셨다	289
	성경을 알았나니	295
4장	너는 말씀을 전파하라	303
	면류관이 예비되다	310
	자기 길로 가다	317
	남은 자와 떠난 자	322
	힘을 주신 이유	327
	편지의 마무리	331

디도서

1장 바울이 디도에게 339
그레데에서 할 일 348
그레데인 356

2장 합당한 교훈 365
선한 일을 열심히 375

3장 중생의 씻음과 성령의 은혜 383
이단에 속한 사람 392
마지막 인사 398

함께 읽으면 좋은 책 403

머리말

　나는 신학생 시절 마틴 로이드 존스의 『목사와 설교』라는 책을 읽고 큰 감동을 받았다. 목사 후보생으로서 무엇을 갖추어야 하는지 설득력 있게 설명해주었기 때문이다. 우리가 누구에게 충고하거나 가르치려면 그럴 만한 자격이 있어야 하고, 그랬을 때 그 가르침을 마음으로 받을 수 있다. 마틴 로이드 존스가 잘 준비된 목회자였던 것은 이 때문이다. 바울 사도는 그의 제자 디모데와 디도에게 목회자에게 필요한 여러 교훈적 내용을 서신으로 보냈다. 이 서신의 글은 성령이 역사하셔서 기록되었으므로 오늘날 우리는 하나님의 말씀으로 받아들인다. 그러므로 하나님의 나라를 위하여 일하는 사람들은 이 서신서를 잘 알고 실천해야 한다. 그것이 사명자의 책무다.

　목회를 시작하고 40여 년의 세월을 보내고 나니 목회의 전선에서 일하고 있는 사역자들에게 전해주고 싶은 이야기를 갖게 되었다. 그래서 부족하나마 그 이야기를 이 책에 담아보았다. 나는 개인적으로 목사인 아버지에게서 목사로서 갖추어야 할 것에 대해 많은 것을 배웠다. 하지만 지난 시간을 뒤돌아보니 잘 감당하지 못한 일들이 많아서 부끄러운 마음을 고백하지 않을 수 없다. 일곱 살에 예수님을 영접하시고 마흔 초반부터 성령의 사람이 되어 90세를 살다 가신 아버지가 새삼 존경스럽다. 아버지는 진실로 주님을 무척이나 좋아하셨던 분이다. 우리는 모두 주님을 위해 수고하다가 주님을 만나는 것을 소망해야 한다. 우리는 바울의 서신을 통해 성도의 삶의 방향을 확인할 수 있다.

  이 책은 나의 스물한 번째 책으로, 영역본 세 권과 중국어역본 다섯 권을 더하면 스물아홉 번째 책이 된다. 끝으로 이 책이 출간되는 데 수고해준 나의 비서 이소진 자매와 출판 담당 황가영 자매에게 마음을 다해 감사드린다. 이들의 수고가 없었다면 이 책은 세상에 나오지 못했을 것이다.

2021. 7. 1

한양훈

디모데전서

1 TIMOTHY

개론

사도 바울은 자신의 탁월한 제자이자 아들로 삼은 디모데에게 편지를 보냈습니다. 처음 보낸 서신은 디모데전서, 나중에 보낸 서신은 디모데후서로 이름 붙여졌습니다.

디모데는 최초로 목사가 되었는데, 많은 사도와 선지자들과 유력한 사람들이 그가 목사로 자격이 있음을 인정하고 안수해준 것입니다. 초대교회 시절에 훌륭한 그리스도인이 많았습니다. 순교한 사람, 핍박에도 믿음을 지킨 사람, 끝까지 진리를 실천한 사람이 수를 셀 수 없었습니다. 그런데 목사로 안수를 받은 사람이 디모데를 비롯해 극소수밖에 되지 않았던 것은 아쉽습니다. 하지만 이 상황을 다르게 생각해보면 목사는 아무나 되어서는 안 되며 모두가 인정할 만한 신실한 사람이어야 한다는 것입니다. 오늘날 교회도 이 정신을 가져야 합니다. 아무리 생각해보아도 초대교회는 멋진 교회입니다. 만일 어느 누가 초대교회로 돌아가자고 외친다면 핍박을 이기고 기도에 힘쓰며 하나님 중심으로 살아야 합니다. 그리고 교회를 위해 일하는 지도자들은 영적으로 철저히 준비해야 합니다.

디모데전서는 사도 바울이 에베소 교회에서 목회하고 있는 디모데에게 무엇이 진정한 복음이고, 교회 안에 있는 다른 교훈을 가르치는 사람들에 대해 어떻게 대처해야 하는지를 가르쳐주는 책입니다. 살아계신 하나님의 뜻과 섭리, 가르치심이 사도 바울의 입을 통해 드러납니다. 교회를 바로 세우려면 먼저 진리 가운데 바로 서야 합니다. 교회를 세우는 것보다 교회 안에서 진리가 바로 선포되는 것이 우선되어야 합니다. 교회에서는 하나님에 대해, 사람에 대해, 하나님과 사람의 관계에 대해 그리고 천국과 지옥을 비롯해 중요한 진리에 대해 바르게 가르쳐야 합니다. 교회가 이런 진리를 잘 선포하려면 디모데가 바울과 같은 좋은 스승에게서 잘 훈련받고 교회에서 가르쳤던 것과 같은 일이 지속되어야 합니다. 그럴 때 진리가 널리 확산되고 교회가 교회다워집니다.

목사가 교회를 섬길 때 원리와 원칙이 있습니다. 하나님 말씀과 뜻에 근거하여 교회를 운영하고 섬겨야 합니다. 자기 사상이나 생각, 세상의 풍습에 따라 움직일 생각은 접어야 합니다. 교회는 하나님이 주인이시기 때문입니다. 사도 바울이 디모데에게 가르친 교회 운영에 대한 교훈을 오늘날 우리에게 가르쳐주신 교훈으로 받아들여서 잘 실천해야 합니다. _1 TIMOTHY

1 TIMOTHY

1장

믿음 안에서 아들 된

1절 "우리 구주 하나님과 우리의 소망이신 그리스도 예수의 명령을 따라 그리스도 예수의 사도 된 바울은." 바울의 인사가 길게 이어집니다. 바울은 자신이 어떤 사람인지를 분명히 밝히고 있습니다. 바울이 디모데에게 자신에 대해 드러내는 내용을 살펴보면 분명히 자신을 소개하는 것 같으면서도 예수님에 대해 말하고 있는 것을 볼 수 있습니다. 자신에게 사도직을 허락하신 예수님이 어떤 분인지, 자신이 누구의 사람인지, 자신이 누구의 명령을 따라 일하는지 등 바울의 진실성과 신분을 밝히 드러내고 있습니다.

목회자는 자신이 어떤 사람인지 확실히 말해주어야 듣는 사람들이 그를 따를지 말지를 결정할 수 있습니다. 아군인지, 적군인지, 누구에게 속하였는지, 자신의 정체를 밝히는 것이 중요합니다. 자신을 소개하면서 미화하고 과장하는 사람이 있는데, 나중에 그 말이 사실이 아니라고 밝혀지면 불신의 화살로 돌아올 수 있습니다. 이와 반대로 자신에 대해 치

부까지 솔직히 드러냈는데 그것이 도리어 두터운 신뢰를 쌓는 첫걸음이 되기도 합니다. 바울은 디모데에게 자신을 가감 없이 드러냈습니다.

사람은 자신을 잘 아는 것이 필요합니다. 자신이 누구인지 모르면 어느 곳에 있든, 무엇을 하든 실수하고 질서를 무너뜨리며 책임을 감당하지 못하기가 쉽습니다. 자신을 냉정하게 판단하고 제대로 알 때 어떤 일도 책임감 있게 감당하고 문제를 일으키지 않습니다. 그래서 인생에서 가장 중요한 것이 자신을 아는 것입니다.

바울은 먼저 자신을 보내신 예수님에 대해 "우리 구주 하나님"이라고 하였습니다. "구주"라고 하는 것은 "예수"라는 말과 같은 말입니다. 헬라어로는 "예수아"인데, 이 또한 같은 의미입니다. 바울이 하나님을 구주라고 한 이유는 그분이 만물을 보존하실 뿐 아니라 그리스도를 통하여 그분의 백성을 구속하시기 때문입니다. 바울 당시 "구주"라는 단어는 광범위하게 사용되었는데, 이방 황제를 숭배하는 집단에서도 사용되었습니다(거스리). 이 단어가 정치적으로 쓰이면 나라의 압제나 포로, 식민지 생활에서의 구주를 뜻합니다. 나라를 구원하고 민족을 일으키는 사람에게도 "구주"라고 하고, 기업을 일으킨 사람에게도 "구주"라고 하는 등 모든 분야에서 폭넓게 쓰이는 단어였습니다.

그 당시 로마 황제를 가리켜 사용한 "구주"라는 말을 그대로 써서 하나님을 표현한 데는 바울의 의도가 숨겨져 있습니다. 로마 황제가 우리를 살린 구주이고 우리의 신이라는 생각을 가진 사람들에게 맞서서 황제가 구주가 아니라 하나님이 우리의 구세주시라는 것을 선포하는 것이었습니다. 이는 당시에는 엄청난 파장을 일으킬 수 있는 말입니다. 황제가 신처럼 군림하던 아둔한 시대에 이렇게 담대하게 말할 수 있다는 것은 대단한 용기입니다. 이 글은 많은 사람 앞에서 읽혀지는 것이었기에 잘못하면 누군가가 이를 증거로 바울을 고발할 수도 있었습니다. 말은 번복할 수 있지만, 글로 적힌 것은 명백한 증거 자료가 되기에 변명의 여지가 없는 일이었습니다. 잘못하면 체포되어 죽을 수도 있었지만, 바울은 담대하게 말한 것입니다. 바울은 주님을 만난 뒤로는 주님을 증언하는 데 목숨을 걸었습니다. 하나님은 모든 선하고 복된 것의 원천이자 근원이십니다(매튜 풀).

바울은 예수님이 "우리의 소망"이시라고 하였습니다. 우리의 소망은 황제나 귀족에게 있지 않고 오직 예수 그리스도께 있다는 것을 이 본문에 명시하고 있습니다. 이 땅에 사는 누구도, 어떤 권세가나 어떤 재벌가도 우리의 소망이 아닙니다. 또 존경받는 종교인이라 해도 소망이 될 수 없다는 것을 사도 바울은 밝히고 있습니다. 소망은 오직 예수 그리스도뿐입니다.

바울은 자기 자신을 "그리스도 예수의 명령을 따라 그리스도 예수의 사도 된 바울"이라고 하였습니다. "명령"은 복종할 수밖에 없는 왕의 명령이라고 할 수 있습니다. 바울이 황제의 명령을 따라 사도가 되었다면 영적 권위에 문제가 생깁니다. 정치가가 어떤 권리로 영적 왕이신 예수님의 사도, 즉 대사를 임명할 수 있겠습니까? 오직 예수 그리스도께 사도직을 받아야 정통성이 있는 것입니다.

이 세상에는 스스로 목사라고 칭하는 사람도 있고, 또 스스로 예수라고 주장하는 사람도 있습니다. 자신을 가리켜 보혜사라고도 하고, 하나님이라고도 합니다. 세상이 혼란스럽고 무질서합니다. 스스로 사도가 되고 목사가 되는 것은 영적 근간이 무너지는 일입니다. 그런 세상에서 성도들이 살아가고 있습니다.

2절 "믿음 안에서 참 아들 된 디모데에게 편지하노니." 바울은 결혼하지 않았지만 디모데를 아들이라 하였습니다. 디모데를 아들로 삼은 것은 바울이 자기 마음대로 한 것이 아니라, 바울이 주님과 친밀하였으므로 기도 중에 응답을 받았을 것이고, 디모데도 동의한 것입니다. 그래서 바울은 디모데에 대해 "믿음 안에서 참 아들"이 되었다고 하였습니다. 그들은 믿음 안에서, 즉 예수님의 사랑과 사명과 법도 안에서 이러한 영적인 혈연관계를 맺었습니다.

바울에게 디모데는 영적인 아들이지만, 한편으로는 바울이 지도를 베푼 스승과 제자 관계였습니다. 바울은 많은 사람을 가르쳤고, 그 중에서 특별히 디모데를 아들로 삼은 것입니다. 바울이 아들로 삼을 만큼 디모데는 대단한 인물입니다. 디모데는 초대교회 인물 가운데 예수님의 열두 제자 외에 다섯 손가락 안에 드는 사람으로 보아도 무방합니다. 그는 최초로 에베소 교회의 감독직을 맡았습니다(유세비우스). 바울과 디모데는 서로 아버지가 될 만하고 아들이 될 만한 영적 수준의 사람들이었습니다.

양아버지가 되고 양아들을 삼는 바울의 모습을 보면 어떤 사람들이 서로 아버지로 삼고 아들로 삼는다고 할 때 인정할 수도 있습니다. 하지만 모두가 바울을 무조건 따라할 수는 없습니다. 모든 사람이 영적으로 큰 도움을 주고받기가 어렵기 때문입니다. 지난날 한국 사회는 전쟁고 아도 많고, 깨진 가정도 많고, 객지에서 생활을 하던 사람도 많아서 교회 안에서 서로 위로하고 돕기 위해 아들과 딸로 삼는 경우가 많았습니다. 그러나 지금은 그렇게 어려운 환경이 아닙니다. 그래서 영적인 아버지와 아들로 관계를 맺는다고 하는 것이 어울리지 않는 경우가 대부분입니다.

그러나 바울과 디모데처럼 영적인 아버지와 아들이라고 할 정도로 영적인 수준이 높은 두 사람이 부자 관계를 맺는다고 할 때, 즉 예수님의 진리와 법도 안에서 참 아버지와 아들이 되는 관계에 대해서는 시비를 걸 수 없습니다. 바울과 디모데의 관계가 순수한 것은 나중에 초대교회에서 디모데가 많은 역할을 하는 것을 보면 알 수 있습니다. 진정으로 그들의 관계는 하나님이 기뻐하시는 참 아버지와 아들의 관계였던 것을 알 수 있습니다.

"하나님 아버지와 그리스도 예수 우리 주께로부터 은혜와 긍휼과 평강이 네게 있을지어다." 바울은 디모데에게 하나님 아버지와 그리스도 예수 주께로부터 은혜와 긍휼과 평강이 있기를 진정으로 바라고 있습니다. 영적인 복이 있기를 바라는 것입니다. "은혜"란 하나님이 죄인을 구원해주시는 호의입니다(박윤선). 우리가 어떤 사람에게 은혜도 받고 도움도 받을 수 있지만 이는 표면적인 것이고, 그 깊은 의미는 주님이 주신 은혜가 그 배후에 있다는 것입니다. 주님이 사람과 환경을 통해 은혜를 주시는 것입니다. 특히 영적인 복은 더욱 그렇습니다. 그래서 바울은 우리 주 예수 그리스도를 통해 디모데가 은혜를 받고 긍휼을 받기를 원한다고 말한 것입니다.

"긍휼"은 끝이 없는 은혜로서, 긍휼은 인간의 삶에서 정말 귀한 것입니다. 이는 좋은 부모가 죽을 때까지 자식을 사랑하는 것을 말합니다. 목숨을 바치시면서까지 사랑하신 주님이 주시는 긍휼입니다.

또 평강이 있어야 합니다. "평강"은 구원받은 죄인이 누리는 영적 평안입니다. 이 땅에서 사는 동안 마음에 평강이 있고, 평안하며, 평화와 기쁨, 감사가 있어야 합니다. 그래야 사는 보람이 있습니다. 하나님 나라 안에서도, 가정과 교회에서도 마찬가지입니다. 우리가 회개하고 바르게 살며 원칙을 지켜서 우리의 삶 가운데 진리가 드러나야 합니다. 그러나 모든 일의 결론은 평강이어야 하며, 결론이 좋아야 정의와 진리가 빛을 발합니다. 이것이 성도의 삶의 목표가 되어야 합니다.

하나님은 성도를 징계하시기도 하지만, 그 목표는 성도와 하나님이 좋은 관계를 맺기 위함입니다. 부모는 자녀를 양육할 때 필요에 따라 훈계하고 매를 들 수 있습니다. 하지만 그 모든 행위가 정당하더라도 결과가 은혜롭지 않다면 과정을 되짚어보아야 합니다. 부득이하게 다른 사람을 꾸짖을지라도 서로 다투고 관계가 끝난다면 잘못된 것입니다. 진리를 추구하고 원칙을 지키며 징계할 수도 있지만, 진정한 결론은 인생에 평강을 주기 위한 것이어야 합니다.

그래서 성도는 평강이라는 답에 맞추어 과정을 진행해야 합니다. 그 식을 어떻게 풀지는 상황에 따라 달라집니다. 그때그때 대처 방법이 다르겠지만, 답은 진리 안에서 평강입니다. 가정과 교회, 나라, 어디든 내가 머문 곳에 은혜와 긍휼과 평강이 드러날 때 내가 부모로서, 지도자로서의 역할을 다한 것이라고 할 수 있습니다.

긍휼은 하나님이 죄인들의 비참한 형편을 불쌍히 여기셔서 평강을 주시는 것입니다. 은혜로우신 하나님이 죄지은 대로 갚지 않으시고 긍휼로 대우해주시므로 우리는 소망을 가질 수 있습니다.

다른 교훈

3절 "내가 마게도냐로 갈 때에 너로 권하여 에베소에 머물라 한 것은." 사도 바울이 디모데는 에베소에 머물게 하고, 자신은 바다를 건너서 마게도냐로 갔습니다. 아마도 그가 첫 번째로 로마 감옥에 갇혔다가 풀려난 뒤 마게도냐에 갔을 것으로 추측됩니다. 디모데는 에베소 교회의 상황을 잘 알고 있었지만, 바울은 편지를 써 보내면서 디모데에게 에베소에 머물라고 한 이유를 밝힙니다.

"어떤 사람들을 명하여 다른 교훈을 가르치지 말며." 에베소 교회에 있는 어떤 사람들이 다른 교훈, 즉 그리스도가 가르쳐주시고 바울이 가르쳐준 것이 아닌 다른 것을 가르치고 있다는 것입니다. "다른 교훈"은 영지주의 색채가 있는 유대주의의 주장일 것입니다. 그들은 금욕주의와 허탄한 이야기를 퍼뜨렸습니다. 바울은 이런 어처구니없는 사실을 알고 충격을 받았을 것입니다. 그래서 디모데를 머물게 하여 성도를 바로 가르치게 했다는 것입니다. 사도 바울이 아는 하나님 나라의 지식과 디모데가 알고 있는 지식이 동일하므로 자신을 대신해 디모데가 거기에 머물면서 가르치게 한 것입니다.

교회에서는 하나님의 가르침이 한결같아야 합니다. 한 물줄기의 생수가 흘러내려야 하는데 어떤 때는 붉은 물, 어떤 때는 시커먼 물이 흐르면 혼란스러울 수밖에 없습니다. 그 모든 물이 그리스도에게서 왔으면 상관이 없지만, 출처가 다른 오염된 물이 흐른다면 물을 변질시키는 것이지 다양한 은혜를 주는 것이 아닙니다. 물론 은혜의 내용은 다양하지만, 그 은혜가 인정받으려면 그리스도로 통일되어야 합니다. 이런 맥락에서 바울은 에베소 교회에 흐르는 교훈이 통일된 신학이나 통일된 가르침이 아니라고 판단한 것입니다. 그래서 디모데가 에베소에 머물면서 엉뚱한 사람들의 다른 가르침을 막도록 임무를 준 것입니다.

4절 "신화와 끝없는 족보에 몰두하지 말게 하려 함이라." 바울이 계속해서 말하는 것은 다른 교훈을 가르치는 것이 왜 문제가 되는가 하는 것입니다. 바울은 그들의 문제점을 정확하게 제기하고 있습니다. 에베소 교회 안에 신화와 끝없는 족보에 몰두하는 사람들이 있다는 것입니다. "신화"는 유대주의자들이 구약의 족보에 덧붙여 말한 여러 가지 허황된 이야기입니다. 족보 이야기는 다른 어느 민족보다 유대인들이 제일 많이 할 것입니다. 에베소 교회에는 오래 하나님을 믿은 사람들, 구약 교회에서 수백 년, 아니 천 년이 넘는 기간 동안 하나님을 섬긴 사람들의 후손이 있었습니다. 아브라함 때로 거슬러 올라가면 2천 년을 믿은 사람들입니다. 그들은 예수님을 믿는다고 하면서도 예수님 이야기보다는 자신들의 선조 이야기인 족보에 대해서 더 많이 관심을 가졌고, 더 많이 말했습니다. 이런 알맹이 없는 대화는 아무리 긴 시간 이야기해도 마음에 열매를 맺지 못합니다. 즉 "끝없는"은 일정한 결론도, 목적도 없다는 것입니다(이상근).

바울은 이를 단순한 족보가 아닌 신화라고 표현하고 있습니다. 유대인 랍비들이 쓴 신화에 대한 책이 많습니다. 우리가 아무리 받아들이고 싶어도 영적으로나 역사적으로 이해하기 힘든 내용이 많습니다. 조상들의 이야기를 과장하고 부풀린 것이 대부분입니다. 합리적 근거는 없지만, 유대인들에게 듣기 좋은 내용이어서 그들은 모이면 족보에 관한 대화를 한도 끝도 없이 한 것입니다. 에베소에 있던 이방 출신의 성도들은 예수님만이 구주이시고 예수님 이야기로 만족했는데, 한쪽에서는 유대인 출신의 성도들이 따로 모여서 이런 들어보지도 못한 이야기를 하며 시간을 낭비하고 있었던 것입니다. 이렇게 사람들이 신화와 끝없는 족보 이야기에 함몰되어 진정 교회에서 가르쳐야 하는 예수 그리스도의 보혈과 부활을 충분히 가르치지 못하는 상황이 되어버렸습니다.

"이런 것은 믿음 안에 있는 하나님의 경륜을 이룸보다 도리어 변론을 내는 것이라." 교회가 해야 할 것은 하나님이 원하시는 것이 무엇인지, 하나님이 우리에게 원하시는 뜻과 섭리가 무엇인지를 항상 찾는 것인데, 도리어 자신들의 생각을 우선시하며 변론을 일으킬 수밖에 없는 것에 열중했습니다. 변론을 낸다는 것은 서로 맞는지 틀리는지 의견을 내게 하고, 의문을 갖게 하며, 서로 분쟁하게 만드는 것입니다.

5절 "이 교훈의 목적은 청결한 마음과 선한 양심과 거짓이 없는 믿음에서 나오는 사랑이거늘." 여기서 말하는 "교훈"은 교회가 가르치는 교훈으로 율법일 수도 있고, 주님이 가르쳐주신 말씀일 수도 있으며, 사도 바울이 주님께 직접 받은 말씀일 수도 있습니다. 그런데 이 교훈의 목적은 사랑입니다. "청결한 마음"의 뜻은 하나님이 우리에게 바라시는 흠도 티도 없이 깨끗하고, 찌그러지거나, 찢어지거나, 어그러짐 없이 온전하여 맑은 물과 같은 마음을 가리킵니다.

여기서 "선한 양심"이라고 표현한 것은 양심이 사람마다 다르기 때문입니다. 대부분의 사람은 "나는 양심에 전혀 거리낌이 없다"고 하는데, 그 사람의 양심이 어떤지를 살펴보아야 합니다. 나쁜 짓을 하면서도 자신은 양심껏 하고 있다고 생각하는 사람들이 있습니다. 사람마다 자신만의 기준이 있어서 자신의 생각에는 별 문제가 없다는 것입니다. 그런데 하나님은 선한 양심, 즉 악한 것이 조금도 끼어들거나 오염되지 않은 선함을 요구하십니다. 청결한 마음과 선한 양심은 거의 동일시될 정도로 쌍둥이 같은 개념입니다(맥클라렌).

"거짓이 없는 믿음"이라고 하는 것은 거짓이 있는 믿음도 있다는 것입니다. 거짓 없는 믿음은 오직 중생한 심령에서 일어납니다. 진정으로 믿지 않으면서도 믿는다고 고백하는 사람도 있고, 믿음대로 행한다고 하지만 실은 하나님이 명령하신 길이 아니라 사람의 생각으로 행동하기도 합니다. 그것이 다 거짓된 믿음입니다. 순수하게 하나님이 허락하신 믿음과 사탄이 개입된 변질되거나 오염된 믿음이 있을 수 있습니다.

하나님을 진실로 믿고 회개하면 할수록 여기에서 말씀하신 이 세 가지를 달성할 수 있습니다. 회개하지 않는 사람의 말은 오염되었을 가능성이 많아서 믿을 수가 없습니다. 자기의 양심을 기준으로 한다고 하지만, 그 기준이 하나님이 말씀하시는 양심의 수준이 아니기 때문입니다. 회개하지 않으면 누구나 양심이 변질될 수밖에 없습니다. "사랑이거늘"에서 뜻하는 사랑은 거짓이 없는 믿음에서 나오는 것입니다. 믿음은 하나님의 계시를 견고히 붙들고 있는 것을 의미하기 때문에 사랑은 믿음에 뿌리를 두어야 합니다(매튜 풀).

6절 "사람들이 이에서 벗어나 헛된 말에 빠져." "벗어나"라는 표현은 이 구절과 디모데전서 6장 21절, 디모데후서 2장 18절에 나옵니다. 정상적인 믿음은 바로 위에서 언급된 "청결한 마음과 선한 양심과 거짓이 없는 믿음에서 나오는 사랑"인데, 유명한 에베소 교회의 성도 중 어떤 사람들은 이것에서 벗어나 헛된 말에 빠진 성도가 있다는 것입니다. 사람이 만든 많은 세칙들이 다른 사람들의 관심을 끌 수는 있지만, 그것이 덕을 세우지 못하므로 헛된 것입니다(칼뱅). 에베소 교회 성도들은 이 이야기를 듣고 마음이 고통스러웠을 것입니다. 그러나 바울은 단호하게 너희의 신앙은 비정상적인 모습이라고 지적합니다. 이것은 바울의 입을 통해서 하나님이 말씀하시는 것과 같습니다.

7절 "율법의 선생이 되려 하나 자기가 말하는 것이나 자기가 확증하는 것도 깨닫지 못하는도다." 바울의 이 말은 보통 모욕적인 것이 아닙니다. "율법의 선생이 되려 하나." 자신이 율법에 대해 잘 안다고 생각하여 교회에서 가르치는 사람이 많았을 것입니다. 지금으로 말하면 목사나 전도사나 장로나 교사입니다. 그들은 교회에서 열심히 율법을 말하고 신화와 족보까지 들먹거리면서 가르쳤습니다. 그들은 자기 마음대로 사색하지만, 자신이 확증한다고 하는 내용조차도 확실히 깨닫지 못하고 말하고 있었다는 것입니다. 자기도 깨닫지 못한 것을 짐작으로 말하거나 남에게 들어서 말하거나 한 것인데, 자신의 목숨을 내놓고 주장하지 못하는 것이면서도 가르친 것입니다. 어떤 것은 "하늘이 두 쪽 나도 이 말이 맞아"라고 말은 하지만, 자신도 실제 믿지 못하는 내용도 있다는 것입니다. 이런 사람은 장황하게 말을 늘어놓지만, 정작 질문하면 제대로 답변도 못하는 것이 드러납니다. 이런 일은 종교가 타락하면 흔히 벌어집니다. 에베소 교회 성도들은 바울의 글을 읽고 충격을 받았을 것입니다. 어떤 사람이든, 어떤 교회이든 하나님이 가르쳐주신 것을 제대로 지키지 않으면 이렇게 이상한 존재가 됩니다.

　바울이 에베소 교회에 남아서 끝까지 바른 가르침을 주어야 했지만, 상황이 여의치 않아 영적 수준이 있는 디모데에게 대신 가르치도록 한 것입니다. 그리고 마게도냐로 간 뒤에도 마음이 놓이지 않아서 이렇게 편지를 쓴 것입니다. 디모데는 젊었고 상당히 착한 사람입니다. 이런 그가 드센 사람들과 함께 교회를 섬기게 되면 위축될 수 있습니다. 또 헛된 신화를 가르치는 사람의 숫자가 많다면 곤란에 빠질 수 있습니다. 그래서 바울이 디모데를 격려하기 위해 이 편지를 써서 보낸 것입니다. 옛날이나 지금이나 교회는 삼위일체 되시는 하나님에 대한 모든 진리를 정확하게 전수해야 합니다. 또한 천사, 천국, 마귀에 대해서 성경이 말씀하는 바를 가감 없이 가르쳐주어야 합니다. 교회마다 가르치는 사람이 달라서 그 가르침에 차이가 있을 수 있으므로 성도는 자신의 교회와 지도자를 위해 기도해야 하고, 지도자는 바른 것을 가르치도록 노력해야 합니다. 지도자는 훌륭한 선배에게서 잘 배우고, 배운 것을 실천하며, 하나님 나라와 영의 세계에 대해 깊이 지식을 쌓고 체험해야 합니다. 또한 성경도 다독하고, 원어도 공부하며, 기도도 열심히 하고, 설교 준비를 철저히 해서 설교하고 가르쳐야 합니다. 기독교의 진리를 가감 없이 정확하게 가르쳐야 성도들이 말씀의 양식을 섭취하며 영적으로 성장할 수 있습니다.

율법이 필요한 자

8절 "그러나 율법은 사람이 그것을 적법하게만 쓰면 선한 것임을 우리는 아노라." 바울 사도는 율법의 쓰임에 대해 이렇게 정의했습니다. 율법은 악한 사람들에 대하여 그들을 억제하고, 금하며, 악과 더러움을 그치도록 하려고 만들어졌습니다(매튜 헨리).

율법은 우리가 율법의 정신과 하나님이 왜 율법을 주셨는지를 잘 안다면 우리에게 꼭 필요한 것입니다. 율법의 대표는 십계명과 모세오경입니다. 어떤 경우에는 구약 성경 전체를 말하기도 합니다. 폭을 넓힌다 해도 모든 율법은 십계명의 범주 안에 들어갑니다. 십계명을 근거로 바울이 율법을 설명합니다. 율법을 적법하게만 쓰면 선한 것이므로 적법하게 율법을 사용하라는 것입니다. 그들은 율법을 존중하는 것 같았지만, 실상은 오용하는 경우가 많았습니다. 율법은 사용자가 정당하게 사용해야 합니다. 하나님의 말씀은 아무리 시대가 지나도 견고하며 변함이 없습니다.

9절 "알 것은 이것이니 율법은 옳은 사람을 위하여 세운 것이 아니요." "옳은 사람"은 십계명을 잘 지킨 사람을 가리킵니다. 십계명은 모세 때 처음 받은 것입니다. 그렇다면 모세 전에 이 땅에 살았던 아브라함과 이삭과 야곱, 그 이전에는 에녹도 있었는데, 이런 사람들은 당시 율법이 없었다고 해도 율법이 있는 것과 다름없이 거룩한 양심에 따라 율법의 내용을 지켰을 것입니다. 우리가 하나님을 만나고 하나님 앞에서 똑바로 산다면 굳이 법이 없어도 되는 것입니다. 하나님의 마음도 알고, 하나님의 사람들이 살아가야 하는 모습도 자연스럽게 알기 때문입니다. 하나님은 에덴동산에서 요란한 법을 주시지 않았습니다. 오직 하나님이 명령하신 선악을 알게 하는 나무의 과실을 먹지 말라는 것뿐이었습니다. 법이 없어도 에덴동산은 전혀 불편하지 않았습니다. 인생이 하나님을 알고 하나님 앞에서 바르게 살았다면 율법과 성경을 주실 필요가 없었습니다. 사람들이 인생이 사는 도리를 모르고 범죄하기 때문에 하나님이 법을 제정하신 것입니다. 가정에서도 가족 구성원이 법을 잘 지키면 아버지가 큰소리를 낼 필요가 없습니다. 그러므로 교회도 마찬가지로 법이 없을수록 좋습니다. 하나님이 원하시는 삶을 살지 않는 사람이 나타나자 법이 필요해진 것입니다. 십계명은 이 구절이 말씀하듯이 옳은 사람을 위하여 세운 것이 아닙니다. "옳은 사람"이란 자력으로 의로워진 의인이 아니라 그리스도의 공로로 칭의된 의인입니다. 이런 사람에게는 십계명이 구원의 조건이 아닙니다. 그러나 죄를 범하는 사람이 있으므로 십계명이 필요합니다. 그렇다면 어떤 옳지 않은 사람들로 인해 법이 생겼는지 살펴보겠습니다.

"오직 불법한 자와 복종하지 아니하는 자와." 여기에서 "불법한 자", "복종하지 않는 자"는 모두 그리스도를 믿지 않는 자입니다. 또 사람이 하나님과 그분이 세우신 권위자의 리더십을 무시하는 것을 말합니다. 부모가 정당한 지도를 할 때 자식이 따르는 것이 마땅합니다. 사회에서도 권위자가 사회 질서에 합당한 지도를 할 때 따르는 것이 당연합니다. 결국 복종하지 않는 사람은 비정상적이고, 심하게 말하면 불량배 같은 존재인 것입니다.

"경건하지 아니한 자와." 이는 교만한 자를 말합니다. 사람은 하나님을 의식하고 하나님을 두려워하는 마음을 가져야 합니다. 또 지도자, 권위자에 대해 존중하는 마음을 갖는 것이 옳습니다. 성도 중에서 권위자에 대해 습관적으로 경망스러운 언어를 사용하는 사람들이 있습니다. 사람은 누구를 막론하고 다 똑같다고 말하면서 권위를 인정하지 않는 불경스러운 태도입니다. 이는 개인의 인권을 존중하는 것이 아니라 위계질서를 깨는 교만한 태도입니다. 성도들이 이런 부분을 고치지 않으면 자신이 속한 공동체는 파괴됩니다.

"죄인과 거룩하지 아니한 자와 망령된 자와." 이는 불법을 저지르고 하나님이 원하시는 거룩함을 닮아가지 않는 사람입니다. 하나님은 아버지로서 자녀인 우리에게 하나님의 거룩함을 닮으라고 하셨습니다. 거룩하지 않은 자는 하나님의 신성을 지키지 않는 것이고, 망령된 자는 하나님의 신성을 짓밟고 더럽히는 자입니다(이상근). 또한 자신이 하나님이라고 하거나, 아니면 하나님이 존재하지 않는다고 지껄이는 사람입니다. 이런 사람은 부모에 대해서도 거역하며 천박한 언어를 사용할 것이 뻔합니다. 이런 것이 다 죄입니다.

"아버지를 죽이는 자와 어머니를 죽이는 자와 살인하는 자며." 살인을 대상별로 나누어서 말하고 있지만, 결국 다 살인한 사람을 말합니다. 그러나 타인을 살인하는 것에서 더 나아가 아버지와 어머니를 죽이는 것은 더 악하므로 두 사안을 분리해서 경각심을 높인 것입니다. 당시에 그런 흉악한 사람이 있었으므로 이렇게 지적한 것입니다. 합법적인 살인은 전쟁터에서 발생합니다. 한 나라의 국민인 젊은이가 병사가 되어 나라와 민족을 수호하기 위해 전쟁터에서 적군을 죽이는 것은 무방한 것으로 간주되며, 때로는 영웅 대접을 받기도 합니다. 이와 관련한 불행한 이야기를 해보겠습니다. 베트남 전쟁에 파병되어 여러 전투를 치른 병사들이 있었습니다. 어쩌면 그들은 적군을 죽이면서 민간인도 죽였을지 모릅니다. 전쟁이 끝난 지 오래되었지만, 그들 중에는 술을 마시지 않으면 밤에 잠을 자지 못하는 사람들이 있습니다. 자신이 사람을 살해했다는 괴로움을 견디지 못하여 잊고 싶어서 술을 가까이한 것으로 보입니다. 아무리 살인을 했더라도 하나님께 충분히 회개하면 하나님이 용서해주시고 죄의 고통에서 벗어날 수 있습니다. 그것을 모르므로 죄의식의 강박관념 속에서 편안한 인생을 살지 못한 것입니다. 사람은 죄를 회개하지 않으므로 또는 상처를 치유하지 않으므로 인성이 더 포악해지고 혼란에 빠집니다. 그러한 삶은 불행할 수밖에 없습니다.

10절 "음행하는 자와 남색하는 자와." 십계명의 "간음하지 말라"에 다 포함되는 죄인데, 여기서는 성적인 죄의 문제를 나누어서 설명하고 있습니다. "음행"은 부부관계에도 일부 포함되지만, 부부가 아닌 남녀가 성적 쾌락을 위해 하는 행위를 가리킵니다. "남색"은 남자끼리 성적인 관계를 갖는 것을 말하는데, 이 죄를 많이 지은 소돔 성은 멸망했습니다. 그래서 남색을 뜻하는 영어 단어가 '소도미'(sodomy)입니다. 하나님은 이런 행위를 금하셨습니다.

"인신매매를 하는 자와." 인신매매는 사람의 인격을 무시하는 행동으로 인신매매를 하는 자는 사람을 탈취하여 짐승처럼 취급하고 매매하는 등 못된 행위를 서슴없이 하는 자입니다. 당시 로마법에서는 그나마 인격을 존중하여 인신매매를 금지하였습니다. 그러나 탐욕스러운 사람들로 인해 지켜지지 않을 때가 많았습니다. 어느 시대나 인신매매는 무서운 죄입니다. 이 세상에서 사람보다 귀한 존재는 없습니다.

"거짓말하는 자와 거짓 맹세하는 자와." 이것도 십계명에 있는 죄입니다. 거짓의 아비는 마귀라고 하였습니다(요 8:44). 거짓말을 할 때마다 마귀가 찾아들 것입니다. 그리고 더 거짓말을 하도록 조장할 것입니다. 이런 거짓된 마음으로 맹세한다면, 그 맹세를 듣고 믿고 따르는 자는 큰 속임을 당하게 됩니다. 거짓말은 남을 속이는 것 같으나 결국에는 자신을 속이는 어리석은 행위입니다. 거짓말 중에 가장 큰 거짓말은 하나님과 천국과 죄에 대해 잘못 가르치는 것입니다. 거짓의 죄는 지옥에 가는 죄입니다(계 21:8, 22:15).

"기타 바른 교훈을 거스르는 자를 위함이니." 바른 교훈, 즉 하나님이 가르쳐주시는 것을 무시하고 자기주장을 내세우는 독선에 빠진 사람을 가리킵니다. 말로는 하나님을 믿거나 의식하는 것처럼 말하지만, 실제로는 마귀에게 붙잡혀서 가짜 교훈을 가르치는 것입니다. 그들의 가르침이 진리와 반대될 것은 뻔한 일입니다. 이런 사악한 자가 어느 시대에든 자리를 잡고 음흉한 눈을 뜨고 삼킬 자를 찾고 있습니다. 이미 그들의 밥이 된 자도 허다합니다.

11절 "이 교훈은 내게 맡기신 바 복되신 하나님의 영광의 복음을 따름이니라." 이 말씀은 8절 이하의 결론입니다. 바울은 여기에서 자신에게 주신 하나님의 복음은 율법과 전혀 충돌되지 않는다고 말하고 있습니다. 복음을 증거할 때 십계명이 필요하고, 십계명이 전달될 때 복음이 필요하다는 것입니다. 예수님이 우리의 죄를 용서하시려고 십자가에 달려 죽으셨다는 것이 복음인데, 주님이 대신 지신 우리의 죄가 무엇이냐고 물을 때 십계명이 필요합니다. 그래서 복음이 증거될 때 이 십계명의 내용이 함께 전달되어야 확실하다는 것입니다. 그래서 시대가 변해도 율법은 사라지지 않고 계속 지켜야 합니다.

우리 주변에는 율법을 좋지 않게 보는 사람이 있습니다. 율법은 지금 시대에는 더 이상 필요 없다고 하는 신자도 있습니다. 그런 사람을 율법폐기론자라고 합니다. 그들의 주장을 살펴보면 예수 그리스도가 십자가 복음으로 우리 죄를 용서하셨으므로 우리의 모든 죄가 이미 다 해결되었다고 주장합니다. 예수 그리스도를 영접하는 순간 과거와 현재와 미래의 죄까지 다 용서된다고 주장합니다. 그것은 미래에 우리가 죄를 짓는다고 주님이 다시 십자가에 돌아가시는 것이 아니기 때문이라는 것입니다. 그래서 율법은 더는 필요 없다고 주장하는데, 이는 우리를 자유롭게 하고 듣기에 좋은 내용처럼 보입니다. 하지만 주님을 영접할 때 처절한 회개를 거쳐야 하는 것을 생략한 채 그렇게 믿고 산다면 그 이후의 신앙생활을 과연 충실하게 해나갈 수 있을지가 문제입니다. 물론 그들은 우리와 함께하시는 성령이 다 가르쳐주시므로 신앙생활을 잘 할 수 있는 것처럼 말하기도 합니다. 분명한 것 하나는 대부분의 성도는 자신이 지은 죄를 씻음 받기 위한 충분한 회개를 한 사람이 많지 않다는 점입니다. 하나님이 우리 각자의 죄가 다 용서되었다고 말씀하신 것이 아닌데 우리가 스스로 자신의 죄가 다 용서되었다고 주장하는 것은 무서운 일입니다. 이것은 영적 무지이고 교만의 극치라고 할 수 있습니다.

예수님을 믿으면 죄를 용서해주시지만 빚은 갚아야 합니다. 그 빚이란 그동안에 지은 죄입니다. 예수님을 믿을 때 그 죄를 진실로 회개하고, 신앙생활을 하는 동안에도 거룩함에 도달하기 위해서는 계속 회개해야 합니다. 죄는 크고 작은 것이 있는데 작은 죄의 숫자는 상상을 초월할 만큼 많습니다. 그 작은 죄까지도 하나하나 회개할 때 점점 성화에 이르게 됩니다. 성도는 구원의 여정에서 믿음만을 강조할 것이 아니라 성화에 이르는 것이 진정한 구원의 여정이라는 것에 깊은 관심을 두어야 합니다. 진정으로 주님을 믿는다면 거룩함에 힘써야 합니다. 우리가 복음을 전적으로 받아들였다면 그것은 삶에서 드러납니다(요한 크리소스토무스).

만약 한 아들이 아버지가 계시지 않은 동안 아버지의 금고를 털어서 집문서를 팔아 다 허비했다고 가정해봅시다. 아버지가 돌아와 보니 집이 없어져서 불편한 숙소에서 거주하게 되었는데, 아들이 아버지를 찾아와 자신의 죄를 용서해달라고 하면 어떤 아버지가 바로 용서해줄 수 있겠습니까? 아마도 크게 혼쭐이 날 것입니다. 훔치고 재물을 탕진한 죄는 혹시 용서해주더라도 훔쳐간 재산은 돌려달라고 할 것입니다. 하나님 아버지의 마음이 이와 같다고 생각합니다. 죄를 지은 아들은 아버지 앞에 와서 최대한 용서해줄 때까지 죄를 빌어야 하고, 훔쳐갔던 재산은 가능한 다시 돌려드려야 합니다. 그래야 진정으로 용서가 될 것입니다. 아버지에게 용서해달라고 사정하고 아버지가 용서하겠다는 분명한 대답을 듣는 둥 마는 둥 하고 "용서해주신 줄 믿고 갑니다" 하고 멋대로 가버린다면 용서가 되겠습니까?

우리가 과거에 지은 죄를 왜 회개해야 하는지는 이렇게 확실합니다. 우리가 죄지은 것을 확실히 다 돌려놓아야 용서받을 수 있습니다. 조그만 죄 하나라도 걸리는 것 없이 철저하게 회개하여 하나님이 다 용서하셨다는 인증을 받아야 합니다. 깊이 회개하는 사람들, 영성이 있는 사람들은 이러한 사실을 경험합니다. 성도 중에는 주님이 보실 때 철저히 회개했다고 인정받을 정도로 열심히 회개한 사람도 있지만, 아직도 멀었다는 소리를 들을 사람이 다수일 것입니다. 바울은 복음과 십계명은 함께 가는 것이라고 말합니다. 이 말씀을 기억하고 우리 자신이 지은 죄와 선조들이 지은 죄와 민족의 죄를 철저히 회개하여야 합니다. 진정한 회개가 선행되어야 하나님과 친밀한 관계를 이어갈 수 있습니다.

죄인 중에 괴수

12절 "나를 능하게 하신." 디모데는 바울의 제자로서, 영적인 아들로서 바울과 오랫동안 함께 지내면서 자신의 스승에 대해 잘 알았을 것입니다. 사람은 자신을 잘 모르는 사람의 앞에서는 허세를 부리거나 과장하여 큰소리를 칠 수 있습니다. 그러나 가족이나 동창같이 오랜 시간을 함께한 사람 앞에서는 근거 없는 이야기를 꾸며서 할 수 없습니다. 아마도 바울이 능력도 없으면서 디모데 앞에서 자신의 능력을 과장하여 말했거나 지어냈다면 바울은 존경받는 스승이 아니라 지탄받는 자가 되었을 것입니다. 바울은 실제로 자신에게 능력이 있었기 때문에 "주님이 나를 능하게" 하셨다고 말한 것입니다(참조. 빌 4:13). 능력 있는 스승에게 지도를 받는 제자 디모데는 영광스러웠을 것입니다.

"그리스도 예수 우리 주께 내가 감사함은." 바울은 자신에게 있는 능력과 권세가 그리스도 예수 우리 주께로부터 왔음을 확실하게 말하고 있습니다. 스스로 자가발전을 해서 생산해낸 것이 아니라는 것입니다. 바울은 능력을 주신 분은 주님이시고 자신은 그 은혜를 받았을 뿐이라는 신학적 근거를 가지고 있습니다. 그래서 주님께 감사하였다고 합니다.

"나를 충성되이 여겨 내게 직분을 맡기심이니." 주님이 특정하게 바울을 택하시고 직분을 주셔서 세우신 것이라는 말입니다. 주님이 보실 때 바울이 하나님 나라를 위해 일할 자격이 있어서 주신 것이지, 바울이 스스로 직분을 선택하거나 맡은 것이 아니라는 것입니다. 바울은 분명히 예수 그리스도께서 사도로 세우셨다고 하였는데, 특히 이방인의 사도로 세우셨다고 말했습니다.

그러나 바울은 자신이 사도로서 자격이 있는 사람인 것을 드러내려고 과시하거나 자만심을 표현하려는 것이 아닙니다. 여기서 하나님이 자신을 "충성되이" 여기셨다는 것은 자신에게 자격이 갖추어졌다는 자만심이 아니라 자신은 부족하고 죄가 많지만, 하나님이 충성스럽게 여기셨다는 뜻입니다. 만일 자격 요건을 따졌더라면 자신은 탈락할 수 있다는 의미입니다. 바울과 같이 하나님 나라를 위해 사역하는 직분자는 이런 자세를 취하는 것이 옳습니다. 직분이란 봉사, 헌신을 뜻합니다. 자신은 부족하지만 하나님이 좋게 보시고 직분을 주셨다고 생각하면 감사가 저절로 터져 나올 것입니다.

13절 "내가 전에는 비방자요 박해자요 폭행자였으나." "비방자"는 하나님을 대항하는 것이고, "박해자"는 거룩한 사람을 대항하는 것입니다. 또 "폭행자"는 당시 유대교를 열심히 믿는 자로서 그 양심에 따라 오직 그리스도인들만 해롭게 한 폭행자입니다(매튜 풀). 바울은 자신이 이제까지 살아온 과정을 이렇게 고백하는 것입니다. 바울은 겸손하게 보이려고 또는 사실을 과장하여 특별해 보이려고 이 말을 한 것이 아니라 실제 이런 불의한 행동을 했습니다. 바울은 주님을 만나기 전에는 예수 그리스도를 비방했습니다. 그는 자신이 믿었던 유대교의 입장에서 새롭게 발생한 그리스도를 믿는 신앙의 무리를 단지 비방하는 정도에 그치지 않고 쫓아다니면서 박해하고 폭행하였습니다. 여기서 폭행은 단순히 손찌검을 하는 정도가 아니라 살의를 품고 원수를 대하는 마음으로 한 폭행입니다.

"도리어 긍휼을 입은 것은 내가 믿지 아니할 때에 알지 못하고 행하였음이라." 여기서 바울은 자신이 그리스도를 믿지 않았을 때 무지하여 지은 죄라는 것을 명시하고 있습니다. 알지 못하고 지은 죄로 성령 훼방 죄가 되지는 않습니다. 그러나 만일 성령의 역사를 마귀가 한 것이라고 한다면 그 죄는 용서받지 못할 것입니다(눅 12:10). 주님이 구세주이신 것을 믿지 않은 것도 죄이지만, 자신이 과거의 전통에 얽매여서 하나님이 행하신 구속 사역에 대해 잘 알지도 못하면서 그리스도를 핍박하였다는 것입니다. 그것은 유대교에 속한 서기관이나 장로, 제사장들의 잘못된 가르침 때문에 아직 젊었던 바울(과거에는 사울)이 모르고 범한 죄였습니다. 유대교가 집단적으로 무지했기 때문입니다. 바울의 이 고백은 변명이 아니라 자신의 상황을 정확하게 표현하고 있는 것입니다.

바울은 예수님을 몰랐을 때 지은 죄에 대해 하나님의 긍휼을 입었다고 밝히고 있는데, 이 말씀은 예수님을 믿고 난 뒤 지은 죄와 구별됩니다. 잘못 배워서 그리스도가 누구신지 모르고 지은 죄는 주님이 긍휼을 베푸시지만, 만일 알고도 죄를 지었다면 쉽게 긍휼을 베푸실 것이라고 기대할 수 없다는 것입니다.

14절 "우리 주의 은혜가 그리스도 예수 안에 있는 믿음과 사랑과 함께 넘치도록 풍성하였도다." 바울은 자신에게 주의 은혜가 믿음과 사랑과 함께 넘쳤다고 말합니다. 믿음의 결국은 구원입니다. 바울에게 주님의 특별한 은혜가 넘쳐서 그의 믿음이 더욱 굳건해졌습니다. 이것은 그리스도의 특별한 사랑이 바울에게 나타난 증거입니다. 바울같이 교회에 큰 손실을 입힌 사람의 죄를 용서해주시고 예수님을 믿게만 해주셔도 감사할 일인데 사도로까지 부르신 것입니다. 바울은 죄를 용서받은 것에 더하여 믿음과 사랑을 풍성히 받아 거룩해진 것입니다(루터). 주님 안에 있는 믿음과 사랑은 하나님의 사람에게 없어서는 안 되는 중요한 요소입니다.

15절 "미쁘다 모든 사람이 받을 만한 이 말이여." 사도 바울은 모든 사람이 받아들이기를 원하는 말이 있습니다. 그 말이 무엇인지 다음에 나옵니다.

"그리스도 예수께서 죄인을 구원하시려고 세상에 임하셨다 하였도다." 죄인을 구원하시기 위해 주님이 세상에 오신 것이 복음의 핵심이라는 것입니다. 죄인을 구원하시기 위해 주님이 세상에 오셨으므로 죄인은 주님 앞에 나아가야 합니다. 만일 죄인이 아니라면 구원의 대상자가 아니고, 주님을 만날 필요조차 없습니다. 그런데 이 세상에 죄인이 아닌 사람은 없습니다. 주님은 배고픈 자에게 먹을 것을 주시고 병든 자를 치료하셨습니다. 또한 귀신 들려 고통당하던 수많은 아브라함의 자손들을 귀신에게서 해방시켜주셨습니다. 또한 창기나 세리같이 소외된 자들에게 친구가 되어주셨습니다. 이러한 것도 인생을 인생답게 만드는 구원 활동 중 하나입니다. 그러므로 죄인 된 인생은 누구나 주님께 나아가야 합니다. 자신이 죄가 없다고 생각하는 사람은 주님을 만날 수 없습니다. 주님이 활동하시던 당시 제사장들이나 바리새인들은 자신에게 죄가 없다고 생각했기 때문에 주님을 가까이하지 않았습니다. 멸망받을 만한 죄를 지었다는 죄의식을 가져야 그 죄를 해결하려고 할 것이고, 그럴 때 주님을 찾고 만날 수 있습니다. 모든 사람은 자신이 죄인이라는 생각을 한순간도 잊어서는 안 됩니다. 구원에는 여러 의미가 있는데, 단순히 하늘나라에 들어가는 것이 전부가 아닙니다. 구원은 영적 구원과 육적 구원이 포함된 개념입니다. 주님은 이 땅에 계실 때 인생의 전 영역에서 구원 활동을 베풀어주셨습니다.

"죄인 중에 내가 괴수니라." 바울은 자신을 죄인 중에 괴수라고 표현하였는데, 이는 자신이 지은 죄가 많다고 생각하여서 그렇게 고백한 것입니다. 바울은 먼저 주님이 죄인을 구하러 오셨다고 말하고 나서 자신이 죄인 중에 괴수라고 했습니다. 결국 죄인인 자신이 주님을 만날 수 있고 구원받을 수 있다고 말하고 싶었던 것으로 보입니다. 주님은 죄인을 위해 오셨으니, 죄인 중에 괴수인 자신은 주님을 만날 자격이 충분히 있다고 외치는 것입니다. 죄인 중에 괴수라고 하면서 자신을 최상급으로 표현하는 방식은 바울의 전형적인 표현법입니다. 예를 들어, 그는 자신을 "사도 중에 가장 작은 자"(고전 15:9), "모든 성도 중에 지극히 작은 자보다 더 작은 자"(엡 3:8)라고 했습니다(거스리). 여기서도 자신을 죄인 중에 선봉자라고 표현한 것은 주님이 죄인을 구원하시러 이 땅에 오셨으니 죄가 제일 많은 사람을 먼저 찾아가셔야 하는 것이 원리라는 주장입니다. "죄인 중에 내가 괴수니라"는 바울의 고백에는 이런 이중적인 의미가 숨겨져 있는 것입니다. 만약 지은 죄가 별로 없는 사람이 있다면 잘 살펴보아야 죄를 찾아낼 수 있지만, 죄가 너무 많아 시커멓게 더럽혀진 사람이 있다면 죄가 확실하게 눈에 띄어 잘 보일 수밖에 없습니다. 그렇다면 주님이 자신을 바로 찾아오실 수 있을 것이라 생각하고 말한 것으로 보입니다. 이 말은 자신의 죄를 처절히 깨닫고 있다는 증거이며, 또한 큰 죄를 사함받는 감격을 누리고 싶다는 표현일 것입니다.

만약 죄를 지어 일 년형을 선고받은 사람이 면제를 받는다면 일 년형의 죄를 용서받은 것이고, 오 년형을 선고받은 사람이 면제를 받는다면 오 년형을 용서받은 것입니다. 그러나 사형수가 면제를 받는다면 사형죄를 용서받은 것입니다. 그러니 그는 가장 크게 용서받았으므로 가장 크게 기뻐할 것이고 가장 많이 감사할 것입니다. 바울은 자신이 이렇게 사형수로서 죄를 면죄받은 심정이라고 표현한 것입니다.

우리는 의도적으로 죄지을 필요는 없지만, 자신의 지은 죄에 대하여 항상 민감하게 느낄 수 있어야 합니다. 우리의 문제는 사형이나 종신형에 해당하는 죄를 지어놓고 스스로 집행 유예형을 선고받은 사람처럼 생각한다는 것입니다. 자신이 지은 죄의 경중을 정확하게 인지하지 못하는 것은 영적 무지에서 옵니다. 우리는 주님 앞에서 집행 유예형의 죄를 지었어도 사형 선고를 받을 만한 죄인으로 생각하는 죄책감을 가져야 합니다. 우리는 대부분 어떤 문제가 불거졌을 때 자신은 죄가 없고 도리어 피해자인 듯이 생각합니다. 그런 사람들은 자신의 죄와 허물을 인정하지 않기 때문에 깊은 회개의 자리로 나갈 수 없습니다. 그러므로 죄를 무겁게 받아들이는 성도가 많은 교회는 소망이 있습니다. 그런 사람은 죄를 용서받고 거룩하게 된다는 소망이 있습니다. 사도 바울의 이 고백은 우리에게 그런 교훈을 주는 것입니다. 바울은 무지몽매하여 죄를 지었는데도 죄인 중에 괴수라고 고백하였는데, 우리가 십계명과 성경을 알고도 죄를 지었다면 벌써 죽었어야 마땅한 죄인입니다. 우리는 죄에 대한 감각을 가지고 회개에 힘써야 합니다.

사도 바울은 주님이 자신의 죄를 용서해주셔서 결국 죄를 용서받은 사람으로 주님과 자신과의 관계를 정립하고 있습니다. 주님과 우리 자신과의 관계를 바르게 정립하는 것은 신앙생활에서 반드시 필요합니다. 주님은 창조주이시고 우리는 피조물입니다. 토기장이가 자신이 만든 그릇이 마음에 들지 않으면 깨버리듯이, 나는 주님이 진노하시면 언제든 깨뜨리실 수 있는 존재라는 마음을 가지면 겸손할 수 있습니다. 그리고 주님은 나를 보내신 분이시고, 나는 주님이 보내신 자라는 것을 인정해야 합니다. 바울이 자신의 가장 가까운 제자 디모데에게 "죄인 중에 괴수"라는 부끄러울 수밖에 없는 고백을 했다는 것은 그가 자신을 다 내려놓은 위대한 스승임을 보여준 것입니다.

믿음과 착한 양심

16절 "그러나 내가 긍휼을 입은 까닭은." 바울이 앞에서는 자신이 죄인임을 피력하였고, 그다음에는 자신이 긍휼을 입었다고 말하고 있습니다. 예수님이 자신의 죄를 용서해주셨다는 말과 이 구절이 연결되는 것입니다. 바울이 위대한 인물인 것이 그의 글에서 여실히 드러나는데, 바로 앞에서도 말한 것처럼 바울은 자신이 영적으로 죄인인 상태에 있는 자인 것을 충분히 인식하고 있었습니다. 그리고 주님이 주시는 긍휼을 선물로 받았습니다. 긍휼은 주님이 내리시는 값없이 베푸시는 은혜입니다. 죄인에게는 이런 은혜의 길이 필요합니다.

"예수 그리스도께서 내게 먼저 일체 오래 참으심을 보이사." 바울은 자신이 주님 앞에 큰 죄를 지었는데 주님이 그 죄를 빨리 심판하지 않으시고 오래 참아주셨다는 것입니다. 바울은 사울이었을 때 주님을 핍박하고 성도들을 핍박하는 못된 죄를 저질렀는데, 만약 그때 주님이 사울을 심판하셨더라면 그는 사형수로 즉결 심판을 받았을 것입니다. 죄를 많이 지은 순서대로 주님이 심판하셨다면 바울은 일순위였으리라는 것입니다. 그러므로 자신에게 먼저 오래 참으셨다고 진술하는 것입니다.

"후에 주를 믿어 영생 얻는 자들에게 본이 되게 하려 하심이라." 주님은 바울같이 큰 죄를 지은 사람이라도 심판을 미루시고, 만일 회개하면 용서해주시고 더하여 사명까지 주실 것이라는 "본", 즉 모범이 되게 하셨다고 말합니다. 하나님은 얼마든지 그를 죽이시거나 벌을 내리셔서 불의한 행동을 즉각 제지하실 수 있으셨지만, 그렇게 하지 않으신 이유가 바로 이 때문입니다. 반면, 헤롯왕 같은 경우는 하나님의 심판으로 속히 병들어 죽은 것이 성경에 기록되어 있습니다(행 12:23).

17절 "영원하신 왕." 바울은 여기서 하나님에 대해 "영원하신 왕"이시라고 묘사하는데 이러한 문구는 유대 사회에서 널리 통용되었던 것으로 보입니다. 이는 유대인의 두 세대 사상, 즉 현세와 앞으로 올 세대를 구분하는 습관 때문인 것으로 보입니다. 하나님은 현세와 장차 올 세대의 영역에서 공히 왕이십니다(거스리). 바울이 살던 당시에는 로마에 황제가 있었습니다. 그러나 20-30년이 지나면 그는 죽고 다른 사람이 황제가 됩니다. 그런데 바울은 우리가 믿는 예수 그리스도는 로마의 황제나 유대의 분봉왕인 헤롯처럼 단기적인 왕이 아니라 영원한 왕이신 것을 말합니다. 이렇게 깊은 깨달음은 바울이 다른 사람에게 배워서 습득한 진리가 아니라 그가 주님을 만났을 때, 환상 가운데 하늘나라에 올라가서 보았을 때 하나님이 영원한 왕이시라는 것을 알게 되어 이렇게 썼을 것입니다.

"곧 썩지 아니하고." 유대인들은 예수님이 십자가에서 죽으신 뒤 시신이 썩었을 것으로 생각했는데 이를 뒤집는 말입니다. 당시 유대인들 사이에는 예수님이 부활하실 것을 예언하셨으므로 제자들이 그분의 시신을 숨기려고 훔쳐간 것으로 알려져 있었습니다. 그런 생각을 잘 알고 있는 바울은 주님의 몸이 이 땅에서 썩지 않았다고 강변하는 것입니다. 그러나 이 말씀은 성부 하나님과 더 깊은 관계가 있습니다. 하나님은 영원히 영생하시는 절대자이십니다.

"보이지 아니하고 홀로 하나이신 하나님께 존귀와 영광이 영원무궁하도록 있을지어다 아멘." 여기서 바울은 하나님에 대해 이야기하고 있는데, 보이지 아니하시고 홀로 하나이신 하나님이 누구이신지를 생각해볼 필요가 있습니다. 바울은 자신이 예수님을 직접 만나보았으므로 보이는 하나님으로 생각할 수 있습니다. 그러나 성부 하나님은 볼 수 없는 분입니다. 설령 본다고 하여도 빛의 본체이시기 때문에 그분의 형체를 알 도리가 없습니다. 그러므로 성부 하나님에 대한 묘사라고 할 수 있습니다. 바울이 지금까지 성자이신 예수 그리스도에 대해 이야기하였는데, 결국 이 모든 계획과 섭리는 성부 하나님이 이루신다는 뜻입니다. 그러므로 성부 하나님께 존귀와 영광이 세세토록 있기를 기도합니다. 그리고 성부 하나님은 처음부터 그러하신 분입니다.

18절 "아들 디모데야 내가 네게 이 교훈으로써 명하노니 전에 너를 지도한 예언을 따라." 바울은 디모데를 아들이라고 다시 한번 말합니다. 바울이 말한 이 예언이 무엇인지 알 수는 없지만, 당시 초대교회에서는 예언 활동이 많았고, 특히 여기서는 디모데에게 목사로서 안수해주었을 때 한 예언으로 생각됩니다. 안수위원은 안수를 하면서 기도를 해줍니다. 그때 하나님은 기도하는 사람을 통해 안수받는 사람을 향한 예언적 성격의 내용을 주실 수 있습니다.

"그것으로 선한 싸움을 싸우며." 디모데가 안수받을 때 바울이 예언해주었고 그 예언을 따라서 "선한 싸움"을 싸우라고 하는 것입니다(박윤선).

예언의 내용이 싸움과 관계된 것으로 보입니다. 그런데 이 선한 싸움의 범위에 대해 누구와 싸워야 하는지를 생각해보면, 싸움의 범위는 넓게는 사탄과 세상, 비진리입니다. 그런데 바로 아래 사람들의 이름이 나오므로 이것을 볼 때 선한 싸움을 싸워야 할 특별한 사건이 있는 것을 알 수 있습니다.

19절 "믿음과 착한 양심을 가지라." 디모데는 목회자이므로 믿음과 선한 양심은 필수입니다. 먼저 예수 그리스도가 창조주이시고 이 땅에 오셔서 우리 죄를 지시고 십자가에 죽으셨다가 살아나셔서 하늘로 올라가셨고, 장차 다시 오셔서 우리를 심판하실 것을 믿는 믿음이 충만해야 합니다. 하지만 목회자 중에서도 믿음이 충만하지 못한 사람들이 있습니다. 또 착한 양심을 가졌는지 도무지 믿지 못할 만한 사람도 얼마든지 있습니다. 그래서 사도 바울이 이것을 강조하는 것입니다.

여기서 말하는 "착한 양심"은 성령이 충만히 임하여서 죄가 떠나고 윤리, 도덕적으로 문제가 없는 양심입니다. 성령이 역사하셔서 죄를 씻어낸 양심이어야 합니다. 대부분 사람은 자신이 양심에 거리낌 없이 행동한다고 말합니다. 그런데 서로 싸우는 일이 빈번하고 이익이 있으면 충돌합니다. 이렇게 되는 이유는 사람마다 생각하는 양심이 서로 다르기 때문입니다. 불량배들도 양심에 거리낌 없이 다른 사람의 돈을 빼앗고 폭력을 휘두릅니다. 그들의 양심은 오염된 양심입니다. 양심의 수준이 같거나 비슷하다면 얼굴을 붉히면서 다툴 일이 없을 것입니다. 회개하여 깨끗해지지 않았으면서 자기 양심에 거리낌 없다고 말하는 사람의 양심은 믿을 수 없습니다. 깨끗한 양심을 소유한 사람이 많은 공동체는 화평과 은혜가 넘칠 수밖에 없습니다. 사람의 행위는 그대로 그 사람의 양심에 반영되어서 어떤 이는 흠이나 오점으로 양심이 얼룩지기도 하고, 또 어떤 이는 아무런 흠도 없는 순결함을 지니게 되기도 합니다(매튜 풀)

"어떤 이들은 이 양심을 버렸고 그 믿음에 관하여는 파선하였느니라."
사도 바울이 디모데에게 "선한 싸움을 싸우며 믿음과 착한 양심을 가지라"고 말하는 이유는 결국 믿음과 양심을 버린 사람들이 있기 때문입니다. 뒤에 보면 양심을 버리고 믿음에서 파선한 대표적인 사람들의 이름을 열거하고 있습니다. 성도 가운데서 선한 양심을 버린 사람과 믿음의 열매를 맺지 못하고 파선한 사람이 있다는 것은 가슴 아픈 일입니다. 어느 순간 그들의 양심과 믿음은 오염되고 깨졌습니다. 사람마다 믿음의 수준이 다 다릅니다. 양심도 착한 양심이 있고 그렇지 않은 양심이 있습니다. 양심이 깨끗해야 하는데, 죄를 지은 사람은 변질될 위험이 있습니다.

바울은 교회 안에 있는 사람들에게 이 말을 하고 있고, 거기에 더하여 교회에 영향력을 끼치는 사람을 지목하여 말하였습니다. 교회가 다 알고 있는 사람들이기 때문에 이름을 언급하면서 말하는 것입니다. 교회에 이런 못된 사람들이 있다고 바울이 말하면 성도들이 충격을 받겠지만, 진리를 사수하려면 어쩔 수 없습니다. 특히 디모데에게 이 사실을 강조하면서 말하는 것은 디모데조차도 그들의 영향을 받아 양심을 버리고 믿음이 파선하는 일이 생길 것을 염려하기 때문입니다. 그러므로 바울이 염려하는 그 불의한 자들은 교회의 지도자급인 것을 알 수 있습니다. 이는 정말 소름끼치도록 무서운 일입니다. 교회의 지도자인데도 양심을 버리고 믿음이 파선하였다는 것입니다.

20절 "그 가운데 후메내오와 알렉산더가 있으니." 바울은 구체적으로 이름을 밝힙니다. 안타까운 일이지만, 이 두 사람은 교회 앞에 부끄러운 이름이 되었습니다. 좋은 일이나 약간 실수한 일로 이름이 언급된 것이 아니라, 양심을 버리고 믿음이 파선하였다는 불명예스러운 일로 그렇게 되었으니 정말 괴로운 상황에 처한 것입니다.

"내가 사탄에게 내준 것은." 바울이 사탄에게 내어주었다고 말한 것은 교회 밖에는 사탄이 지배하기 때문입니다(칼뱅). 사탄에게 내어주었으니 그들을 교회 밖으로 출교시킨 것입니다. 결국 그들은 교회에서 도저히 받아들일 수 없을 정도로 양심이 더럽혀졌고 믿음이 파선하였기에 부득불 이런 조치를 취한 것입니다. 출교되면 신자로 인정하지 않는 것입니다. 그들이 만일 다시 교회의 회원이 되기를 원한다면 입교부터 세례까지 다시 절차를 밟아야 합니다.

바울은 그들이 교회와 어떤 관계이고, 주님과 어떤 관계이며, 사탄과는 어떤 관계인지를 분명하게 말해주고 있습니다.

여기서 우리는 바울이 그들이 믿음을 버렸다고 하였는데 그들이 무슨 믿음을 버렸는지 생각해보아야 합니다. 디모데후서 2장 17절을 보면 바울은 예수님의 부활을 이야기하면서 후메내오를 또 언급하고 있습니다. 결국 바울은 후메내오가 부활을 믿지 않았음을 지적하는 것입니다. 당시에는 부활을 믿지 않는 사람들이 교회의 지도자가 되어서 "예수님은 부활할 수 있지만 우리는 부활할 수 없다"고 가르쳤습니다. 바울은 다메섹에서 부활의 주님을 직접 만나고 그 이후에도 여러 차례 주님을 만나보았습니다. 거기에 더하여 몸이 몸 안에 있었는지 몸 밖에 있었는지 알지 못하는 상태에서 하늘에 가보았고, 그곳에서 자신이 예수님의 부활뿐 아니라 성도의 부활까지도 확실히 믿을 만한 체험을 했습니다. 그러므로 부활에 대한 바른 가르침을 받아들이지 않고 교회의 물을 흐리는 후메내오를 출교시킨 것입니다. 부활을 믿지 않는 자는 예수님을 믿는 하나님의 자녀가 아니므로 구원의 자리에서 쫓아내었으니, 결국 사탄에게 내어준 것이 됩니다.

구리 세공업자인 알렉산더는 디모데후서 4장 14절에도 나옵니다. 그는 로마 시대에 구리와 철로 여러 도구를 만드는 철 세공업자였던 것입니다. 바울은 그 사람도 쫓아냈습니다.

"그들로 훈계를 받아 신성을 모독하지 못하게 하려 함이라." 바울은 이들을 교회에서 쫓아내 하나님에 대해 엉뚱한 말을 하지 못하도록 원천봉쇄하였습니다. '신성모독'은 하나님의 이름을 더럽히는 것으로 하나님의 성품과 일하심에 대해 흠을 잡거나 왜곡하거나 문제가 있다는 듯이 이야기하는 것을 말합니다. 또 마귀가 행한 것을 하나님이 행하셨다고 하는 것도 신성모독입니다. 이러한 사람들은 믿음의 공동체에서 쫓아내 하나님 앞에 설 수 없도록 해야 합니다.

사도 바울이 두 사람을 출교시켰는데 아마도 주님이 말씀하셨기 때문인 것으로 보입니다. 바울은 자신의 사적인 정의나 감정으로 일을 처리하는 사람이 아니기 때문입니다. 하나님이 이미 버리셨다고 말씀을 주셨으므로 영향력이 있었던 자라도 과감하게 출교시킨 것으로 보입니다. 따라서 교회 안에서 아무리 유명한 지도자라 해도 회개하지 않고 믿음과 선한 양심에 온전하지 않다면 사탄의 밥이 될 수 있음을 알아야 합니다. 쫓겨난 사람들이 회개하고 돌아오면 좋겠지만, 바울이 나중에 쓴 디모데후서에서도 그들이 회개한 모습은 보이지 않습니다. 믿음이 변질되어 교회에서 쫓겨난 사람이 믿음을 회복하여 하나님께 다시 나아오는 것은 굉장히 어렵습니다. 주님을 섬기다가 타락하여 사탄에게 잡힌 사람이 돌이켜 진리에 선다는 것은 힘든 일입니다.

태어나면서부터 교회를 다니고 어려서부터 예수님을 믿기 시작하면 사탄의 방해가 적어서 믿음을 지키기가 수월한데, 어른으로 성장한 뒤에야 예수님을 믿으려고 하면 방해가 많습니다. 물론 처음 예수님을 믿고 교회에 발을 들여놓았을 때에는 하나님이 은혜를 많이 주십니다. 수많은 사람을 만나보면 자신이 처음 교회에 나올 때에는 성령이 강하게 역사하셔서 하는 일이 잘되고 영적인 꿈과 환상을 보았다는 말도 합니다. 그래서 하나님이 자신을 사랑하신다는 느낌을 받고 기뻐했는데, 시간이 조금 지나면 서서히 은혜도 줄어들고 사탄의 방해가 많아져서 신앙에 대해 의문을 갖게 됩니다. 그것은 처음 예수님을 만나게 되면 사탄의 손아귀에서 건져주시려고 주님이 첫사랑의 은혜를 많이 주시기 때문입니다. 그 이후에는 본인이 열심히 회개하고 성경도 보고 죄와 싸우면서 믿음이 성장해 나가야 합니다. 예수님을 믿고 어느 정도 시간이 경과하면 사탄의 훼방이 다시 시작됩니다. 그런데 처음 은혜 받은 것만 생각하고 회개하면서 영적 성장을 위하여 노력하지 않기 때문에 믿음이 자라지 못하고 진전이 없는 것입니다.

  인생을 살면서 도중에 예수님을 믿는 것도 어려운 일이지만, 간신히 예수님을 믿고 은혜 가운데 들어왔는데, 마귀에게 또다시 끌려가 믿음에서 떠난 경우는 다시 돌아오는 일이 더욱 어렵습니다. 특히 과거에 우상숭배에 깊이 관여했던 사람은 더욱 힘듭니다. 주변을 보면 신앙생활을 포기한 지 10여 년 만에 교회로 다시 돌아왔지만, 오히려 교회 안에서 문제를 일으키는 사람들이 있습니다. 성도들은 그들이 다시 교회로 돌아온 것을 환영하지만, 10여 년간 하나님의 은혜를 받지 못하고 마귀의 역사가 많았던 사람이므로 그 사람 속에서 마귀가 준동하기 때문입니다. 그가 아무리 신앙생활을 잘하려고 노력해도 사탄의 방해가 심하기에 힘들어하게 됩니다. 실족했다가 다시 신앙생활을 잘한다는 것은 정말 쉬운 일이 아니므로 믿음에서 떨어지지 않도록 처음부터 조심해야 합니다. 그래서 예수님을 믿고 믿음의 경주를 시작하면 목표에 도달할 때까지 쉬지 않고 가야 합니다. 출발선을 떠난 사람은 많지만, 천국 문을 열고 들어간 사람은 생각보다 적습니다.

2장

기도에 대하여

1절 "그러므로 내가 첫째로 권하노니." 사도 바울이 목사인 디모데에게 첫째로 권할 것이 있었습니다. 이것은 시간적인 우선권보다는 중대성의 우선권과 관계가 있습니다(거스리). 권하는 내용은 기도에 대한 가르침입니다. 교회의 지도자인 목사는 다방면에서 갖추어야 할 것이 많습니다. 영적인 일이나 세상과 관계된 여러 일이 있습니다. 이 모든 일을 책임감 있게 감당하는 것은 쉽지 않습니다. 그러므로 영성, 지성, 인성, 성도를 사랑하는 마음 등 덕목을 갖추어야 합니다. 하지만 하나하나 준비하는 데 시간이 많이 소요됩니다.

"모든 사람을 위하여 간구와 기도와 도고와 감사를 하되." 최초의 목사인 디모데가 바울에게 권고받은 것 중 첫째가 바로 기도입니다. 하나님의 사람에게 가장 중요한 것이 기도라는 것을 알 수 있습니다.

그런데 기도에는 여러 가지가 있습니다. 바울은 "간구와 기도와 도고"라고 세 가지로 표현하고 있습니다. "간구"는 하나님께 구할 내용을 가지고 간절히 구하는 기도입니다. 신앙생활을 하거나 사회에서 살아갈 때 간절히 구해야 할 것이 있습니다. 평범하게 구하는 것도 있지만, 위급한 상황이나 중요한 일 등 정말 집중해서 기도해야 할 일이 있습니다. 어떤 때는 긴장하고 금식하며 기도할 상황도 닥칩니다. 바울이 활동하던 시대는 로마 황제들이 교회를 핍박하던 때이므로 교회에 어려움이 많았습니다. 교회를 폐쇄하고, 지도자를 잡아 가두거나 사형시키고, 성도들을 직장에서 내쫓으면서 핍박했습니다. 한동안은 고삐를 풀어주다가 다시 핍박하는 것을 반복했습니다. 그래서 그 당시 성도들은 긴박한 위기의식 속에서 긴장하며 신앙생활을 유지하였습니다. 경제적인 어려움과 자녀 문제 등의 일들도 있었지만, 무엇보다 신앙이 박해를 받아 생명의 위협을 느끼는 상황이었기에 간구할 일이 많았을 것입니다. 그 당시 성도들은 하나님 앞에서 치열하게 기도하였습니다. 그것이 간구입니다. 하나님 앞에 간절히 구하는 것, 이 기도를 들어주지 않으시면 나와 가정과 교회가 망할 수도 있다는 긴장감을 가지고 기도하라고 하십니다.

바울은 어려운 상황 속에서 간절히 기도하였을 때 응답받은 체험이 있기 때문에 디모데에게 간구하라고 권하였을 것입니다. 아마도 주님이 기도를 들어주실 수도 있다고 하거나 아니면 자기도 잘 모르겠다고 한다면, 이런 불확실한 가르침을 듣고 기도할 사람은 없습니다. 바울은 성경과 인류 역사와 자신의 체험을 볼 때, 하나님이 살아계시고 성도들의 기도를 들어주신다는 것을 확신했음이 분명합니다. 답답한 것은 간구해야 하는 상황에 처한 성도가 간구하지 않는 것입니다. 어떤 가정은 영적으로 막힌 것이 많고 하나님의 은혜를 받지 못해 어려움이 계속되고 있으므로 목숨을 걸고 기도해야 할 것처럼 보입니다. 일해야 할 사람이 일하지 않고, 기도해야 할 사람이 기도하지 않으며, 공부해야 할 사람이 공부하지 않는, 자신이 해야 할 일을 하지 않는 이런 사람들은 정말 안타깝습니다.

사도 바울은 디모데에게 "모든 사람을 위하여" 간구하라고 하였습니다. 지도자는 간구해야 할, 즉 영적으로 도움이 필요한 대상이 많습니다. 성도들을 보거나 나라를 보거나 무엇을 보아도 간구할 일이 많습니다.

"기도"는 우리가 보통 알고 있는 기도입니다. 기도할 때 먼저는 하나님과 좋은 관계를 맺게 해달라고 기도해야 합니다. 해결해야 할 문제를 간구하는 것보다 중요한 것은 하나님과의 관계입니다. 하나님과의 관계가 원만하지 않으면 하나님이 기도에 응답하시지 않기 때문입니다. 사람과의 관계에서도 서로 관계가 좋은 사람을 위해서는 대신 희생해줄 수도 있습니다. 어떤 경우에는 물질로도 협력할 수 있습니다. 그러나 사이가 원만하지 않다면 어떤 요구도 들어주기가 어렵습니다. 하나님과 우리 사이도 마찬가지입니다. 성경이 회개를 강조하는 것도 하나님과의 관계를 개선하는 지름길이기 때문입니다. 회개하면서 용서를 구하고 하나님과 친밀한 관계가 되기를 구해야 합니다. 그렇게 기도할 때 주님이 성도의 기도를 들으실 것입니다. 성도는 매일같이 쉬지 않고 기도해야 합니다. 기도 속에서 하나님의 마음을 알아야 흔들림 없이 힘 있게 세상을 살아갈 수 있습니다.

"도고"는 탄원적인 성격의 기도를 말합니다. 바울은 기도에 대해 깊이 이야기하고 싶어서 이렇게 구분한 것 같습니다. 많은 사람이 이 기도를 중보기도라고 하는데 꼭 그렇게 볼 수는 없습니다. 성경을 연구할 때 가장 먼저 살펴보아야 하는 것은 누가 누구에게 한 말인지가 중요합니다. 즉 성부, 성자, 성령, 천사, 사도, 혹은 귀신 중 누가 말했느냐는 것입니다. 성경에 귀신이 말한 부분도 있습니다. 본문은 사도 바울이 첫 번째 목사인 디모데에게 한 말입니다. 이 말씀을 받는 대상은 일반 성도가 아닙니다. 사도가 목사에게 한 말로, 도고는 목사가 성도들을 위해서 하나님께 드리는 기도를 말하는데 중보기도의 성격이 조금 포함됩니다. 기도는 하나님께 드리는 것이라는 측면에서는 같지만, 교회 지도자의 기도와 일반 성도의 기도의 권위가 같을 수는 없습니다. 그것은 하나님이 교회의 지도자인 목사를 세우시고 남다른 은혜와 권위를 주시기 때문입니다. 그러므로 양떼와 같은 성도들을 섬길 수 있는 영적 권위를 주십니다. 당연히 사도의 기도도 성도의 기도와 같을 수 없습니다. 도고를 하라고 한 것은 목사로서 에베소 교회 성도들을 위해 기도하라는 말로 받아들여야 합니다. 특히 디모데의 영적 수준은 사도급이기 때문에 성도들을 위해 기도할 수 있는 충분한 자격이 있습니다. 어쩌다가 목사의 지위를 얻은 자가 아닙니다.

"감사"를 해야 합니다. 기도하면서 감사하고, 감사하면서 기도할 수 있습니다. 감사를 따로 떼어놓고 할 수 있지만, 기도하면서 하는 감사를 말한다고 할 수 있습니다. 기도를 깊이 하다 보면 감사할 일이 수백 가지가 넘는 것을 알게 됩니다. 처음에는 감사하라고 해서 감사하지만, 깊이 기도하다 보면 감사할 내용이 너무 많은 것을 발견합니다. 그러므로 깊은 기도를 하는 성도는 감사가 넘쳐납니다. 기도를 통해 하나님께 받은 은혜에 대해 감사를 많이 하는 것이 정상적인 성도입니다.

2절 "임금들과 높은 지위에 있는 모든 사람을 위하여 하라." 그 당시에는 황제나 분봉 왕이 많았습니다. 그들은 각 지역을 다스리는 왕들인데, 헤롯도 이스라엘 지역을 다스리던 왕이었습니다. "높은 지위에 있는 모든 사람"은 공직자들을 가리키는 것으로, 나라를 다스리고 백성과 아주 밀접한 관계가 있는 사람입니다. 그들의 결정에 따라 백성은 큰 영향을 받았습니다. 당시에는 전쟁이 많았는데, 그들이 내리는 결정으로 많은 사람이 전쟁에 투입되고 전사하였습니다. 역사에 기록된 사건을 바탕으로 한 전쟁영화를 보면 넓은 벌판에서 수천, 수만 명의 병사가 서로 찌르고 싸우며 전투를 벌입니다. 그러나 그들 대부분은 결국 몰살하여 넓은 들판에는 병사들의 시신으로 가득 차게 되는 장면이 나옵니다. 나라의 지도자들이 사람의 생명이 귀한 줄을 모르고 승자도 패자도 없이 죽음으로 내모는 전투를 벌이는 결정을 내린 것입니다. 그래서 바울은 디모데에게 "임금과 높은 지위에 있는 모든 사람을 위해" 기도하라고 한 것입니다. 그 지도자들이 정신을 차리고 백성을 위해 나라를 잘 다스리도록 기도하라는 말입니다. 교회의 지도자는 하나님께 더 가까이 나아가 기도할 책무가 있습니다.

지도자의 사명을 잘 보여주는 이야기가 있습니다. 전투기 조종사의 경우 임무를 수행하다가 추락하게 되는 위급 상황이 되면 낙하산을 타고 탈출할 수 있습니다. 그러나 여객기는 아무리 위급해도 기장이 낙하산을 타고 탈출할 수 없다고 합니다. 여객기의 경우 위험한 상황이 닥쳤을 때 기장이 자기만 살겠다고 도망치면 승객들의 안전은 어떻게 될 것인지 말할 필요가 없습니다. 그런 상황은 결코 허용할 수 없는 것이기에 여객기 조종사의 탈출 방법을 만들지 않은 것입니다. 조종사는 책임감 있게 승객들의 안전을 보장해주어야 하며, 또한 그것이 자신의 생명을 지키는 길입니다. 어떤 공동체이든 지도자들은 공동체의 일원을 위해 최선을 다해야 합니다.

"이는 우리가 모든 경건과 단정함으로 고요하고 평안한 생활을 하려 함이라." 바울은 성도들의 평안한 생활을 추구해야 한다고 가르칩니다. 그리스도 안에서 진정한 평안은 경건한 생활입니다. "경건"은 성도가 하나님 앞에 서 있는 거룩한 생활입니다. 우리가 하나님 앞에서 살 때 비록 몸은 이 세상에 있지만, 천국과 같은 평안한 생활을 할 수 있습니다. "단정함"은 다른 사람에 대하여 성도의 품위를 지키며 규모 있게 살아가는 것을 가리킵니다. 이런 모습에서 아름답고 평안함을 느낍니다. "고요하고"는 외적인 방해나 별 시끄러운 사건 없이 안정되게 살아가는 것입니다. 하나님의 은혜로 이 땅에서 이렇게 산다면 더 이상 바랄 것이 없을 것입니다. 지도자가 전쟁을 좋아하지 않고, 불의를 행하지 않으며, 백성의 생명을 업신여기지 않는 사람이기를 위해서 기도해야 합니다. "평안한 생활"은 성도의 마음에서 얻어집니다. 이 세상에서 우리는 상대가 믿는 사람이든 믿지 않는 사람이든 서로 분쟁하지 않고 평화롭게 사는 것이 좋습니다. 그런데 이런 불행한 일들이 이 세상에서 반복되는 것은 정치하는 지도자들의 속에서 마귀가 역사하기 때문입니다. 그래서 분쟁과 탐욕과 쓸데없는 공명심이 생기고 세상을 혼돈에 빠뜨립니다. 하나님은 자신의 형상을 따라 인간을 창조하셨는데 그 형상을 유지하고 있다면 그렇게 막무가내로 행동할 수 없습니다. 위정자들이 백성을 희생시키지 않고 불의를 행하지 않도록 끊임없이 기도하는 것이 지도자들의 책임이고 성도들의 임무입니다. 경건과 단정함으로 산다면 고요함과 평안함이 찾아올 것입니다.

3절 "이것이 우리 구주 하나님 앞에 선하고 받으실 만한 것이니." 하나님은 성도들이 기도하는 것을 기뻐하신다는 것입니다. 또한 기도는 구주 하나님이 받으실 만한 것입니다. 그러므로 성도는 마땅히 기도해야 합니다. 성도의 기도는 향이 되어 하늘 보좌로 올라갑니다(계 8:3). 이것은 영광스러운 것입니다.

4절 "하나님은 모든 사람이 구원을 받으며 진리를 아는 데에 이르기를 원하시느니라." 사도 바울은 계속 말을 이어갑니다. 하나님은 모든 사람이 구원받기를 원하십니다. 여기서 말하는 모든 사람이 전 인류를 가리키는지, 아니면 택한 사람 전부를 말하는지 의견이 분분합니다. 그러나 결론적으로 하나님은 진실로 모든 사람이 구원받기를 원하십니다. 인종, 민족을 초월해 모든 사람이 구원받기를 원하시고, 하나님을 아는 참된 진리를 받아들이기를 원하십니다. 이 세상에 하나님을 아는 것보다 더 큰 진리는 없습니다. 하나님을 아는 지식이 없어서 인생들이 어리석은 행동을 하는 것입니다. 당시 로마의 황제를 포함해서 지금은 하나님을 믿지 않는 사람일지라도 모든 사람이 하나님을 알고 구원받기를 원하는 것이 하나님의 마음이라는 것입니다. 하지만 결국은 택한 사람만이 구원에 이를 것입니다(리덜보스). 그렇다고 해도 현재 믿지 않는 사람을 볼 때 구원받지 못할 것으로 단정하고 배척하면 그가 교회로 나아오는 길목을 막는 것입니다. 구원은 쉽게 받는 것이 아니지만, 하나님은 모든 사람에게 구원의 문을 열어두셨음을 알아야 합니다.

성도는 많은 사람이 교회에 나오는 것을 바라기보다 기독교가 진정으로 사람들에게 필요한 종교라는 것을 나타내는 삶을 살아야 합니다. 그리고 더 많은 사람이 하나님을 믿는 은혜스러운 상황이 계속 이어지기를 노력해야 합니다.

다음과 같은 인생 이야기를 가진 분이 있습니다. 그는 자신이 20대였을 때, 아무도 자신에게 교회에 가자고 말한 사람이 없었다고 합니다. 그래서 그는 교회를 다니는 사람에게 먼저 다가가 "나를 교회에 데려가 달라"고 부탁했다고 합니다. 그런데 교회에 가고 싶어 했던 그가 나중에 목사가 되었습니다. 교회에 출석하고 예수님을 알고 나서 너무 감격한 나머지 목사가 되었다고 했습니다. 복음은 모든 사람에게 필요합니다. 그리고 주의 나라에 충성할 인물은 복음에 응답할 것입니다.

중보자는 한 분이시다

5절 "하나님은 한 분이시요 또 하나님과 사람 사이에 중보자도 한 분이시니." 기록된 대로 하나님은 한 분입니다. 사도 바울이 활동했던 그리스, 터키 지방에는 하나님이 아닌 다른 신이 많았습니다. 그리스, 로마 신화를 보면 수많은 신이 나오는데, 신들이 결혼하여 자녀를 낳고, 여러 인간사에 나오는 사건들이 벌어집니다. 신의 수가 너무 많아 세기도 어려울 정도입니다. 그리스 사람들은 어느 날은 이 신에게 절하고, 다음 날은 저 신에게 절하며 섬깁니다. 여러 우상을 다 섬기며 모든 신에게 복을 받겠다고 생각합니다. 그런 다신론 지역에서 바울이 하나님은 한 분이시라고 선언한 것입니다. 수많은 신 또는 신상들이 한순간에 아무 의미 없는 존재라고 선언한 것입니다.

하나님은 한 분이시지만 삼위가 계십니다. 성부, 성자, 성령 하나님이 계시지만, 삼위가 한 분이시니 하나님은 한 분이라는 말은 신학적으로 맞습니다. 하나님이 한 분이라고 하는 것은 삼위의 세 분이 서로 의견 차이가 없기 때문입니다. 부부 사이에 의견 차이가 없으면 하나가 된 것이고, 가정 안에서도 서로 의견 차이가 없으면 하나가 된 것입니다. 부부는 일심동체라고 하지만, 의견이 서로 다르고, 생각이 나누이며, 뜻이 하나가 되지 않으면 그 말은 적합하지 않습니다. 사실 사람의 생각이 일치된다는 것은 거의 불가능한 일입니다. 그러나 하나님은 천 년, 2천 년, 아니 그보다 더 긴 시간이 지난다 해도 세 분의 의견이 충돌하지 않습니다. 모든 일에서, 어떤 일이 벌어진다 할지라도 의견이 나누이지 않습니다. 그래서 한 분이라고 할 수 있는 것입니다.

다시 말하면, 어떤 성도가 예수님께 기도했는데 예수님은 그 기도를 들어줄 수 없다고 하셨는데, 다시 성부 하나님께 기도하면서 소원을 들어달라고 해서 성부 하나님이 소원을 들어주시는 일은 벌어질 수 없다는 것입니다.

"하나님과 사람 사이에 중보자도 한 분이시니." 여기서 중보자는 예수 그리스도를 가리킵니다. 예수님은 하나님이시면서 두 번째 하나님인 성자 하나님이십니다. 중보자란 하나님과 사람 사이를 연결해주는 다리 같은 존재입니다. 어느 민족에 속해 있는 것이 아니라 모든 사람의 중보자입니다. 그런데 그 중보자도 한 분이라고 정확하게 말하고 있습니다. 중보자가 필요한 이유는 인간은 범죄하여 더러워졌기 때문에 거룩하신 하나님께 직접 나아갈 수 없기 때문입니다. 인간과 하나님 사이에서 다툼이 일어난 이유는 죄 때문입니다(매튜 헨리). 죄인이 심판주를 직접 만난다면 악을 행한 대로 벌을 받을 뿐입니다.

"곧 사람이신 그리스도 예수라." 이는 중보자가 될 수 있는 조건을 분명하게 밝히고 있습니다. 중보는 하나님이 사람에게 거리낄 것 없이 오실 수 있게 하고, 사람도 하나님께 담대히 나아갈 길을 열어주는 역할을 합니다. 그 중보자가 "사람"이라는 것이 중요합니다. 예수님만이 중보자를 하실 수 있는 이유가 이 때문입니다. 예수님만이 사람이시면서 하나님이시기 때문입니다. 이것이 중보자의 자격에서 매우 중요한 핵심 요소입니다. 만일 전적으로 인간이 되어보신 적이 없는 하나님이라면 인간을 이해하시지 못하기 때문에 중보자가 될 수 없습니다. 예수님은 아기로 태어나시고 장성하실 때까지 인간으로 삶을 직접 겪으셨습니다. 그러나 아무리 인간을 잘 알아도 하나님의 속성이 그 속에 없으면 중보자 역할을 수행할 수 없습니다. 하나님 가운데 이루어질 일들을 깊이 알 수 없기 때문입니다. 하나님에 대해서는 성경을 통해 알 수 있지만, 이는 일부일 뿐이고 성경 외에 어마어마한 영적인 비밀이 존재합니다. 같은 하나님이시면서 성부 하나님의 계획과 목적을 알고, 그 섭리 안에서 사람을 어떻게 인도하고 도울지를 알면서 성부 하나님께 말할 수 있어야 중보입니다. 그래서 예수님밖에는 중보자가 없습니다.

여기에 나오는 말씀은 신학적으로 중요한 부분인데 충분히 다루어지지 않고 있습니다. 중보자에 대해 명확하게 설명하고 있는 이 구절은 사도나 어떤 유력한 사람도 중보자가 될 수 없다는 것을 확실하게 못 박고 있습니다. 그래서 사도 바울은 자신이 하나님의 사람이지만 중보자라고 말한 적은 없습니다. 바울은 인간으로서는 훌륭하지만, 그는 하나님이 아니고 또한 인간을 위해 피 흘려 죽는 대속의 길을 걸어간 것이 아니기 때문입니다. 그 대신 바울은 자신을 "중매쟁이"라고 하였습니다. 중보와 중매에는 엄청난 차이가 있습니다. 사도 바울이 자신의 신분을 중매쟁이라고 한 것은 정확한 표현입니다(고후 11:2). 중매는 양쪽을 연결해주고 자신은 빠지는 것이 정상입니다. 아무리 훌륭한 사람도 중매는 해도 중보는 할 수 없습니다.

그래서 교회 안에서 흔하게 사용하는 '중보기도'라는 말은 의미상 정석에서 벗어난 말입니다. 이 부분에 대해서는 많은 논쟁이 있습니다. 그러나 어떤 문제가 있을 때는 반드시 성경을 기준으로 말해야 합니다. 바울은 중보자는 오직 예수님 한 분이라고 분명하게 말하였으므로 교회에서 중보기도를 한다고 하거나 중보기도 팀을 운영한다고 하는 것은 심각하게 고려해보아야 합니다. 중보는 양쪽에서 다 신뢰를 얻고 양쪽을 다 잘 알아야 합니다. 하나님과 인간을 잘 알아야 한다는 뜻입니다. 대부분의 사람이 자신의 문제도 해결하지 못하면서 남을 위해 중보한다고 말하기 어렵습니다. 중보 기도를 한다는 말에는 큰 의미가 있습니다. 그것은 신학적으로 대단히 중요한 위치에 서 있어야 하는 것이므로 사람은 중보한다고 말할 수 없습니다. 어떤 성도나 지도자가 하나님의 마음을 얼마나 안다고 중보할 수 있습니까? 또한 성부 하나님이 중보기도를 하는 사람의 기도를 그렇게 친밀히 들어주실지도 의문입니다. 사람이시면서 기름부름을 받으신 하나님이신 예수님만이 중보자가 될 수 있습니다. 우리는 우리 자신 외의 다른 사람을 위해 얼마든지 기도할 수 있습니다. 그러나 그에 대해 '중보'라고 말하는 것은 조심해야 합니다.

6절 "그가 모든 사람을 위하여 자기를 대속물로 주셨으니." 이 말에서 중보자의 자격을 알 수 있습니다. 예수님은 죄로 죽을 자들의 대속을 위해 목숨을 드리셨습니다. 그러므로 자신을 대속물로 드려 십자가에 달린 희생을 한 사람이 중보자가 될 수 있습니다. 얼마간의 시간을 드려서 누구를 위하여 기도해주는 것으로 중보적 사역을 하지 못합니다.

"기약이 이르러 주신 증거니라." 주님이 오셔서 신약 시대도 맞이하고 때가 되어 이렇게 되었다는 말입니다. "기약이 이르러"는 신약 시대를 말합니다(박윤선). 예수님은 구약 시대에도 구속 사역을 하셨지만, 공적으로 중보를 하신 것은 아니었습니다. 그것은 십자가에서 돌아가신 뒤로 신약 시대에 이루어진 것입니다. 구약 시대이든 신약 시대이든 중보자는 오직 예수 그리스도밖에 없습니다.

7절 "이를 위하여 내가 전파하는 자와 사도로 세우심을 입은 것은 참말이요 거짓말이 아니니." 바울은 예수 그리스도가 중보자시라는 말을 전파하기 위해 자신이 사도로 세우심을 받았다고 말하는 것입니다. 말씀을 전하는 자가 되고 사도가 되었는데, 그 목적이 바로 중보자가 예수 그리스도밖에 없다는 말을 하기 위해서라는 것입니다. 바울이 아무리 훌륭해도 자신은 중보의 첫 자인 '중' 자도 꺼낼 수 없는 신분이라는 것입니다. 그리고 중보자이신 그리스도를 위하여 자신이 사도로 세워졌다는 그 말은 "참말이요 거짓말이 아니라"고 말합니다. 이 말이 좀 어색한 것은 일반적으로 권위 있는 사람이 말을 하면 듣는 사람들이 바로 믿어야 하는데, 바울은 자신의 말을 들은 사람들이 그 말을 믿지 못할 것 같아서 믿어달라는 뜻에서 참말이라며 강조합니다. 디모데가 활동하던 지역의 사람들은 수많은 신의 존재를 믿는 사람들이었고, 그래서 더욱 중보자가 하나라는 말을 받아들이지 못할 것이 분명해 보였기 때문입니다.

대화할 때 이렇게 참이요, 거짓이 아니라고 강조하여 말하면 도리어 믿음이 가지 않을 수 있습니다. 그러나 바울은 당시 사회와 문화와 종교적 환경을 볼 때 어쩔 수 없이 이렇게 말한 것입니다. 바울은 이런 화법을 여러 번 사용했습니다. "마지못하여", "할 수 없이", "부득불"이라는 말을 썼습니다.

"믿음과 진리 안에서 내가 이방인의 스승이 되었노라." 바울은 자신이 이방인을 가르치는 스승이 되었다고 확신 있게 말합니다. 이런 지위는 스스로 취한 것이 아니고 주님이 주신 것입니다. 또한 정치나 경제 또는 건축 분야의 스승이 아니라 하나님을 믿는 믿음, 그리고 그리스도를 아는 진리에 대해서 스승이라는 것입니다. 바울은 무슨 분야를 가르쳐도 잘할 수 있는 지식인이지만, 다른 것은 모르는 자처럼 삽니다. 바울은 주님이 세우신 이방인의 스승이므로 영적 권위가 있습니다. 생활을 유지하기 위해 수입을 얻기 위한 선생이 아니라, 끝까지 믿고 따를 수 있는 스승입니다.

남자와 여자의 위치

8절 "그러므로 각처에서 남자들이 분노와 다툼이 없이 거룩한 손을 들어 기도하기를 원하노라." "그러므로 각처에서 남자들이" 기도하기를 원한다는 것입니다. 남자도 여자도 다 기도해야 하지만, 당시 지도자의 위치는 거의 남자들이 차지하고 있었기 때문에 특별히 남자를 언급하고 있습니다. 남자들이 책임 의식이 강했고, 사회, 경제, 문화적으로 주도권을 가지고 있던 시대였기 때문입니다. 당시 여성들은 활동할 영역이 많지 않아서 남자에 비해 역할이 많지 않았습니다.

여기에서 바울이 "남자들이 분노와 다툼이 없이 거룩한 손을 들어 기도하기를 원하노라"고 한 것은 주님이 중보자로 계시기 때문에 확신을 가지고 기도하는 것이 유익하기 때문입니다. 내 기도가 응답될 것인가 아닌가를 고민할 필요가 없어진 것입니다. 또한 기도하는 것이 중요하지만, 무엇보다 분노와 다툼이 없이 기도해야 한다는 것입니다. 사실 주님이 중보자가 되신 이유도 하나님과 인생들이 다투는 관계가 되었기 때문에 그 관계를 회복하기 위한 것이었습니다. 그러므로 인생들 사이에도 다툼이 사라져야 합니다. 실제로 가정에서나 친구 사이에서나 다툼과 분노가 있으면 기도할 의욕도 생기지 않고 예배에도 집중하지 못하는 등 좋지 않은 여파가 미칩니다. 만약 싸우기를 좋아하고 분노를 잘하는 사람이 기도한다면 결국 그의 기도는 진실성이 결여된, 즉 입에 붙어 있는 기도밖에는 할 수 없을 것입니다. 기도를 통하여 하나님과 친밀해지고 진노를 잠재우도록 주님이 중보하고 계시는데 우리가 이웃과 싸울 수는 없습니다. 또한 바울이 이 말을 한 것은 여성들보다는 남자들이 분노와 다툼이 많기 때문이고, 기도하기 위해서는 나쁜 감정을 다스려야 하기 때문입니다. 여성들의 다툼은 비교적 미워하고 원망하며 불평하는 수준이지만, 남자들의 다툼은 살해하고 싶을 정도로 강한 혈기로 발전하는 경우가 많습니다. 그래서 피 묻은 손, 다른 사람을 때리거나 다른 사람의 물건을 빼앗은 손이 아닌 거룩한 손으로 기도해야 합니다. 죄를 지은 사람의 기도는 하나님이 응답하지 않으실 것이 분명하기 때문입니다.

바울은 거룩한 마음자세로 하나님께 기도해야 그것이 하나님께 상달되는 것이지 아무리 오랜 시간 기도하여도 분노와 다툼이 있어 죄를 범한 손으로 기도한다면 열매가 없다고 보았습니다. 그러므로 주님은 "예물을 제단에 드리려다가 거기서 네 형제에게 원망들을 만한 일이 있는 것이 생각나거든 예물을 제단 앞에 두고 먼저 가서 형제와 화목하고 그 후에 와서 예물을 드리라"(마 5:23-24)고 가르쳐주셨습니다. 거룩은 하나님의 속성을 닮는 것이기 때문에 하나님의 마음과 행실이 같아질수록 기도의 위력이 나타납니다. 이를 디모데에게 가르쳐주는 것은 목사가 기도에 대해 특히 잘 알아야 하기 때문입니다. 기독교는 형식만 있으면 되는 것이 아니고 내면과 영적인 부분이 더 중요합니다. 세상 사람들은 겉모양만 보지만, 주님은 중심, 즉 속사람의 상태를 보십니다. 그리고 진실을 보십니다. 그래서 거룩한 손을 들고 기도하지 않으면 기도 응답은 없다는 것입니다.

"각처에서 남자들이…손을 들어 기도하기를 원하노라"는 것은 개인적인 기도보다는 공적인 기도를 말하는 것입니다. 여러 사람이 모여 함께 기도할 때 더욱 이렇게 하라는 것입니다. 손을 드는 것은 겸손을 뜻합니다.

9절 "또 이와 같이 여자들도 단정하게 옷을 입으며 소박함과 정절로써 자기를 단장하고 땋은 머리와 금이나 진주나 값진 옷으로 하지 말고." "이와 같이"라는 말은 앞에서 언급한 대로 남자들이 예배 때 주의해야 하는 것처럼 여자들도 조심할 것이 있다는 의미입니다(박윤선). 개인적으로 사업을 하거나 외출할 때 이렇게 하라는 것이 아닙니다. 물론 개인적으로는 사치해도 된다고 허용하는 것은 아닙니다. 여기서 중심은 기도인데, 기도는 예배와도 관계된 것이므로 공적인 예배 때나 하나님 앞에 깊이 기도할 때 외모를 단정히 하라는 것입니다. 단정하다는 것은 '적당한' 혹은 '규모 있게'를 의미하며, 사치하지 않은 검소한 옷차림을 뜻합니다.

"소박함과 정절로써 자기를 단장하"라고 하였는데 단장하는 것은 중요합니다. 사람은 자신을 멋진 자로 꾸미고 살아야 합니다. 그런데 무엇으로 꾸미는지가 중요합니다. 금이나 은, 보석으로 단장할 수 있지만, 그런 보석이나 옷보다는 소박함과 정절로 단장해야 합니다. "소박함"은 유순하게 하는 마음이고, "정절"은 정욕이나 혈기를 억제하는 것입니다(박윤선). 이러한 교훈은 여성이 외형에 치우칠까 염려하여 하는 말입니다. "땋은 머리"를 하지 말라고 한 것은 그 당시 나라마다 머리를 단장하는 것이 달랐는데, 땋는 머리는 미적인 면에서는 뛰어나지만 시간과 물질이 많이 소요되었기 때문입니다. 이런 것을 잘못이라고 할 수 없지만, 예배나 기도를 위해 모일 때에는 지나치게 돈을 들이지 말라는 것입니다. 성도들 중에는 옷을 잘 입는 사람들이 있습니다. 교양도 있고 맵시도 있고 단정한 사람들이 있습니다. 하지만 그런 사람들의 의상에 대해 칭찬하지 않는 것이 좋은 것은 그들이 옷차림에 더욱 신경을 쓸 수 있기 때문입니다. 지도자는 성도들이 지나치게 겉모습에 관심을 두어 영적으로 드리는 예배에 집중하지 못하게 하는 실수를 하면 안 됩니다. 이를 사도 바울이 디모데에게 가르치는 것입니다.

10절 "오직 선행으로 하기를 원하노라 이것이 하나님을 경외한다 하는 자들에게 마땅한 것이니라." 즉 성도는 교회 안에서 옷차림이나 겉모습이 아니라 '선행'에 서로 관심을 가져야 한다는 것입니다. 전도해서 열매를 맺은 것이나 봉사한 것, 즉 하나님이 기뻐하시는 일을 한 것을 자신을 단장하는 재료로 삼아야 한다는 것입니다. 복음을 위해 주님을 기쁘시게 하려고 열심히 일하는 믿음의 사람들을 만나면 서로 기쁨이 솟아납니다. 나뿐 아니라 여기저기에 믿음의 사람이 많다는 것을 발견하면 감사가 넘치고 또 하늘나라를 소망하게 됩니다. 그래서 성도가 예배 시간에 멋진 옷차림을 주위에 보여주려고 신경을 쓰는 것은 본질에서 벗어난 행동입니다.

11절 "여자는 일체 순종함으로 조용히 배우라." 11절부터는 여성과 관련하여 나오는 말씀인데, 옛날부터 논란이 있는 부분입니다. 여자는 순종하고 조용히 배우라고 합니다. 여성을 차별하는 듯 보이는 이 말을 힘들어하는 여성들이 많습니다. 그러나 사도 바울은 여자는 일체 '순종'하라고 하였습니다. 순종은 나이, 지적 능력, 믿음의 수준, 경제력과는 무관한 것으로 이런 부분은 고려의 대상이 아닙니다. 또한 "조용히 배우라"고 했습니다. 눈에 보이는 활동을 삼가라는 의미입니다. 배우라는 것은 나서서 무엇인가 가르치려 하기보다는 겸손히 배우려는 자세를 가지라는 의미입니다.

12절 "여자가 가르치는 것과 남자를 주관하는 것을 허락하지 아니하노니 오직 조용할지니라." 이 말은 바울의 가르침이며 동시에 성경에 기록된 것이기 때문에 성도는 믿고 따라야 합니다. 하나님의 나라에서 남자와 여자는 차별이 없습니다. 하나님 나라에서 남자라고 구원을 더 많이 받고 여자라고 구원의 자리에 못 들어가는 일은 없습니다. 똑같이 출발하고 똑같이 행한 대로 갚아주십니다. 그러나 성경은 여자는 순종하므로 배우고 남자를 주관하지 말라고 가르치고 있습니다. 그 이유는 다음 절에 나옵니다.

13절 "이는 아담이 먼저 지음을 받고 하와가 그 후며." 하나님이 아담을 지으셨고, 여성은 아담이 창조되고 난 뒤 지어졌습니다. 하나님이 아담을 지으실 때 흙으로 모양을 만드시고 성령을 불어넣으시니 영혼이 들어가 사람인 아담이 되었습니다. 그다음 여자를 만드실 때에는 다시 흙을 가져다 몸을 만들지 않으셨습니다. 남자를 만드신 뒤 그가 독처하는 것이 보기에 좋지 않아 그를 잠들게 하시고, 그의 갈비뼈를 하나 뽑아서 여자를 만드셨습니다. 이것이 하나님이 창조하신 순서이며 방법입니다. 여자의 본거지는 남자의 갈비뼈 자리입니다. 바울은 이 말에서 하나님이 남성의 권위를 의도하셨음을 나타냅니다(마운스).

성도가 성경을 믿는다면 하나님의 창조 과정을 보면서 남자와 여자의 창조 순서도 중요하게 보아야 합니다. 또한 남자의 갈비뼈로 만들어진 여자의 본질을 생각하면 여자는 남자의 한 부분이면서 또한 남자와 하나라는 것이 중요합니다. 그러므로 "돕는 배필"(창 2:18)이라고 하셨습니다. 바울이 이 말씀을 한 것은 지금부터 2천여 년 전인데, 바울이 이 말씀을 가르치기 전까지 오랜 세월 동안 사람들은 이 원리대로 살아왔고, 신약 시대가 시작되면서 바울이 이 사상을 성경에 정리한 것입니다. 오랜 세월을 지나면서 누군가가 주장하여 그렇게 된 것이 아니라 남녀의 문제는 태생적으로 근본이 그렇다는 것입니다.

14절 "아담이 속은 것이 아니고 여자가 속아 죄에 빠졌음이라." 또 하나의 이유를 말합니다. 하와가 먼저 마귀에게 속아 넘어간 것이 두 번째 이유입니다. 에덴동산에서 하와는 생명나무 과실을 먹기도 전에 하나님이 금하신 선과 악을 아는 나무의 과실을 먼저 따서 먹었습니다. 이 두 가지 이유는 중요한 역사적 사건입니다. 이 두 가지를 살펴보면 여자가 남자를 주관하고 교회에서 가르칠 수 있는 여건이 아니라는 것입니다. 여자의 출발은 남자의 갈비뼈인데 그것이 어떻게 본체를 가르치느냐는 것입니다. 또 여자가 먼저 속아 죄에 빠져 남자까지 하나님의 징계를 받게 하였는데 어떻게 남자를 가르치려고 하느냐는 것입니다.

15절 "그러나 여자들이 만일 정숙함으로써 믿음과 사랑과 거룩함에 거하면." 바울은 "믿음과 사랑과 거룩함"을 늘 강조했습니다. 바울은 그것을 정말 중요하게 보았습니다. 이 세 가지는 믿음이 없으면 이루어질 수 없습니다. 믿음은 저절로 생기는 것이 아닙니다. 남자와 여자라고 믿음에 차이가 있는 것도 아닙니다. 무조건 모든 여자가 남자에게 배워야 하는 것도 아닙니다. 믿음이 훌륭한 여성이 얼마든지 있을 수 있습니다. 결혼한 여성이든 결혼하지 않은 여성이든, 교회 안에서 남성보다 여성이 훨씬 믿음이 좋은 경우가 많습니다. 여성도 강력한 믿음을 소유할 수 있습니다.

또 사랑을 베푸는 것도 교회 안에서 정말 중요합니다. 이것도 교회 안에서 얼마든지 남녀 구분 없이 할 수 있습니다. 남성이 더 사랑이 많으면 하나님께 인정을 받을 것이고, 여성이 더 사랑이 많으면 하나님을 기쁘시게 하는 것입니다. 성도와 이웃 간에 사랑을 나누는 일은 남녀 구분 없이 누구에게나 열려 있습니다.

거룩함도 마찬가지입니다. 거룩함을 이루는데 여성이라고 손해 볼 것이 없습니다. 남성보다 여성이 훨씬 더 깊은 거룩함에 이를 수 있습니다. 그러므로 믿음과 사랑과 거룩함에 대해 여성이 남성을 앞설 수 있습니다.

교회 안에서 가르치는 일만 귀한 것이 아닙니다. 도리어 가르치는 일이 위험할 수 있는데, 혹 잘못 가르칠 수도 있기 때문입니다. 인류 역사에서 남자 지도자가 더 많았는데 남자 지도자가 잘못 인도해서 나라가 망하거나 가정이 파탄 나는 경우가 너무나 많습니다. 교회도 마찬가지입니다. 가르치는 일에는 무한 책임이 따릅니다. 제대로 알지도 못하면서 남자라고 하여 가르치다가 잘못된 것을 가르쳐서 수많은 사람을 고통과 죽음에 몰아넣은 경우가 많았습니다. 가르치는 위치에서 여성이 차별을 받는 것처럼 보이지만, 하나님이 모든 면에서 여성에게 허용하셨으므로 다른 분야에서 얼마든지 두각을 나타낼 수 있습니다.

또한 가르침과 관련한 말은 바울이 디모데에게 한 것입니다. 초대교회 당시 유력한 남성이 많았습니다. 사도 바울과 디모데, 아볼로, 실라, 바나바 등 열두 사도를 제외하더라도 기라성 같은 인물이 존재했는데, 그런 수준의 사람들이 가르치는 것을 말하는 것으로 보입니다. 쉽게 말해, 5-10명을 모아놓고 가르치는 정도의 이야기는 아닐 것입니다. 사실 교회 안에는 영적 수준이 최고에 이른 여성이 많고, 그들이 가르치기 어려운 남성은 극히 소수입니다. 그러나 성경에서 남성보다 영적으로 훌륭하고 권위 있는 여성은 소수일 것입니다. 어쨌든 바울의 말씀을 받아들여 교회 안에 남자 지도자가 많아야 하고, 여성 지도자는 정말 최고 수준의 소수를 제외하고는 남성에게 가르침의 자리를 보장해주는 것을 인정해야 합니다. 이는 하나님이 만드신 구조입니다. 하늘에서는 성별이 없으므로 남성이나 여성이나 똑같은 영혼이지만, 하나님이 이 땅에 보내실 때 남성과 여성에게 주신 사역 내용과 은혜에는 차이가 있습니다.

"그의 해산함으로 구원을 얻으리라." 여자는 남자보다 출발이 늦습니다. 그리고 훌륭한 남자들이 교회에서 가르칠 때 그 아래에서 겸손히 배워야 합니다. 하지만 믿음과 사랑과 거룩함에 거하면서 믿음의 열매를 맺고, 여느 남자 못지않은 모습을 보인다면 "그의 해산함으로 구원을 얻으리라"고 하였습니다. 즉 구원을 얻겠지만, 이를 위해 해산의 고통이 있으리라는 말입니다. 믿음과 사랑과 거룩함에 이르려면 수많은 어려움과 고통을 겪어야 합니다. 특히 아이를 기르는 과제가 포함됩니다(렌스키). 사실 이 말에 대해서도 논쟁이 있는데, 그것은 믿음과 사랑과 거룩함에 이르면 상급이 크다고 했다면 좋았을 텐데 구원을 얻는다고 했기 때문입니다. 결국 행함으로 구원을 이룰 수 있는 것처럼 보이기 때문입니다. 하지만 이는 원어에 나오는 그대로이고, 이 말의 뜻은 행함과 구원이 연결된다는 것으로 해석할 수 있습니다. 믿음과 사랑과 거룩함에 이르기 위해 열심히 노력한다면 구원을 얻고 하늘에서 하나님이 행한 대로 갚아주실 것입니다. 그리고 남자였던 자들을 능가하고 부러워할 만한 천국 백성이 될 수 있습니다.

3장

　3장에서는 사도 바울이 디모데에게 감독과 집사가 갖추어야 하는 자격에 대해 이야기합니다. 사업가나 교사 등의 직업과 하나님 나라의 일꾼은 그 자격 요건이 다릅니다. 사업하는 사람들은 이익 창출을 목적으로 삼습니다. 아무리 정직하게 일해도 이익을 내지 않으면 회사는 망할 것입니다. 사업을 제대로 하지 못하여 망하게 되었을 때 정직하게 사업을 경영했다고 아무리 변명해도 용서받을 수 없습니다. 국가 지도자들은 나라를 안전하게 지키고 경제를 발전시켜 부국강병을 이루어야 합니다. 정직이 아무리 중요하다고 해서 나라의 특급 비밀을 함부로 누설하는 것은 상상할 수 없는 일입니다. 어떤 단체이든 지도자라면 맡은 책임을 다하여야 합니다. 하나님의 나라는 영적인 나라이기 때문에 영적인 것을 잘 알고 잘 지켜나가는 것이 생명입니다.

감독의 자격은

1절 "미쁘다 이 말이여, 곧 사람이 감독의 직분을 얻으려 함은 선한 일을 사모하는 것이라 함이로다." 감독 제도를 운영하고 있는 교파가 있습니다. 장로교에서는 감독이라는 직책이 없지만, 이에 해당하는 직분은 장로라고 할 수 있습니다. 장로교에서는 장로를 둘로 나눕니다. 가르치는 장로, 즉 오늘날의 목사가 있습니다. 또한 다스리는 장로가 있습니다. 우리가 아는 장로가 바로 이 경우입니다. 이 직책은 초대교회에도 있었습니다. 그런데 감독이라는 직분은 성도를 잘 감독하는 사람으로, 장로를 포함한 교회 직책에서 높은 위치에 있는 사람을 말합니다. 그런데 바울은 사람이 감독의 직분을 얻으려고 하는 것은 사적인 탐욕이 아니라 선한 일을 사모하는 것이라고 말합니다. 목사와 장로가 되는 것은 하나님 앞에서 선한 일이라는 것입니다. 혼인생활과 가정생활, 대인관계가 순조로운 사람 가운데 올곧고 능력 있으며 직무에 적합한 사람이 이 직무를 바라는 것은 정당한 것입니다(테오도레투스).

이 직책을 거절하는 것이 겸손한 태도로 보일 수 있지만, 사실은 주의 나라를 사모하지 않는 행동입니다. 이 직분은 권리 행사를 하는 것이 아니라 사역을 위함이고 봉사를 위함입니다. 이 땅에서 하나님 나라를 위해 일하고, 주님의 몸 된 교회를 위해 일하며, 성도들을 위해 일하고, 마귀와 싸우는 일보다 귀한 것은 없습니다. 그러므로 감독은 이 세상 어떤 직업보다 귀합니다. 바울은 디모데에게 감독 직분의 소중함을 가르칩니다.

2절 "그러므로 감독은 책망할 것이 없으며." 그런데 감독이 되고 주님의 몸 된 교회를 위해 일하는 사람에게는 갖출 것이 있습니다. 그 직책은 맡고 싶다고 해서 다 허락되는 것이 아니라 기준에 합당한 사람만 감당할 수 있다는 것입니다. 감독, 즉 오늘날의 목사와 장로는 특히 사회적으로 책망할 것이 없어야 합니다. 이것은 언제 들어도 두렵고 떨리는 말입니다. 지도자도 인간이기 때문에 완전할 수는 없지만, 그래도 저 정도면 지도자가 될 만하고 교회에서 주의 일을 할 만하다고 객관적으로 인정을 받아야 한다는 것입니다. 죄성이 약하고, 성격과 행동, 지식과 인격, 영성 등 모든 면에서 책망할 것이 없을수록 좋습니다. 책망할 것이 많으면 교회에서 가르칠 때 그 가르침을 받는 사람들이 순종하려고 하지 않을 것이고, "너나 잘하라"며 거부할 수 있기 때문입니다.

"한 아내의 남편이 되며." 또 갖추어야 할 것은 한 아내를 두어야 한다는 것입니다. 즉 일부일처를 가르치고 있습니다. 이는 당시 로마 교회 지도자 중에 결혼하지 않은 사람이 많았기 때문입니다. 그 당시에는 독신주의가 성행했습니다. 결혼하지 않는 것은 좋은 점도 있고 좋지 않은 점도 있습니다. 당시 결혼을 부정하게 보는 사람들이 있었고, 그 중에는 믿음이 좋다는 사람도 있었습니다. 남녀는 부부가 되어 살아야 하는데, 부부관계를 갖는 것을 부정하게 보는 시각이 많았습니다. 부부 사이의 육체적인 관계가 하나님 앞에서 거룩하게 사는 데 좋지 않다고 본 것입니다. 그런데 바울은 남자 지도자에게 결혼을 하라고 하였습니다. 결혼을 하지 않으면 젊은 남성이 정욕을 절제하지 못할 수 있습니다. 또 교회에는 결혼생활을 하는 사람이 많은데, 만일 가르치는 위치에 있는 지도자가 결혼하지 않으면 성도들은 혹시 지도자가 결혼생활을 부정하게 보는 것은 아닌가 오해할 수도 있습니다. 또한 하나님은 결혼하라고 하셨기 때문에 결혼하지 않는다면 신학적인 충돌이 있을 수 있습니다. 그래서 교회 지도자들은 성경에서 말한 대로 결혼을 하라고 하는 것입니다.

전에는 대부분의 교단에서 결혼하지 않은 사람은 목사 안수를 주지 않았는데 점점 결혼 연령이 늦어지고, 또한 결혼을 하려고 하지만 하지 못하는 경우도 있어서, 결국 지금은 결혼하지 않아도 목사 안수를 주는 경우가 많습니다.

이 구절에서 또 하나 중요한 것은 일부일처제를 가르치고 있다는 것입니다. 그 당시 로마와 그리스는 성적으로 개방된 사회였습니다. 이탈리아의 폼페이는 화산이 폭발해 화산재가 온 도시를 덮어 죽음의 땅을 만들었습니다. 그 도시에는 창녀촌도 있었고, 벽에 성적인 그림도 많았습니다. 결혼한 남성이나 여성이 다른 이성과 관계하는 것을 아무렇지 않게 생각한 사회였습니다. 로마 시대에는 귀족이나 장군의 아내들이 전쟁터에 나가 있거나 업무에 바쁜 남편 대신 무료함을 달래기 위해 종들이나 검투사를 사서 성적인 관계를 가졌다는 내용들이 역사에 기록되어 있습니다. 이런 사회 분위기 속에서 바울은 교회 지도자들은 한 아내와 결혼하여 정절을 지키라고 하였습니다. 물론 이는 여성들에게도 해당하는 말입니다. 이것은 음행은 금하지만 재혼을 금하는 것은 아닙니다.

"절제하며." 이 말은 경성하여 이 세상 것에 취하지 않는 것을 뜻합니다. 절제에 취약한 사람이 많습니다. 하지만 모든 삶의 모든 부분에서 절제가 필요합니다. 잠을 자는 것, 음식을 먹는 것, 말하는 것, 물건을 사는 것 등 모든 행동에 절도가 있어야 합니다. 하지만 성경을 읽거나 하나님과 대화하고 가까워지는 일에는 절제할 필요가 없습니다. 이는 영적으로 성장하는 데 중요하기 때문입니다. 신랑 되신 주님께 신부 된 성도들이 가까이 나갈 수만 있다면 좋은 것입니다. 그러나 그 외의 세상일에는 다 절제가 필요합니다. 특히 교역자가 영적으로 깨어 있지 않으면 많은 영혼을 죽음의 자리로 데려갑니다.

"신중하며." 이 말은 과도한 상상이나 무식함이나 어리석음을 떠나 순전하고 단정한 것을 가리킵니다(크레다너스). 즉 지도자는 모든 일을 할 때 신중해야 합니다. 마음먹고 행동할 때 생각을 많이 한 뒤 결정해야 합니다. 오랜 숙고 끝에 정말 옳다고 결정하면 끝까지 추구해야 합니다. 별생각 없이 조급하게 행하다가 도중에 정말 옳은지 의심이 들어 또다시 돌아오고 또 생각한 뒤 다시 행하는 이런 흔들리는 모습은 생각이 짧은 것입니다. 일단 일을 저지르고 보자고 하는 사람들이 있습니다. 그렇게 해서 일이 잘되는 경우가 있을 수 있지만, 최대한 신중하게 행동해야 후회하는 일이 적어집니다.

"단정하며." 이것은 외적인 것을 말합니다. 신중함은 마음과 생각, 이성과 감정에서 나타나는 것이고, 단정함은 옷차림새, 머리 모양, 행동거지가 질서 있는 것을 말합니다. 도덕적인 규칙이 엄격해야 합니다. 모든 사람이 단정해야 하지만, 특히 지도자들은 단정하고 깔끔해야 합니다. 교회 안에서 사치스럽고 화려한 차림새나 깨끗하지 않은 모습은 문제가 됩니다. 단정함은 그 사람의 겉모습과 행동, 태도, 자세 등을 다 포함해 모든 면에서 좋은 인상을 주는 것입니다. 취업 면접을 대비해 훈련해주는 곳이 있는데, 가르치는 내용이 정해져 있습니다. 옷은 가능하면 검정색 옷을 입고 여성은 무릎까지 오는 치마를 입는 것이 좋고, 의자에 앉아 두 손은 무릎 위에 자연스럽게 놓으라고 알려줍니다. 그 밖에 여러 가지 준비할 내용이 있습니다. 교회 안에서도 단정함이 필요합니다. 예를 들어 예배 시간에 기침이 나올 때는 손수건으로 입을 가리고 소리를 줄여야 합니다. 또한 최대한 물을 마셔서 기침하지 않도록 해야 하며, 그 외에도 큰 소리를 내서 예배를 방해하는 일이 없도록 조심해야 합니다.

"나그네를 대접하며." 그 당시에는 가난한 사람이 많았습니다. 박해를 받아서 집을 떠나 여기저기 옮겨 다니는 사람이 많았는데, 제대로 먹지도 못하고 쉬지도 못하여 도움이 필요한 사람들이었습니다. 특히 복음 전도를 위해 각지를 돌아다니는 전도자들이 있었는데, 이들을 잘 섬겨야 합니다. 그들이 거처도 일정하지 않고 가난하다고 해서 무시한다면 영적 지도자로서 자격이 없습니다.

"가르치기를 잘하며." 교회 지도자는 세상 지식이 아닌 복음과 주님에 대해 지식을 쌓고 잘 가르쳐야 합니다. 다른 것은 잘 가르치지만 성경과 복음에 대해 이해도가 떨어진다면 세상 학교의 선생님밖에 되지 않습니다. 교회에서 직분을 맡은 사람은 영적으로 성경을 밝히 드러낼 수 있는 사람이 되어야 합니다. 목사뿐만 아니라 장로도 마찬가지입니다. 하나님의 일을 하려면 성경이 말하고 있는 내용들을 최선을 다해 지켜나가야 합니다. 지도자로서 갖추어진 것 없이 직분을 사모만 하지 말고, 그 직분을 감당할 수 있도록 차근차근 준비해야 합니다. 제대로 준비하지 않고 열정만 있으면 설령 그 위치에 오르더라도 불협화음을 일으키고 열매가 없습니다. 지도자는 잘 가르쳐서 그로 인해 많은 사람이 영적으로 도움을 받고, 영적인 갈급함이 해결되어 은혜를 받았다는 증거가 있어야 합니다.

3절 "술을 즐기지 아니하며." 이것은 술에 중독된 것을 가리킵니다(잠 23:32). 사람이 정도에 지나치게 술을 마시면 이성이 마비되고 감성이 왜곡됩니다. 여기서 술에 대해서는 아예 입에 대지 말라고는 하지 않았습니다. 사실 우리도 성찬식을 할 때 포도주를 마십니다. 여기에도 알코올 성분이 약간 포함되어 있습니다. 초대교회 때에도 술을 허용했습니다. 술을 마셨다고 지옥에 가고 주님의 혹독한 책망을 받는 것은 아닙니다. 그래서 여기서도 술을 마시지 말라는 것이 아니라 즐기지 말라고 한 것입니다. 한마디로 술을 좋아하지 말라는 것입니다. 그렇지만 술을 좋아하지 않아도 술자리에 가서 앉아 있으면 다른 사람이 권하게 되고, 조금씩 마시다 보면 결국 즐기게 되므로 차라리 성찬식 때 외에는 마시지 않는 것이 좋습니다. 지도자가 술을 마시고 영적으로 중요한 일을 결정한다는 것은 어불성설입니다.

"구타하지 아니하며." 이는 교회 안에서 있을 수 있는 일을 말하는 것입니다. 이 말은 물리적 폭력과 함께 언어적 폭력도 포함합니다. 교회 안에서뿐만 아니라 가정에서도 이런 일은 있어서는 안 됩니다. 목사나 장로 혹은 그들의 아내 중에서 성도들에게 호통을 치며 시종 부리듯 하는 사람이 있다면 이는 금해야 할 못된 행동입니다. 성도는 지도자의 종이나 심부름꾼이 아닙니다.

"오직 관용하며." 관용하라는 말은 결국 용서하라는 것입니다. 지도자는 교회에서 용서를 잘해야 합니다. 개인적으로 죄를 가르쳐주고 그 죄를 회개하라고 지도한 뒤 그가 회개하면 곧바로 용서해주어야 합니다. 교회가 사람을 망신 주고 벌주고 상처받게 하는 것은 금해야 합니다. 벌주기를 좋아하는 교회는 어찌 보면 의를 잘 행하는 것같이 보일 수도 있지만, 이보다는 용서가 더 큰 덕목입니다.

"다투지 아니하며." 교회는 각양각색의 사람이 모이는 곳입니다. 그러므로 사상, 문화, 교육 수준 등이 서로 다를 수밖에 없어서 의견 충돌이 일어날 수 있습니다. 그렇다 하더라도 교회 안에서는 의견이 다르다고 해서 다투거나 반목하지 말아야 합니다. 교회 안에서 성도 사이에 종종 다툼이 벌어지는데, 이는 망신스러운 일이고, 특히 지도자가 상대를 가리지 않고 시도 때도 없이 다투는 것은 교회를 망하게 하는 행동입니다. 그리스도를 본받아 서로 이해하고 사랑을 베푸는 자들이 된다면 다툼은 하나둘씩 사라질 것입니다.

"돈을 사랑하지 아니하며." 돈은 우리가 이 세상에서 사는 데 필요한 것입니다. 이 땅에서 주의 일을 하는 데에도 물질이 필요합니다. 하지만 물질이 필요해서 돈을 벌려고 하는 것과, 돈을 사랑해서 돈을 따라가는 것은 다릅니다. 우리의 행동은 목표에 맞추어 달라지므로 어떤 마음으로 물질을 얻으려 하는 것인지는 행동으로 확실히 알 수 있습니다. 욕심 때문에 필요한 분량보다 지나치게 돈을 사랑하면 물질이 우상이 되어 하나님과 관계가 멀어집니다. 또한 물질 문제로 주변 사람과 마찰이 일어나기 쉽고 불의를 행할 가능성도 많습니다. 어떤 사람이 돈 때문에 기도

시간이 줄어들지 않고 예수님을 믿는 데 방해받지 않는다면 그는 돈을 좇는 사람이 아닙니다. 하나님 중심의 삶을 산다면 물질에 얽매이지 않고 따라가지 않아도 하나님은 얼마든지 경제적인 은혜를 주실 수 있습니다. 바울이 여기에서 말하는 사랑은 물질에 매여 있는 것을 지적하는 것입니다.

4절 "자기 집을 잘 다스려 자녀들로 모든 공손함으로 복종하게 하는 자라야 할지며." 지도자는 가정을 잘 다스려서 자녀들이 부모의 지도를 따라 "모든 공손함으로 복종하게" 해야 합니다. 매우 중요하지만 때로는 무시되었던 원칙이 여기서 제시되고 있습니다(거스리). 자녀 교육에 큰 문제점이 발견되는 지도자는 교회 안에서 권위 있는 지도를 하기가 어렵습니다. 자녀를 순종을 잘하는 사람으로 성장시킨 사람이 교회 안에서 가르칠 자격이 있는 것입니다. 그러므로 교회 안에서 장로를 세울 때 그의 가정을 꼭 살펴보아야 합니다. 부부 관계와 자녀의 믿음은 일꾼을 세우는 데 기준으로 삼아야 할 중요한 관점입니다.

5절 "(사람이 자기 집을 다스릴 줄 알지 못하면 어찌 하나님의 교회를 돌보리요)." 교회 안에서 중요한 직분을 맡고 싶은 사람은 긴장하고 겸손하게 받아야 할 말씀입니다. 기독교는 학원처럼 입시 준비하듯 이론만 가르치는 장소가 아닙니다. 가르치는 자가 그의 집에서 실제로 어떻게 사는지, 그 가정에서 천국이 이루어지고 하나님의 법도가 살아있는지, 가족이 서로 가정을 잘 지키기 위해 분발하고 있는지를 살펴보아야 합니다. 목사나 직분자를 세울 때 성도들의 의향을 묻는 찬반 투표를 하는 이유가 바로 여기에 있습니다. 각 사람은 공동체 안에서 객관적으로 평가받고, 하나님 앞에서 그 평판을 겸손하게 받아들여야 합니다. 지도자는 냉정하고 솔직하게 자신이 어떤 사람인지를 돌아보는 시간을 가져야 합니다. 물론 책망할 것이 하나도 없는 사람은 없겠지만, 믿음, 행동, 겉모습, 언어생활 등 모든 부분에서 책망할 것이 없어야 합니다.

6절 "새로 입교한 자도 말지니." 감독은 교회 지도자를 가리키는 것으로, 예수님을 믿은 지 시간이 얼마 경과되지 않은 사람은 교회의 감독으로 세우지 말라는 것입니다. 지도자가 교회생활을 할 때 직분을 맡는다면 부담스럽지 않은 직책부터 차근차근 감당해나가야 합니다. 다양하게 배우고 경험하여 신앙생활이 무엇인지를 몸으로 배워야 합니다. 그리고 하나하나 일을 맡아 수고하면서 점차적으로 그의 행실과 열매가 교회 안에서 인정되어야 하고, 그러면서 차츰 중요한 직분을 맡는 것이 좋습니다. 목사나 장로인 사람의 신앙 연조가 짧다면 바람직하지 않습니다. 신학교에 입학할 때 자격 요건은 대개 세례받은 지 1년이나 2년입니다. 어떤 사람이 교회에서 1-2년 정도 신앙생활을 하고 신학교에 가서 공부를 한다고 가정해봅시다. 신학교는 대부분 학부를 졸업하고 신학대학원까지 마치려면 7년 정도가 걸리지만, 어떤 신학교는 1년에 4학기로 공부하는 곳이 있어서 2년이면 신학교 과정을 끝내고 6개월 뒤에 목사 안수를 주므로 짧으면 3년 정도 되어 목사가 되는 경우도 있습니다. 예를 들어, 세상에서 제 마음대로 살던 사람이, 혹은 무당이나 이방 신을 섬기며 제사장 역할을 하던 사람이 교회에 나와서 금방 신학교에 가고, 빠르면 3년 만에 목사가 될 수도 있다는 것입니다. 또한 인터넷 강좌를 듣는 것으로 목사 안수를 주는 교단도 있으므로 인격적 훈련이나 영성의 검증 없이 속성으로 목사의 자격을 얻을 수 있는 상황입니다. 무엇이든 절차가 지나치게 간소하면 뒤탈이 생기기 마련입니다. 속성으로 자격을 갖추어 직분을 맡아 사역하고 싶겠지만, 잘못하면 주의 책망이 있음을 깨달아야 합니다.

성도들이나 교역자들과의 관계에서 갈등을 겪고 있는 목회자들을 살펴보면, 대부분 교회 주일학교나 중·고등부를 다녀본 적이 없거나, 너무 짧은 신앙생활로 인해 교회 상황을 잘 파악하지 못하는 경우가 많습니다. 신학 지식을 알기 전에 교회를 알아야 목회를 잘 감당할 수 있습니다. 목회자가 될 사람이라면 어려서부터 몸으로 교회를 배우고 신앙을 배우고 자란 뒤 신학 공부를 해야 건전한 교회를 세워나가는 데 유익합니다.

자신의 설교가 딱딱해 성도들이 힘들어하고 있다는 말을 전하며 답답해하는 목회자들이 있습니다. 그런데 그들은 대부분 어린 시절 유·초등부를 경험하지 않았고, 유·초등부 교사도 해본 적이 없었습니다. 어린이나 중·고등부를 지도한 경험은 장년을 지도하는 데에도 유용합니다. 이런 것은 지식으로 배우는 것이 아니라 몸으로 배우는 것입니다. 지적인 실력이 있어도 설교를 전달하는 좋은 방법을 익히지 않으면 설교가 어려워집니다. 그 외에도 교회 안에는 해결해야 할 여러 가지 중대한 문제가 있습니다. 이런 일들을 다루려면 상당한 경험과 지혜가 필요합니다.

그래서 입교한 지 얼마 안 된 사람에게는 목사나 장로 같은 직분을 맡기지 않아야 합니다.

"교만하여져서 마귀를 정죄하는 그 정죄에 빠질까 함이요." 이 말은 마귀가 처음 교만하여 하나님을 반역했을 때(유 1:6) 최후의 형벌을 받는 것을 가리킵니다. 새로 입교한 자가 감독이 되면 안 되는 이유에 대해 계속 말하고 있습니다(칼뱅).

"교만하여져서"는 위험한 말입니다. 사람은 누구든지 하루아침에 높아지면 분수를 모르는 언행을 합니다. 일찍 성공한 사람은 일찍 망한다는 옛말이 있습니다. 젊을 때 성공해서 우쭐거리다가 중간에 무너진다는 것입니다. 그래서 일찍 성공하려고 하지 말라고 하였습니다. 누구든지 젊을 때부터 성공하고 싶어 하지만, 젊을 때 실력과 경험을 쌓아 준비하면 나이가 든 뒤에 교회에서 많은 열매를 맺는 지도자로 섬길 수 있는 기회가 올 것입니다. "마귀를 정죄하는 그 정죄", 이 말의 의미는 교만해진 초신자가 허영심으로 행동한 결과 마귀가 지은 죄를 똑같이 짓다는 것입니다. 즉 마귀에게 예비된 정죄로서 교만한 죄에 해당하는 심판입니다(거스리). 이만큼 초신자는 매사에 조심스럽게 처신해야 합니다.

여기서 "마귀"에 대한 말이 나옵니다. 교회에서 충성하는 직분자인데도 마귀에게 이용당하고 마귀가 짓는 죄를 지을 수 있다는 것입니다. 마귀가 교만해져서 하나님을 배반하고 하나님 품을 떠나서 멸망당할 존재가 된 것처럼, 감독도 교만에 빠지면 마귀가 범하는 죄를 짓고 그와 동류가 될 수 있다고 경고하는 것입니다. 이것은 정말 무서운 일입니다.

성도가 교회의 중요한 직분을 맡고 싶은 마음을 가질 수 있고, 실제로 직분을 맡을 수도 있습니다. 그것이 잘못된 것은 아닙니다. 그렇더라도 항상 하나님 앞에서 교만해질까 두려워하고 너무 일찍 직책을 맡는 것은 아닌지 생각해야 합니다. 교회사에서 훌륭한 이름을 남긴 사람들을 보면 교회가 중요한 일을 맡기려 할 때 사양한 사람이 많습니다. 총회장 선거를 할 때, 어떤 목회자는 총회장이 하고 싶어 자신을 선택해달라고 선거 운동을 하지만, 어느 목회자는 모든 부분에서 자격을 갖추었어도 사양하는 경우가 있습니다. 만일 공동체의 구성원들이 자발적으로 추천하거나 추대해서 중요한 직분을 맡긴다면 감사함으로 책무를 감당해야 합니다. 스스로 높아지려고 하는 것은 기독교에서 정말 조심해야 하는 일입니다. 교만할 때 마귀의 유혹을 받을 가능성이 아주 크고, 마귀와 함께 나락으로 떨어질 가능성이 높습니다.

7절 "또한 외인에게서도 선한 증거를 얻은 자라야 할지니." 이는 감독은 교회 밖에서도 칭찬받는 사람이어야 한다는 뜻입니다. 가정에서도 칭찬받고, 교회 안에서 성도들의 칭찬도 받아야 하며, 교회와 상관없는 지역 사람들이나 이방 사람들에게서도 저런 사람이 목사가 되고 장로가 되어야 한다는 선한 증거를 얻은 자라야 한다는 것입니다. 훌륭한 삶을 산다면 충분히 인정받을 수 있습니다.

"비방과 마귀의 올무에 빠질까 염려하라." 어떻게 저런 사람이 목사와 장로가 되었느냐는 비방을 받는다면 참으로 슬픈 일입니다. 지도자가 되기 이전에, 즉 과거의 행실이 나빴는데 지금 목사가 되어 부끄러운 줄 모르고 남을 가르친다고 비방을 받는다면 권위에 손상을 입습니다.

또한 최근에 그가 저지른 허물이 드러나는 일도 있습니다. 그 정도가 미약한 것은 넘어갈 수도 있겠지만, 중대한 죄를 지었다면 난감한 일입니다. 그러므로 지도자는 교활한 사탄에 대하여 경계하고 주의해야 합니다 (매튜 헨리). 모든 상황을 종합해본다면 젊어서부터 망나니나 불한당 같다는 말을 들었던 사람, 그리고 사회적으로 큰 문제를 일으킨 사람은 목사가 되지 않는 것이 좋습니다. 또한 목사가 되더라도 자신의 부끄러움을 모르는 곳에서 사역하는 것이 건덕상 좋습니다. 사람은 누구나 살면서 몇 번의 실수를 할 수 있습니다. 하지만 그 실수가 이해할 정도를 넘어서고, 오랜 시간 못된 행실을 보인 사람이라면 사양하는 것이 좋습니다. 공연히 그 사람으로 인해 교회가 비방을 받게 되기 때문입니다. 어쩌면 그는 지금까지 마귀의 올무에 너무 오랫동안 사로잡혀 살았는지도 모릅니다. 시간이 오래 경과하면 악한 행동이 습관이 됩니다. 마귀는 그 사람이 교회의 직분자가 되었다고 알아서 떠나지 않습니다. 마귀는 항상 교회를 넘어뜨리려고 기회를 노리고 있는데, 세상 사람들에게 칭찬을 듣지 못하고 인생을 제멋대로 산 사람이 마귀의 "올무"가 되었다면 그 사람을 통해 교회를 공격할 기회를 줄 수 있습니다. 교만은 마귀에게 통행증을 내어주고 자신의 집을 유린하도록 허락하는 것과 같습니다.

집사의 자격

8절 "이와 같이 집사들도." 장로와 집사는 다른 직분으로서 동등하지 않습니다. 그러나 둘 다 하나님의 교회에서 직분을 감당하는 것이므로 그 자격 요건은 비슷할 수 있습니다. 여기서 집사는 안수집사만 가리키는 것이 아닙니다. 초대교회 당시에도 교회의 일을 위해 집사를 많이 세웠습니다. 이는 교회 안에 있는 모든 앞장선 사람을 포함합니다.

"정중하고." 집사의 직분을 맡은 자들은 행동이 근엄하고 정중해야 합니다. "정중"이라는 것은 교양이 있고, 예의가 있으며, 말을 함부로 하지 않고, 누가 보더라도 바른 모습입니다. 잘난 척하거나 물의를 일으키거나 악의에 찬 소문을 내고 다니는 등의 불미스러운 행동을 삼가야 합니다. 좀 거친 표현이지만, 정중함의 반대는 깝죽거림이라고 할 수 있습니다. 깝죽거리는 것은 조금 아는 것을 대단한 것으로 생각하고 잘난 척하며 나서기를 좋아하는 것을 말합니다. 또 주접떤다는 말도 있는데, 이는 자신의 발등에 불이 떨어진 줄도 모르고 남의 일에 참견하고 다니는 꼴불견을 말합니다. 이것은 모두 정중함과는 거리가 멉니다. 교회의 일꾼들은 다른 사람들이 나를 어떻게 보고 있는지를 항상 염두에 두어야 합니다. 사람들이 나의 언행을 정중하다고 평가하고 있는지 솔직하게 들어보아야 합니다. 교회는 사람들이 모이는 공동체이기 때문에 사람들의 평판을 무시하지 못합니다.

"일구이언을 하지 아니하고." 이 뜻은 말의 낭비를 말합니다. 이 사람에게는 이 말을, 저 사람에게는 저 말을 하는 것입니다(벵겔). 교회 일꾼이 일구이언을 하면 교회에 문제를 일으킬 소지가 큽니다. 사람은 서로 말하는 것을 믿고 세상을 삽니다. 남편과 아내는 서로 약속하고 결혼하여 믿고 삽니다. 모두가 진실하게만 산다면 이 세상에는 계약서라는 서류가 필요 없는 것입니다. 모두가 건전한 사상을 가지고 산다면 헌법도 필요 없습니다. 약속을 했으면 지킬 것을 믿고 그렇게 행동하고 살면 바람직한 세상이 될 것입니다. 그러나 약속을 지키지 않기 때문에 계약서가 꼭 필요한 시대가 되었습니다. 이는 모두에게 불편하고 불행한 일입니다. 만일 부부끼리, 가족끼리 약속을 지키지 않을 것이 염려되어 계약서를 쓴다면 슬픈 일입니다. 교회 안에서는 서로 일구이언을 하지 말아야 합니다. 내 입에서 말을 꺼냈으면 지키고 책임을 져야 합니다. 또한 진위 여부를 파악하느라고 조사할 필요도 없어야 합니다. 이런 사람이 교회의 집사가 되어야 문제가 일어나지 않습니다. 교회를 오래 다녔다거나 나이가 많다고 집사가 되는 것이 아니라 삶 속에서 집사의 자격이 있는지를 살펴보고 임명해야 합니다.

"술에 인박히지 아니하고." 술에 인박힌다는 것은 술을 한두 잔 마시는 정도가 아니라 술을 좋아해 취하고 중독된 것으로, 술을 마시지 않으면 안 되는 상태를 말합니다. 술을 좋아하는 사람이 교회 안에서 직분을 맡으면 여러 문제를 일으킵니다. 술을 즐기는 사람이 목사나 장로가 된 경우가 종종 있습니다. 더 심한 것은 음주운전을 하다가 적발된 교회 지도자들이 의외로 많습니다. 정말 부끄럽고 기가 막힌 일입니다. 이러한 행동은 집사의 자격도 되지 않는 것입니다. 물론 회개하고 다시는 그런 행동을 하지 않는다면 용서해주어야 합니다.

"더러운 이를 탐하지 아니하고." 더러운 이는 불의를 행하여 얻은 이익을 말합니다. 집사의 직은 특히 교회 안에서 물질을 다루므로 더욱 조심해야 합니다. 누군가 정정당당하게 돈을 벌었다면 그가 큰 수입을 올리더라도 상관할 일이 아닙니다. 그러나 불의하게 남을 속이거나 억울하게 하는 등, 남의 것을 빼앗아 부정한 이익을 얻는 것은 성도로서 금해야 합니다. 성도 중에 이런 사람이 있다면 교회가 비난받을 수밖에 없습니다.

9절 "깨끗한 양심에 믿음의 비밀을 가진 자라야 할지니." 여기서 말하는 "깨끗한 양심"은 그리스도를 만나서 자신의 죄를 회개한 사람의 양심을 가리킵니다. 그러므로 양심에도 수준이 있음을 앞에서 이야기하였습니다. 불량배의 양심과 수도사의 양심은 차이가 날 수밖에 없습니다. 사람마다 자신은 양심이 있다고 주장하고 양심에 따라 행동한다고 말합니다. 그러나 그 양심의 척도는 얼마나 깨끗한 양심을 가졌는지에 따라 순도가 달라집니다. 그래서 사람들이 양심껏 했다는 말을 다 믿을 수가 없는 것입니다. 양심을 깨끗이 하여 더러움이 없는, 하나님이 원하시는 양심을 가져야 합니다.

"믿음의 비밀을 가진 자"란 복음의 내용을 가리킵니다. 믿음은 하나님이 주신 선물입니다. 결국 하나님께 얼마나 큰 믿음을 선물로 받았는지가 중요합니다. 믿음은 내가 노력한다고 해서 생기는 것이 아니라 하나님이 주셔야 합니다. 믿음으로 구원을 얻는다고 말하지만, 그 믿음의 출발점도 하나님입니다. 그래서 이해하기가 어렵지만, 믿음은 하나님의 선물이고, 이 믿음이 있어야 구원을 얻으며 하나님의 일도 잘 수행할 수 있습니다.

또한 "믿음의 비밀"을 가진다는 것은 단순히 성경 지식을 배우는 데 머무르는 것이 아니라 자신과 주님과의 관계에서 얻은 자신만의 영적인 비밀을 말하는 것입니다. 부부는 남들이 모르는 비밀을 많이 공유합니다. 또 부모와 자식 관계에서도 남들이 예측하지 못하는 비밀이 있습니다. 교회도 교회 안에서만 공유하는 비밀이 있어서 다른 교회나 세상이 알지 못하는 비밀이 얼마든지 있습니다. 이 세상의 모든 공동체에는 비밀스럽게 추진해야 하는 일이 있습니다. 그런데 가장 큰 비밀은 주님과 성도 사이의 비밀입니다. 각자 신랑 되신 주님의 신부로서 주님과의 사이에서 비밀을 가지는 데 최고 수준의 비밀을 공유한 사람이 있고, 그보다 못한 수준의 비밀을 공유한 사람도 있게 됩니다. 부부라도 배우자에게 중요한 내용을 알리는 부부가 있고, 서로에게 사소한 정보만 공유하고 사는 부부도 얼마든지 존재합니다.

성도가 주님의 신부로서 주님과 가까워지면 주님께 대한 것이나 주님이 가르쳐주시는 영적 비밀을 많이 알 것이고, 성도들도 자신의 상황을 주님께 고백할 것입니다. 어떤 경우에 영적 체험을 한 성도가 몇 가지 의문이 있어서 교회 지도자에게 질문하였을 때 영적 지식이 부족하다면 대답하지 못하는 경우도 있습니다. 믿음의 깊은 비밀을 소유하지 못하면 자신도 주님과 친밀한 관계를 이어가지 못할 뿐 아니라 성도들에게 영적 도움을 줄 수 없습니다. 도리어 잘못 지도하여 성도들이 영적으로 깊어지는 데 방해가 될 수 있습니다. 그래서 주님과의 사이에서 비밀을 많이 공유한 사람이 교회의 지도자로서 역할을 정상적으로 감당할 수 있습니다.

10절 "이에 이 사람들을 먼저 시험하여 보고 그 후에 책망할 것이 없으면 집사의 직분을 맡게 할 것이요." 교회의 일꾼은 아무 생각 없이 세울 수 있는 것이 아니고, 오래 교회를 다녔다고 세우는 것도 아니며, 직분을 감당할 만한 자격을 갖추었는지 시험해보아야 한다는 것입니다. 특히 그의 진실성과 구원의 도리에 대해 확고한 믿음을 가졌는지를 알아보는 것으로 교회 전체가 행하는 관찰입니다(빈센트). 여러 조건을 살펴보고 점수를 매겨보아야 하고, 기준치를 넘긴다면 안심하고 맡기는 것입니다. 교회에서 중요한 직분을 맡고 싶은 소원을 갖는 사람이 있다면 이는 귀한 일입니다. 그러나 다른 사람들이 그를 오랫동안 지켜보고 감당할 만한 사람으로 인정하여 추대하여 세워진다면 더 좋을 것입니다. 사람은 완전할 수 없습니다. 하지만 교회의 일꾼은 영적인 사역이므로 어느 정도 자격이 되어야 성도의 신뢰를 받을 수 있습니다. 교회가 처음 세워져 준비된 일꾼이 없을 때에는 성도가 너나 할 것 없이 교회를 위해 봉사해야 하겠지만, 성도의 숫자가 늘어나고 질서가 잡히면 자격을 갖춘 사람이 일꾼이 되도록 새롭게 정비해야 합니다. 하나님의 몸 된 교회를 바로 세워나가는 것은 성경적인 것입니다. 성도는 가감 없이 서로 솔직하고, 서로 평가해보며, 서로 인정할 만한 사람이 되기 위해 노력해야 합니다.

11절 "여자들도 이와 같이." 여기에서 여성은 감독의 아내들이 첫 번째 대상이지만, 초대교회에 출석하는 여성 중에서도 교회에 세워진 직분자가 있었으므로 여성 집사들을 포함합니다. 그런 여성들이 교회에서 어떤 자세로 봉사해야 하는지에 대해서 말씀하는 것입니다. "이와 같이"라는 말은 감독과 집사에 대해 지금까지 한 말을 모두 포함한다는 것입니다. 여성도 남자와 다름없는 자격을 갖추어야 한다는 의미입니다. 그 당시 여성들 중에는 가정을 방문하는 일과 여성 세례 대상자를 돌보는 일 등을 담당했던 이들이 있었을 것입니다(거스리).

"정숙하고." 과거 여학교에는 "정숙"을 교훈이나 학훈으로 하는 경우가 있었습니다. 오늘날은 여성과 남성 사이에 구별이 없다고 하지만, 어떤 부분에서 구별이 없는지를 생각해보아야 합니다. 남성과 여성은 각각 특별합니다. 또 남성과 여성을 가리지 않고 인간으로서 나타나는 특별함도 있습니다. 사람이라면 마땅히 갖춰야 할 덕목과 행동이 있습니다. 그런데 여기서 "여자들"을 언급하면서 갖추어야 할 것을 말하는 것은 남성보다는 여성이 더 갖추어야 하는 부분을 논하는 것입니다. 이에 대해 성경은 "정숙"하라고 하였습니다.

"정숙"은 여성으로서 아름다운 모습의 행동을 보이라는 것입니다. 여성의 아름다움, 가정을 책임지고 자녀를 양육하는 아름다운 모습이 있습니다. 모든 사람이 이상적으로 생각하는 아내상이 있습니다. 만일 여성 중에 이 세상에서 거리낌 없이 행동하듯이 교회에서도 그렇게 한다면 경건해야 할 교회가 문란해집니다. 성도, 특히 여성들은 교회 안에서는 그에 알맞은 모습을 해야 합니다. 공장에서 일할 때 드레스 같은 옷을 입는다면 보기에는 예쁘지만 적합하지 않고, 자칫 위험할 수도 있습니다.

작업장에서 일할 때에는 근무복을 입어야 편합니다. 사람은 어디에 가든지 거기에 적합한 행동이 있고, 자기 마음대로 행동한다면 사회성이 결여된 부족한 사람입니다. 교회 안에서, 특히 감독의 아내이며 집사의 역할을 하는 여성이라면 모범적인 행동을 보임이 마땅합니다.

남성에게는 "정숙"보다는 "근엄"이 더 어울립니다. 남성에게도 바라는 이상적 남성상이 있습니다. 그런 남성상에 근엄함이 들어가지 않을까 생각합니다. 행동과 매너가 깔끔하고, 함부로 헤프게 웃지 않는 자에게 어울리는 말입니다. 자기 아내가 아닌 다른 여성에게 실없이 웃어주고, 자기 남편이 아닌 다른 남성에게 오해를 일으킬 만한 지나친 친절은 교회 공동체에서는 금물입니다. 서로서로 조심해서 행동함으로 근엄하고 정숙한 모습을 보여야 합니다.

"모함하지 아니하며." 모함은 다른 사람에 대해 함부로 악평하는 것입니다. 이 세상 사람들, 그 중에서도 특히 여성들이 남에 대해 모함하는 경우가 많고, 특히 멋져 보이는 여성에 대해서는 시기심을 갖기도 합니다. 교회 안에서도 이런 행동이 나타날 수 있습니다. 교회 안에서 성도는 서로 경쟁의 대상이나 시기질투의 대상이 아닙니다. 모두 한 하나님을 바라보고 충성하는 사람들의 모임입니다. 그러나 세상 속에서 경쟁하는 것이 익숙해진 여성들이 교회 안에서도 경쟁 심리로 다른 사람에 대해 비판적인 시각으로 말할 수 있습니다. 이 여성들이 성령으로 고쳐지지 않는다면, 지금도 이런 일은 많은 교회에서 비일비재하게 일어나고 있을 것입니다.

모함은 공동체를 무너뜨리는 무서운 독과 같습니다. 친구에 대해 나쁜 말을 하지 않으려고 노력하는 사람은 주변에 친구가 많습니다. 하나님의 교회가 힘 있게 나아가려면 공동체에 속한 사람들이 기쁨으로 모이고, 성도들이 서로 잘 화합해야 합니다. 서로서로 격려하고 위로하면서 소망이 있는 모임을 만들어야 합니다. 만약 허물이 있더라도 덮어주고 이해해줄 때 공동체에 힘이 생깁니다. 어떤 공동체에 들어갔는데, 한두 달이 지나자 자신에 대해 나쁜 소문이 돌고, 대화할 때마다 단점을 들추어내며 비판한다면 그 공동체의 일원이 되고 싶은 사람은 아무도 없을 것입니다. 그런 저질스런 행동들이 저질러진다면 교회로서 존재할 이유가 없습니다. 교회는 사람이 모이는 곳이므로 2천 년 전에도 이런 일이 있었을 것이고, 지금도 존재할 것입니다.

"절제하며." 절제는 여성들에게 더 필요한 덕목입니다. 물론 남성도 절제하는 것은 어려운 일이지만, 여성은 더욱 힘들어합니다. 절제는 모든 부분에서 필요합니다. 말하는 일에도 절제해야 하고, 어떤 일을 하더라도 지나치지 않도록 해야 합니다. 좋은 일을 하거나 칭찬을 듣는 일이라 할지라도 어느 정도 절제가 필요합니다. 또 자신의 언행에 대해 평판이 좋지 않다면 더욱 절제가 필요합니다.

"모든 일에 충성된 자라야 할지니라." 교회의 일꾼은 교회 나온 지 오래되었다고 세우는 것이 아니라 이렇게 여러 분야에서 아름다운 열매를 맺은 사람이 우선되어야 합니다. 앞에서 말한 여러 가지 조건과 자격을 갖춘 사람을 세워야 교회에 덕이 될 수 있습니다. 준비되지 않은 사람이 일꾼으로 세워지면 교회에 물의를 일으킬 수 있기 때문입니다. 그것은 복음 전파에 심각한 방해가 될 수 있습니다.

"모든 일에 충성된 자"는 주님께 충성하고, 교회에 충성하며, 기도와 자신에게 맡겨진 직분에 충성하는 사람입니다. 가정으로 돌아가면 남편은 아내에게 충성하고, 아내는 남편에게 충성해야 합니다. 자식은 부모에게, 부모는 자식에게 충성하는 것입니다. 어디에서도 자신의 자리에서 충성해야 합니다. 맡겨진 일에 충성하는 사람이 모인 공동체는 발전할 수밖에 없습니다. 자기 일을 남에게 떠넘기고 자신은 놀고먹으려는 사람이 모인 공동체는 소망이 없습니다. 사도 바울은 여성 성도에 대해서도 깊은 관찰력을 보여주고 있습니다.

12절 "집사들은 한 아내의 남편이 되어 자녀와 자기 집을 잘 다스리는 자일지니." 여기서 "집사들은 한 아내의 남편이 되어"라고 했는데 이것은 감독에게 주었던 교훈과 같습니다(2-4절). "다스리는"의 문자적인 뜻은 머리가 되는 것입니다. 로마서 12장 8절과 데살로니가전서 5장 12절에서는 이 단어가 교회의 영적 지도자에게 적용되었습니다. 여기서는 가장의 책임을 짊어진 남자의 역할을 강조합니다. 이처럼 남자 집사들은 결혼을 해서 한 아내의 남편이 되어야 하고, 자녀와 자기 집을 잘 다스려야 합니다. 하나님의 사람들은 교회 사역만 잘하면 되는 것이 아니라 가정에서도 자녀를 잘 양육해야 합니다. 자녀들이 믿음 안에서 잘 성장할 수 있도록 해야 하고, 예의범절과 교양, 지식 등 모든 면에서 어디에 내놓아도 부끄럽지 않은 사람으로 키우기 위해 애를 많이 써야 합니다.

아버지들이 자녀 교육에서 상당 부분을 아내에게 맡기는 것은 책임 회피입니다. 자녀교육에는 아버지의 역할이 있고 어머니의 역할이 있습니다. 반드시 아버지가 해야 할 부분이 있는데 그것을 방관하면 자녀교육은 실패할 수 있습니다. 아버지가 이런 부분을 놓치면 가정이 흐트러지고, 자녀에게 질서와 교양이 없어진다면 그것은 실패한 교육이 됩니다. 혹여 부부가 다투더라도 자녀들이 보고 있는 장소라면 조심해야 하고, 특히 남편이 아내에게 책망을 듣는 모습을 보여서는 안 됩니다. 그렇게 될 경우 가장의 권위는 손상을 입게 되고, 이것은 자녀들에게 잘못된 교훈을 주는 것입니다. 또 자녀들이 있는 곳에서 다투더라도 그 방법과 언행에서 격조 있게 하는 것도 교육입니다. 어떻게 해야 잘 싸우는 것인지도 보여주어야 하고, 그 다툼에서 가장인 아버지의 권위가 유지되어야 가정에 질서가 세워집니다. 세상은 항상 힘이 있는 쪽으로 기울어지기 마련입니다. 만약 어머니가 아버지를 무시하고 큰소리를 낸다면 가정의 질서와 권위는 사라집니다. 남편이 항상 옳든, 아니면 아내가 겸손으로 남편을 높여주어야 합니다. 그렇지 않다면 남편이 아내를 설득해야 합니다. 사회생활에서 중요한 것도 권위와 질서이므로 이를 가정에서 잘 배우지 않으면 사회에서 적응하기가 어렵습니다. 그런 측면에서라도 아버지는 가정에서 권위를 바로 세워야 합니다. 자녀는 부모가 왜 싸우는지, 누가 옳은지를 다 알고 있습니다. 아무리 아내가 옳더라도 남편의 권위를 높여주는 방향으로 문제를 해결해나가는 모습을 보여줄 필요가 있습니다. 또한 권위를 유지하는 아버지의 태도를 통해 아내를 존중하고 사랑하지만, 가정의 질서는 흔들리지 않게 세워가는 모습을 모두에게 보여주어야 합니다. 고통과 상처 없이 가장인 아버지가 제 역할을 잘 감당하는 가정이 멋진 가정입니다. 그렇게 된다면 그 아내와 자녀는 행복할 것입니다.

　남성이든 여성이든 자신의 집을 잘 다스려야 합니다. 소수인 집안 식구도 잘 다스리지 못하는 사람이 각기 다른 환경에서 자란 사람들이 모인 교회 공동체를 다스리는 것은 불가능합니다. 가정은 작은 사회이므로 가정을 통해서 세상을 살아가는 법을 익힐 수 있습니다. 자녀는 아버지에게 순종하고, 아버지의 명령과 질서를 따르면서 배우며, 어머니의 사랑과 훈계와 교양을 본받는 것입니다. 가정교육을 제대로 받지 못한 사람은 사회와 교회 안에서 문제를 일으킬 가능성이 많습니다. 그래서 자기 집을 잘 다스리는 사람이 교회 안에서 목사가 되고 장로가 되고 집사가 되어야 합니다. 목회자들이 각 교회에서 장로를 세울 때 그 사람의 믿음과 인격도 중요하지만, 그 아내의 믿음과 인격도 중요하다고 이구동성으로 말합니다. 아내가 남편의 마음을 움직이므로 아내는 장로의 직책을 맡은 남편이 주님 앞에서 충성하도록 잘 도와야 하고, 교회 안에서 장로의 아내로서 역할을 성실히 감당해야 합니다. 때로 장로는 훌륭하지만 그의 아내가 그렇지 못하여 교회에서 물의를 일으키는 경우가 있습니다. 그래서 부부가 모두 훌륭한 사람을 교회의 직분자로 세우도록 기도해야 합니다.

　13절 "집사의 직분을 잘한 자들은 아름다운 지위와." 집사의 직분을 잘 감당하면 아름다운 지위가 있다는 것입니다. 이는 세상적인 지위가 아니라 영적인 지위입니다. 하나님 앞에서 바로 살려고 몸부림치는 사람을 보면 존경심이 듭니다. 자신이 목사나 장로나, 아니면 집사이므로 존경하라는 것은 강요일 뿐입니다. 진정한 존경은 마음에서 우러나오는 것입니다. 맡은 직분을 잘 감당하면 아름다운 지위와 아름다운 평판을 얻습니다(칼뱅).

"그리스도 예수 안에 있는 믿음에 큰 담력을 얻느니라." 여기서 "큰 담력"을 얻는다고 했으므로 반대로 작은 담력도 있다는 것입니다. 담력은 겁이 없고 용감한 기운을 말하는데, 담력이 없는 사람도 있습니다. 믿음이 작으면 하나님의 일을 하면서도 진전이 없고, 작은 어려움에도 쉽게 위축되어 할 일을 감당하지 못합니다. "담력"의 반대는 "겁약"이라고 할 수 있습니다. "겁약"은 단순히 마음이 약한 것이 아니라 악으로 더럽혀진 양심 상태라고 분석합니다. 이는 성도가 믿음의 담력을 소유해야 하는데 이를 갖지 못하고 믿음이 약해졌다면, 그가 악으로 더럽혀진 사람이라서 약해졌다는 것입니다. 그래서 성도가 회개하여 자신을 깨끗이 하고 자신의 죄된 생활에서 돌이켜야 믿음의 담력을 얻습니다.

믿음은 회개하고 영적으로 깨끗할 때 생깁니다. 또한 죄를 짓지 않을 때 믿음이 강력해집니다. 죄가 있으면 사람들 앞에서 떳떳하게 고개를 들 수 없습니다. 세상에서 오염된 생활을 하다가 갑자기 교회에 들어와서 지도자가 되어 사람들을 가르치려고 하면 사탄에게 휘둘릴 수 있고, 담대함이 약해질 수밖에 없습니다. 결국은 죄 없이 깨끗하게 살아야 자녀 앞에서도, 교회에서도 당당해집니다. 하나님 앞에서 바로 선 사람이 마귀와의 싸움도 강력하게 싸울 수 있는 것은 당연한 이치입니다.

경건의 비밀

14절 "내가 속히 네게 가기를 바라나 이것을 네게 쓰는 것은." 이 당시 바울은 로마 감옥에서 일차로 풀려나 소아시아 지방을 돌아보는 중입니다. 바울은 디모데를 에베소에 남기고, 자신은 빌립보 교회를 방문하려고 마게도냐로 갔습니다(1:3-4). 그리고 다시 에베소로 가려다가 사정이 생겨 편지를 먼저 써 보냈습니다. 사도 바울은 디모데를 만나서 중요한 교훈을 말해도 되지만 가까운 시일 안에 만나지 못할 수도 있고, 또한 디모데전서의 내용은 빨리 알수록 디모데에게 유익하므로 편지를 보냅니다. 교회를 섬기는 지식을 미리 알면 영적인 하나님 나라의 일꾼을 잘 세울 수 있고, 교회 안에서 서로 상처를 주지 않고 교회를 섬길 수 있습니다.

15절 "만일 내가 지체하면 너로 하여금 하나님의 집에서 어떻게 행하여야 할지를 알게 하려 함이니." 바울은 이 글을 통해 디모데에게 하나님의 집에서 어떻게 행하여야 하는지를 알려주려고 합니다. 목사로서 일하는 디모데가 하나님이 무엇을 원하시는지 자세히 알고 충성할 수 있도록 도와주려는 것입니다. 무엇보다 교회는 하나님의 집입니다. 친목회나 서당이 아닙니다. 또 교회로서 하나님께 부름받은 자들의 모임입니다. 교회의 직분자들은 "어떻게 행하여야 할지를" 알아야 합니다. 직분자는 직책에 따라 각자 행하여야 할 일이 있기 때문입니다. 교회는 게시판과 같은 것이고, 그곳에 진리를 게시하므로 많은 사람에게 진리를 선포하는 역할을 하는 것입니다(매튜 헨리).

　가정에서 아버지는 아버지로서, 어머니는 어머니로서, 자녀는 자녀로서 해야 할 부분이 있습니다. 대부분 가정에서는 감정을 상하게 하는 문제들이 일어납니다. 이는 아버지와 어머니가 어떤 역할을 해야 하는지 제대로 교육받지 못했기 때문입니다. 그래서 가족 간에 갈등이 일어나고 상처를 받는 것입니다. 사람은 각자 자신의 위치에서 어떠한 자세로 있어야 하는지 알고 행하지 않으면 자신이 속한 공동체에서 예기치 못한 문제가 일어날 수 있습니다. 우리는 인생을 사는 동안 수많은 사건에 봉착하는데, 원리에 맞게 견고히 서 있으면 흔들리지 않고 그 일들을 잘 처리할 수 있습니다. 만일 그렇지 못하고 흔들린다면 우리 자신도 사회에서 적응하지 못하고 다른 사람에게도 피해를 줍니다.

　사회에는 사회 부적응자들이 많은데, 그것은 처음부터 사회를 제대로 배우지 못하였기 때문입니다. 가정은 사회의 기초 단위로서 가정생활에서 사회를 잘 배워야 합니다. 그리고 학교와 직장에서 사회를 배워야 합니다. 그래서 사회생활을 잘 영위해나가야 합니다. 학교에서 단순히 지식을 쌓기 위해서만 공부한다면 사회를 알기에는 학교생활이 큰 비중을 차지하지 못할 것입니다. 교회 안에서도 각자 역할에 맞게 행해야 할 일이 있습니다. 목사로서, 장로로서, 권사로서, 집사로서 행해야 할 법도를 부모나 교회 지도자에게 배워야 합니다. 교회는 사회이면서 하나님의 나라이므로 배움의 전당과 같습니다.

　"이 집은 살아 계신 하나님의 교회요 진리의 기둥과 터니라." 이 집은 교회입니다. 이 집의 성격은 "살아계신 하나님의 교회"입니다. 교회는 사도 바울이 가르치고 장로와 집사들이 움직이는 것 같으나, 실상은 하나님이 움직이시고 역사하시는 곳입니다. 하나님은 살아계시고, 우리 옆에, 앞에, 마음속에 계십니다. 어떠한 사람도 교회의 주인이 될 수 없습니다. 교회는 그리스도 위에 세워졌습니다. 기둥도 그리스도입니다. 특히 "터"로 번역된 단어 '헤드라이오마'는 별을 의미하는 '헤드라'에서 나온 것인데, 헤드라는 이교의 신전에서 우상을 떠받치는 좌대 또는 우상을 놓았던 자리를 가리킵니다. 즉 견고한 받침대를 의미합니다. 그러므로 기둥과 터는 거의 동일한 의미를 지닙니다(매튜 풀). 또한 "기둥"은 건물을 견고히 지지해주는 역할을 합니다. 또한 옛적의 왕들이나 법정에서 반포한 공적인 포고문들을 모든 사람이 볼 수 있게 붙이는 데에도 사용되었습니다.

교회는 다른 말로 하면 "진리의 기둥과 터"입니다. 여기서 "진리"는 하나님에 대한 것이고, 특별히 예수님에 대한 것입니다. 이 세상에서 하나님에 대한 것 외에는 진리라고 할 수 없습니다. 과학 서적을 보면 그 안에 담긴 내용들은 모두 연구를 통해 나온 것이지만, 시대가 흐름에 따라 이론이 바뀌는 경우도 많습니다. 그래서 과학은 통계이지 진리라고 하기는 어렵습니다. 의학 분야도 마찬가지입니다. 수많은 질병이 존재하지만 의학적으로 발견해낸 질병은 반도 되지 않는다고 합니다. 이 세상에서 변치 않는 진리는 결국 하나님의 말씀밖에 없습니다. 하나님만이 이 땅의 어떤 것과 견주어도 기필코 승리하십니다. 그래서 교회에서는 하나님의 말씀 외에는 그 어떤 것도, 그 어떤 사람도 행세할 수 없습니다. 오직 하나님, 예수님 외에는 다 고개를 숙이고 겸손하게 처신해야 합니다. 교회의 주인이신 살아 계신 하나님이 계시므로 교회에서는 늘 두려움을 가지고 행동해야 정상입니다. 가정에서도 어른이신 할아버지나 아버지가 계실 때 목소리를 높이는 자녀는 가정교육을 제대로 받지 못한 것입니다. 어느 장소나 지켜야 하는 예의가 있습니다. 사람을 죽이실 수도 있고 살리실 수도 있고, 가난하게도 하시고 부유하게도 하시는 주님이 교회에 계심을 늘 의식해야 합니다. 교회의 주인은 그리스도이십니다.

16절 "크도다 경건의 비밀이여, 그렇지 않다 하는 이 없도다." 사도 바울은 교회에 대해 말하다가 비밀에 대해 말하고 있습니다. 바울은 이 비밀이 아주 크다고 감탄했는데, 그 비밀은 "경건의 비밀"이라고 했습니다. "경건"은 하나님 앞에서 사는 것을 말합니다. 경건은 하나님을 공경한다는 말이고 하나님 앞에 서서 살아간다는 뜻입니다. 그러므로 믿음과 동의어로도 인정됩니다(딤전 2:2). 그런데 "경건의 비밀"이라고 한 것은 하나님은 그분 앞에서 사는 사람들에게 다른 사람에게는 계시하시지 않은 비밀이 있다는 것입니다.

그 비밀은 바울도 감격하게 할 정도로 크고, 그렇지 않다고 말할 사람이 없을 만한 일입니다. 그렇다면 그 비밀은 무엇일까요?

"그는 육신으로 나타난 바 되시고." 바울이 경건의 비밀을 말하는 줄 알았는데 "그"에 대해서 말합니다. 한 사람을 지목하여 말하는데 이분은 바로 예수 그리스도이십니다. 굉장한 비밀은 바로 예수님에 대한 비밀이었습니다. 바울은 예수님이 "육신으로 나타난 바" 되셨다고 말하였습니다. 이는 사람들이 다 아는 사실인데도 불구하고 이것이 대단한 비밀이라는 것입니다. 여기서 "육신"이 강조되는 것은 원래 예수님은 육신이 없는 영적인 존재로 하늘에 계셨는데 이 땅에 육신으로 "나타나셨다"는 것입니다. 예수님은 이 땅에 육신을 입고 태어나셨지만, 이는 신학적으로는 태어났기보다는 '나타났다'는 것이 더 정확한 표현입니다. 태어났다는 것은 처음 시작되었다는 의미가 되는데, 예수님은 태어나시기 전에도 하늘에 계셨으므로 이 땅에 나타나신 것이 더 바른 표현입니다. 이 말은 신학적으로 엄청난 의미를 지닙니다. 그것은 예수님의 본질을 더 정확하게 알려주기 때문입니다. 즉 비밀이란 태초부터 계신 분이었고, 또한 육신으로 오신 예수 그리스도입니다.

하나님이 어떻게 인간의 몸으로 이 땅에 오실 수 있었는지는 인류에게 최고의 비밀입니다. 어떻게 무한한 신성이 유한한 인성과 연합하여 한 인격을 이룰 수 있었는가 하는 것은 큰 비밀입니다(매튜 풀). 그러나 이러한 비밀은 예수님을 믿지 않는 사람에게는 해당하지 않습니다. 왜냐하면 그것은 경건의 비밀이기 때문입니다. 경건의 비밀은 하나님 앞에 있는 사람에게만 해당하는 비밀입니다. 예수님을 믿지 않고 영적이지 않으며 택함을 받지 못한 사람에게 천국이 있고 그곳에 계시던 하나님이 이 땅에 육신을 입고 나타나셨다고 하면, 아무리 열심히 설명을 해주어도 이해하지 못합니다. 우리 몸 안에는 속사람이 있고 우리의 뇌와 이성도 속사람의 영향을 받습니다. 그 사람의 속사람이 깨어 있어야 진실된 이성이 되어 진리가 받아들여지는데, 속사람이 죽어 있거나 잠들었거나 너무 작거나 장애가 있거나 귀신에 싸여 있다면 거룩한 속사람의 영향이 없으므로 이성이 정확하게 작용하지 못합니다. 하나님을 믿는 사람의 이성과 하나님을 믿지 않는 사람의 이성은 다릅니다. 거룩한 영의 영향을 받느냐 받지 않느냐의 현격한 차이입니다. 그래서 기독교는 하나님이 택하신 사람만이 관련이 있습니다. 아무리 훌륭한 사람이 전도해도 하나님이 택하시지 않은 사람은 전도를 받아들이지 않습니다. 그래서 성도는 전도하다가 실패해도 실망할 것이 없습니다. 전도는 성령이 하시는 것이고 사람은 도구일 뿐입니다. 전도할 때 성령이 역사하지 않으시고 그 사람 속에서 일하지 않으신다면 인간으로서는 뾰족한 대책이 없습니다.

"**영으로 의롭다 하심을 받으시고.**" 여기서 영은 성령을 가리킵니다. 예수 그리스도가 성령의 권능으로 부활하시므로 하나님의 아들로 증명되신 것을 가리킵니다(박윤선). 또한 이는 예수 그리스도가 세례받으실 때 나타난 일로 생각됩니다. 예수님이 세례받으실 때 성령이 비둘기같이 내려오시고 하늘에서 소리가 나서 "이는 내 사랑하는 아들이요 기뻐하는 자라"고 하셨기 때문입니다. 또 예수님이 태어나셨을 때도 "저는 의롭고 죄가 없다"고 성경에서 말하고 있습니다.

"**천사들에게 보이시고.**" 이것은 예수님이 하늘나라에 계시다가 이 땅에 내려오셔서 태어나셨을 때 천사들에게 보이셨다는 것입니다. 또한 세례를 받으실 때 성령님이 비둘기처럼 내려오시고 천사들도 방문했을 것입니다. 예수님이 이 땅에서 천사들에게 보이신 것입니다. 예수님이 이 땅에 오시기 전에 하늘에서 성자 하나님으로 계실 때에는 항상 천사들과 함께 하셨으므로 천사들에게 보였다고 말할 필요가 없었습니다. 그런데 어느 날 하늘나라에서 예수님이 보이지 않게 된 것입니다. 천사들은 예수님을 찾았을 것인데 예수님이 마리아의 배에 잉태되셨습니다. 그리고 인간으로 탄생하십니다. 그래서 학자들은 예수님이 이 땅에 오셨을 때 천사들에게 알리고 오셨는지 안 알리고 오셨는지에 대해 의견을 말하지만, 정확히 알 수는 없습니다. 하나님이 육신을 입고 이 땅에 오시는 일은 너무 엄청난 비밀이기 때문입니다.

경건의 비밀은 인간에게만 비밀이 아니라 천사들에게도 비밀이며, 영적인 세계와 온 우주적인 비밀이었습니다. 그래서 예수님이 탄생하신 소식은 하늘에 퍼졌고, 천사들이 내려와서 예수님을 보호하였을 것입니다. 중대한 비밀이라 말하지 않았지만, 태어나신 이후에는 하늘과 땅에 확실히 알려졌을 것입니다. 그렇지 않다면 천사에게 보이셨다는 말은 기록할 필요가 없었을 것입니다. 그리고 최종적으로 주님은 부활하셔서 하늘 보좌에 오르시므로 하늘에 있는 천사들에게 보이신 것입니다.

"만국에서 전파되시고 세상에서 믿은 바 되시고 영광 가운데서 올려지셨느니라." 예수님은 이 땅에 오셔서 복음을 만국에 전파하셨습니다. 많은 사람이 예수 그리스도를 믿고 따르게 되었습니다. 그리고 주님이 죽으시고 부활하신 뒤 이 땅에서 40일을 계시다가 하늘로 승천하셨습니다(마 25:31). 이를 사도 바울이 이야기하는 것입니다. 이것이 경건의 비밀이고, 이보다 더 큰 비밀은 없다는 것입니다. 하늘에 계시던 하나님이 육신으로 이 땅에 오셔서 천사들과 함께하시고, 사람들을 위해 일하시고 죽으시고 부활하신 뒤 다시 하늘로 돌아가셨다는 이야기는 마치 전설처럼 들릴 정도입니다. 33년밖에 되지 않는 짧은 예수님의 생애가 온 우주가 알아야 하는 중요한 비밀인 것을 사도 바울이 감격에 겨워 알려줍니다.

　이런 비밀을 아는 사람은 많지 않았습니다. 주님은 이 땅에 계실 때 이 내용을 가르쳐주셨지만, 사람들이 받아들이지 않았습니다. 그 후 30여 년이 지나 바울이 하나님의 말씀을 기록하면서 변할 수 없는 진리의 기둥과 터를 세우고 있는 것입니다. 세상의 모든 것은 변할 수 있지만 예수님에 대한 것은 영원히 변할 수 없는 진리이고, 교회는 이 진리를 전하는 복된 장소입니다. 이는 경건의 비밀로서 아무나 알 수 없는 것인데, 바울은 천국을 직접 보고 또 주님을 만나서 사귀면서 이 비밀을 발견하고 받아들였습니다.

4장

디모데전서 3장은 하나님의 사람이 어떠한 자격을 갖추고 직무를 감당해야 하는지 가르쳐줍니다. 감독으로 세워진 사람들, 그리고 남자이든, 여자이든 집사의 직분을 받은 사람이 취해야 할 태도를 가르쳐줍니다. 여기에는 거룩과 경건이 스며 있습니다. 교회 공동체는 세상과 다를 수밖에 없는 특수한 단체로서 이 일에 수종 드는 사람들은 하나님에 대한 지식이 남달라야 합니다. 어떤 성도도 완전하지 않고 허물과 부족함이 있지만, 하나님을 영적으로, 경험적으로 잘 아는 사람들이 직분을 수행해 나가야 합니다. 그래서 직분자를 세울 때 지식, 나이, 성별 등을 고려해야 하지만, 무엇보다 하나님과 얼마나 친밀한지가 중요하고, 그 사람이 삶에서 얼마나 친밀하게 하나님과 동행하는지를 눈여겨보아야 합니다. 하나님의 말씀대로 살려고 부단히 애쓰고 노력하고 충성하지 않는 사람이 교회의 중요한 일을 맡는다는 것은 신앙의 본질을 퇴색시키는 행동입니다.

직분자에 대한 내용은 4장에서도 계속됩니다.

거짓말하는 자들

1절 "그러나 성령이 밝히 말씀하시기를 후일에 어떤 사람들이 믿음에서 떠나 미혹하는 영과 귀신의 가르침을 따르리라 하셨으니." 성령님이 바울에게 그리고 수많은 지도자에게 가르쳐주신 것이 있습니다. 그것은 "후일에" 나타날 일입니다. 이 말은 장래 혹은 말세라는 의미입니다. 그 장래에 혹은 말세에 잘못 배운 사람이 성도를 잘못 가르침으로 인해 시간이 지나가면서 교회에 문제가 일어날 수 있다는 것입니다. 잘못 배운 사람에게 교회 안에서 가르치는 기회가 주어지기도 합니다. 그래서 그들이 "미혹하는 영"에 씌워져 "귀신의 가르침"을 전하게 되고, 순진한 성도들이 멋모르고 이를 따라간다는 것입니다. 그들이 성령을 좇는 것처럼 꾸미기는 하지만 진실로 성령의 인도를 받지 않는다는 것입니다(매튜 헨리). 귀신의 가르침은 귀신이 교회에 와서 직접 가르친다는 것이 아니라 귀신에게 깊이 영향을 받은 사람이 교회에서 가르친다는 뜻입니다. 여기에 귀신이 복수로 쓰인 것은 귀신은 마귀의 졸개들이기 때문에 너무 많아서 그 수를 세는 것은 불가능합니다.

성경은 정확하게 "귀신의 가르침"이라고 표현하였습니다. 겉은 멀쩡해 보이고 신앙생활을 오래한 지도자인데 실상은 귀신의 가르침을 가르치는 지도자라는 것은 몸이 오싹할 만한 무서운 일입니다.

미혹의 영이 들어가 역사하는 사람도 교회에서 지도자가 되고, 성도들이 이를 믿고 따라갈 수 있다는 것입니다. 귀신은 이렇게 교회 지도자의 몸에 들어가서 성령인 것처럼 사람을 속이고 망하는 길로 인도합니다. 이들은 주로 유대주의적 금욕주의자와 그를 따르는 무리입니다. "믿음에서 떠나"라고 하였는데 그들은 자신들이 상당한 믿음의 수준에 도달한 것으로 착각하고 있습니다.

2절 "자기 양심이 화인을 맞아서." 교회 안에서 평신도가 가르친다면 따라갈 사람이 없으므로 가르친 사람은 지도자라는 것이고, 그 지도자가 "양심이 화인을" 맞은 사람이라는 것입니다. 양심은 선한 마음을 가리키고, 하나님이 처음 인간에게 주신 마음입니다. 이 마음에 성령이 역사하시고, 설령 죄를 지었더라도 회개하면 악한 영들이 마음에서 떠나고 깨끗해집니다. 죄가 있으면 악한 영이 죄를 근거로 삼아 양심에 들어와서 더럽히는데, 양심이 깨끗해졌는지를 알려면 얼마나 회개해서 악한 영을 내보냈는지를 보면 알 수 있습니다. 결국 우리 영혼을 깨끗하게 해야 하는데, 이는 죄를 짓지 않을수록 정결하고 죄를 지으면 더러워지므로 회개하여 더러워진 마음을 깨끗이 씻어내야 합니다.

대대로 기독교 가정이거나 신앙생활을 오랫동안 한 사람은 대체로 범죄를 저지르지 않아서 양심이 깨끗한 편입니다. 그런 경우 회개할 분량이 많지 않지만, 신앙생활을 시작한 지 얼마 되지 않은 성도는 과거에 우상숭배를 했거나 서슴없이 죄를 지은 경우가 많기 때문에 더러워진 만큼 회개를 많이 해야 합니다.

화인을 맞았다고 하는 것은 고대 사회에서 노예를 사고 낙인찍는 것을 말합니다. 낙인은 쇠로 문양을 만들어서 이를 불에 달군 다음 노예의 몸에 찍어 살에 자국을 남기는 것입니다. 그래서 어느 집 노예인지를 분명하게 표시했습니다. 낙인이 찍힌 부분은 딱딱해지고 감각이 둔해집니다. 그런데 바울은 단순히 양심이 더러워졌다고 하지 않고 굳이 양심이 화인을 맞았다고 표현한 것에 주목해야 합니다. 양심이 화인을 맞았다고 말한 것은 악한 영이 성도의 양심에 자신의 소유, 즉 '마귀의 것'이라는 불에 달군 표를 찍었다는 것이고, 그 후부터 성도는 마귀의 노예가 되었다는 것입니다. 다시 말하면, 마귀가 지도자 중 어떤 사람들의 양심에 화인을 찍었다는 것입니다. 화인 맞은 사람이 교회의 지도자이니 이것은 보통 심각한 문제가 아닙니다. 예나 지금이나 마귀에게 속한 이런 음흉한 자가 교회 안에 있다는 뜻입니다. 사람은 마귀에게 화인을 맞든지 성령의 인침을 받든지 둘 중 하나입니다.

"외식함으로 거짓말하는 자들이라." 이는 실제로는 양심에 마귀의 화인을 맞았으나, 겉으로는 목사라고 하고 장로라고 하며 권사나 집사라고 한다는 것입니다. 이것은 정말 무서운 말입니다. 화인 맞아 마귀의 종이 되었는데 겉으로는 하나님의 종인 척하고 온갖 거짓말을 합니다. 마귀는 거짓의 아비이고 거짓말하는 자들은 그 자식들입니다. 이들의 신앙생활 자체가 연극이라고 할 수 있습니다.

3절 "혼인을 금하고 어떤 음식물은 먹지 말라고 할 터이나." 이 사람들이 여러 가지를 잘못 가르치지만, 그중에서 특별히 언급하는 것이 혼인을 금하는 것과 음식물 중에 일부를 먹지 말라고 가르친다는 것입니다. 이것은 금욕주의 분파인 에세네파의 한 특징입니다. 이들은 기원전 2세기 이후에 생겨났으며 사해 연안 지대에 살았습니다. 이들은 공동체 생활을 하며 음주와 육식을 금했습니다. 이들은 사람의 정신은 선하고 물질과 육신은 악하다고 본 것입니다. 그러나 성도는 혼인이나 유익한 음식을 혐오해서는 안 됩니다(니사의 그레고리우스).

하나님은 남녀가 결혼해서 자녀를 낳고 아름답게 살기를 바라셨습니다. 사도 바울은 가정에 대해 많이 가르쳐주었고, 앞에서도 남편과 아내에 대해, 자녀에 대해 말하였습니다. 그런데 어떤 지도자라는 사람들이 나타나서는 성도의 혼인을 금한 것입니다. 물론 성도 가운데 혼인하지 못하는 경우도 있습니다. 주님의 일을 열심히 하다 보니 결혼 시기를 놓친 사람도 있고, 결혼하고 싶은 상대가 없어서 지체된 경우도 있습니다. 이런 환경 때문에 결혼을 못한 것이 아니라 신학적으로 혼인을 금하는 것을 말합니다. 만약 예수님을 믿는 사람 전체가 혼인하지 않고 자식을 낳지 않는다면 한 세대가 지난 후 교회에 나올 사람은 새 신자 외에는 없을 것입니다. 이런 상태가 되는 것은 전혀 말이 되지 않습니다. 그러나 귀신에 붙들린 지도자들이 혼인하지 말라고 가르쳤다는 것입니다. 성도는 혼인을 통해 생육하고 번성하며 거룩한 자녀를 낳아서 양육해야 합니다. 혼인을 금하는 것은 하나님의 창조 원리에 도전하는 행위입니다. 성도의 혼인을 금하는 진리는 결코 없습니다.

또 어떤 특정한 음식을 먹지 말라고 하는 것은 주로 돼지고기를 말합니다. 유대인들은 돼지고기를 금합니다. 그들은 신약 교회에 들어와서 신앙생활을 하면서도 구약적 사고에 매여 있는 것입니다. 자신들만이 진리를 독점한 듯이 성도의 음식물 섭취를 폭군처럼 나서서 막고 있습니다. 그 외에도 여러 가지를 금하고 있으나 신약 시대에는 모든 것을 음식으로 허용합니다.

"음식물은 하나님이 지으신 바니 믿는 자들과 진리를 아는 자들이 감사함으로 받을 것이니라." 그런데 바울은 믿는 자들과 진리를 아는 자들은 먹지 못하는 음식물이 없으므로 다 감사함으로 받으라고 합니다. 하나님이 먹을 수 있는 것으로 식물을 지으셨기 때문입니다. 이들의 특징은 금지된 음식을 먹지 말도록 명하고, 또 특별한 시기나 절기에 먹지 말도록 금하고는 신앙의 좋고 나쁨이 이것을 잘 지키느냐 못 지키느냐에 좌우되는 것처럼 선전한다는 것입니다.

4절 "하나님께서 지으신 모든 것이 선하매 감사함으로 받으면 버릴 것이 없나니." 하나님이 창조하신 것은 창조된 그 상태로 선합니다(대 바실리우스). 세상의 동식물들이 살아가는 모습은 참으로 신비합니다. 성도는 우상숭배로 바친 제물 외에는 모든 음식을 먹을 수 있습니다. 개인적으로 불편함을 느낀다든지 혐오스러워서, 또는 위생상 그리고 사회 통념상 먹지 않는 것뿐입니다. 유럽에서는 벌레도 식용으로 사용하기도 합니다. 성도는 다른 성도가 음식을 권하면 거절하기보다 먹는 것이 좋습니다. 가끔 우상의 제물이라도 기도하고 먹으면 상관없다고 가르치는 사람들이 있는데 이는 결코 받아들일 수 없습니다. 시편 106편 37절은 "그들이 그들의 자녀를 악귀들에게 희생제물로 바쳤도다"라고 했습니다. 우상숭배는 악귀를 숭배하는 사악한 범죄입니다. 우상숭배나 우상의 제물을 먹는 것은 그 순간으로 끝나는 것이 아닙니다. 우상의 제물에는 귀신들이 붙어 역사한다는 데 영적인 사람들은 대부분 동의합니다. 그러므로 장기간 회개하지 않는다면 귀신의 영향을 받고 사는 자가 됩니다. 영 분별의 은사가 있다면 이러한 경악스러운 광경을 볼 수 있을 것입니다. 조그만 귀신들이 붙어 있는 음식을 내 몸 안에 들어가게 할 수는 없습니다.

5절 "하나님의 말씀과 기도로 거룩하여짐이라." 하나님이 음식물을 이미 다 거룩하게 하셨으므로 기도하고 말씀을 믿고 행동하면 됩니다. 하나님이 거룩하다고 하시면 모든 것이 거룩해집니다. 그러므로 구약 시대를 지나 신약 시대에 들어서면서 음식 문제에 변화가 일어났습니다. 새로운 시대가 도래했고, 하나님이 지으신 것은 선하기 때문입니다. 음식에 대해 감사하지 않는다고 해서 그것이 음식을 불결하게 만들지는 않습니다.

사도 바울은 성령의 감동을 받아서 실제를 정확하게 말하고 있습니다. 속으로는 귀신에게 사로잡힌 사람들이 겉으로는 교회의 지도자라고 행세하며, 이런 잘못된 가르침을 주는 사람들이 있다는 사실을 직시하고 성도는 늘 각성해야 합니다. 성도는 성경을 근거로 살아야 합니다. 성경을 왜곡하는 일이 일어나면 신앙생활에 큰 문제가 생긴다는 것을 알아야 합니다. 성경말씀을 귀히 여기고 성경을 제대로 가르쳐주는 사람이 있다면 감사한 일입니다. 우리가 속한 교회에도 양심에 화인 맞은 지도자가 있을 수 있다는 것을 염두에 두고 항상 성경을 상고하며, 배운 것이 맞는지 확인해보아야 합니다. 성도는 하나님의 영광을 위하여 살아야 하며, 먹고 마시는 것 자체를 탐닉하면 안 됩니다(고전 6:13). 이단은 결혼과 일부 음식을 먹는 것에 금욕주의를 내세우지만, 술이나 재정적 이익에는 금욕하지 않으면서 이렇게 한다면 그것은 가짜입니다(마운스).

좋은 일꾼

6절 "네가 이것으로 형제를 깨우치면." 바울은 디모데에게 성도를 잘 가르치라고 말합니다. 여기서 "이것으로"는 앞에서 말한 내용을 가리킵니다. 앞에서 바울은 "미혹하는 영과 귀신의 가르침"(1절)을 따르는 것에 대해 말하였습니다. 귀신 들린 사람이 교회 안에서 가르친다는 것입니다. 이는 사도 바울의 시대에도 있었고, 지금도 일어나고 있습니다. 많은 성도가 그런 잘못된 가르침에 미혹되고 있습니다. 또 "양심이 화인을 맞아서"(2절)라고 표현하면서, 귀신이 자신의 노예로 삼아 양심에 도장을 찍어 둔 사람이 있다는 것에 대해서도 이야기하였습니다. 귀신이 쇠도장을 불로 달궈서 성도의 가슴에 도장을 찍으며 그가 교회의 장로이든 권사이든 상관하지 않고 '너는 내 것'이라고 표시를 해둔 것입니다. 바울은 디모데에게 이런 부분을 확실하게 당부한 뒤 그들 중에 잘못 가르치는 내용이 있는데, 혼인하지 말라는 것과 음식물 중 일부를 먹지 말라고 한 것입니다. 이런 잘못된 가르침을 받고 있는 성도들을 진실한 말씀으로 "깨우치"라는 것입니다. 이는 명령이 아니라 충고나 권고를 뜻합니다. 지도자는 성도들을 영적으로 잘 지도하고 오염되지 않도록 지키는 일에 힘써야 합니다.

"그리스도 예수의 좋은 일꾼이 되어." 즉 디모데가 잘 가르친다면 성도들이 예수님의 좋은 일꾼이 될 것이라는 말입니다. 이 말은 디모데후서 2장 3절의 "그리스도 예수의 좋은 병사"란 말과 같습니다(헨드릭슨).

이것은 또한 디모데에게도 해당하는 말이므로 선한 목자로도 번역이 가능하며, 오늘날의 목사와도 같은 말입니다. 그리스도의 좋은 일꾼은 어느 시대에나 필요합니다. 교회에도 유익하고 그 당사자에게도 영광스러운 것입니다. 좋은 일꾼이 되려면 자신이 먼저 진리를 바르게 잘 배워야 합니다. 좋은 일꾼을 만드는 좋은 가르침의 내용이 이어집니다.

"믿음의 말씀과 네가 따르는 좋은 교훈으로 양육을 받으리라." 바로 믿음의 말씀과 좋은 교훈입니다. 좋은 교훈이 있다는 것은 반대로 나쁜 교훈도 있다는 것입니다. 아기가 엄마의 젖을 먹고 자랄 때 엄마의 건강 상태에 따라 좋은 젖을 먹을 수도 있고, 영양이 결핍된 젖을 먹을 수도 있습니다. 또 우유도 품질에 따라 등급이 다릅니다. 항생제를 많이 먹고 자란 소의 젖은 믿음직하지 않아서 우유를 먹지 않는 사람도 있습니다. 그런 사람들은 유기농 우유를 구하여 먹습니다. 지도자들이 성도를 양육할 때 순수하고 품질이 좋은 내용을 가르쳐야 합니다. 하지만 자신이 잘못된 사상에 물들어 있다면 그것은 부지불식간에 성도에게 스며들 수 있습니다. 바울은 디모데가 자신에게 좋은 교훈을 배운 뒤 이를 성도에게 잘 가르치고, 그들이 영적인 꼴을 잘 먹고 성장하도록 도와주기를 바라는 것입니다. 한편 이 말의 뜻은 디모데 자신이 끝없이 스스로를 훈련하라는 뜻으로도 볼 수 있습니다(알포드).

7절 "망령되고 허탄한 신화를 버리고 경건에 이르도록 네 자신을 연단하라." 사도 바울이 강조한 것은 디모데가 경건에 이르도록 스스로 연단하는 것입니다. 바울은 신비한 세계를 체험했고, 권세와 능력이 그에게서 나타나며, 지식이 훌륭한 완벽한 사람입니다. 여러 곳에 교회를 세운 것을 보면 행동력이나 열정도 뛰어납니다. 어떤 면을 보아도 바울은 따라잡을 사람이 없는 탁월한 존재입니다. 그런 바울이 하나님의 사람이자 사랑하는 아들에게 특별히 말하고 싶었던 것이 경건입니다. 기도하고 성경을 연구하며 지식을 쌓는 등 여러 가지 중요한 일들이 많지만, 가장 중요한 것이 경건에 이르는 것입니다. 경건은 하나님 앞에서 살아가는 삶입니다. 그러므로 경건은 여러 덕목에 선한 영향을 줍니다. 아이들은 성장기에 부모와 함께 있어야 조심스럽게 행동합니다. 혹시 죄를 지을 생각이 들어도 부모가 옆에 있으면 행동으로 옮기기가 어려워집니다. 그래서 부모가 옆에 있어주는 것만으로도 교육에 좋은 영향을 끼칩니다. 부모든 스승이든 어른이 아이들 가까이 있어야 하고, 아이는 어른을 존경하고 무서운 줄을 알아야 합니다. 경건한 어른의 양육으로 성장한 사람이 좋은 삶을 살 확률이 높습니다. 교양도 예절도 없이 때와 장소를 가리지 않고 자기가 잘난 줄 알고 행동하는 사람은 하나님 앞에서도 경건하지 않습니다. 경건한 자세로 하나님이 내 앞에 계시는 것을 인식하고 행할 때에는 항상 조심하게 되는 것이 당연합니다. 다른 사람의 시선을 의식하기 전에 우선적으로 하나님 앞에서 두렵고 떨림으로 살아야 합니다. 내가 하나님 앞에서 어떤 평가를 받고 있는지, 하나님이 나를 어떻게 보고 계시는지를 생각하여 행동하는 사람은 항상 조심하게 되고, 죄를 짓더라도 바로 회개하며 죄를 짓지 않으려고 노력합니다. 그리고 하나님이 기뻐하실 일에 힘쓰게 됩니다.

"망령되고 허탄한 신화를 버리"라고 말한 것은 바울 당시 유대인들이 망령되고 허탄한 신화를 좋아했기 때문입니다. "망령되고"는 무가치한 것을 가리킵니다(렌스키). "신화"는 근거 없는 말을 가리키며 신앙을 해롭게 합니다. 또한 "허탄한"은 허풍 같은 이야기입니다. 앞에 나오는 믿음의 말씀과 선한 교훈에 반대되는 말입니다. 아브라함에 대해, 이삭에 대해, 모세에 대해 이야기하는데 역사에 나오는 내용이 아닌 '누가 무엇이라고 했다더라' 식의 허탄한 신화, 근거 없는 신화를 말하였다는 것입니다. 그런 허탄한 내용을 담은 책이 많습니다. 그런 내용은 영적으로 무지한 자들에게는 솔깃하게 들립니다. 바울은 교회 안에서 그런 말을 당장 멈추라고 했습니다. 믿음이 있는 말인 것 같은데 들어보니 망령되고 허탄한 말이 많다는 것입니다. 선조들에 대한 과도한 관심과 의미 부여, 과장된 이야기 등은 영적으로나 지적으로 아무 유익이 없습니다.

사람이 자기 자신을 치지 않으면 경건하기 어렵습니다. "네 자신을 연단하라"고 하였는데 이는 운동경기에 출전하기 위해 옷을 벗고 훈련하는 것을 말합니다. 자신의 행동이 어떠한가를 분별하여 절제하고, 말할 때에도 분별하여 절제하는 것이 필요합니다. 경건에 이르기 위해서 힘쓰지 않는다면 경건은 초보 단계에 머물 것이고, 진정한 경건은 영원히 멀어지게 됩니다.

8절 "육체의 연단은 약간의 유익이 있으나 경건은 범사에 유익하니 금생과 내생에 약속이 있느니라." 경건에 대한 이야기를 계속하고 있습니다. "육체의 연단"을 말한 것은 바울이 앞에서 말한 이야기와 관련이 있습니다. 첫째는 혼인을 금하고 음식을 금하는 것으로, 이는 금욕주의를 말합니다. 기독교는 금욕도 일부 포함하지만, 금욕주의로 갈 수는 없습니다. 또한 많은 훌륭한 것을 추구하지만, 그것이 '~주의'로까지 빠지면 안 됩니다. 당시에 금욕주의자들이 있었습니다. 그래서 부부 사이에서도 아기를 낳을 때만 합방하라고 가르칩니다. 그렇게 하는 사람들은 스스로 경건하다고 생각하였습니다. 또 음식도 여러 가지를 금하여 야윈 모습을 보이면서 이를 신앙생활을 잘하는 것이라고 스스로 뿌듯해했습니다. 바울은 이런 것을 가리켜 약간의 유익이 있다고 하였습니다. 두 번째는 운동경기에 나가거나 건강을 유지하기 위해 신체를 단련하는 것을 가리킵니다(크리소스톰). 연단은 연습을 뜻하는 스포츠 용어입니다. 스포츠 선수가 경기를 위해 스스로 절제하고 몸을 지키는 것을 말합니다. 그러나 이런 육체의 연단은 유익이 있기는 하지만 기대보다 적다는 것입니다. 그 대신 우리가 추구해야 할 것은 경건이라고 말합니다.

"경건은 범사에 유익하니"에서 "경건", 즉 하나님 앞에서 살 때에는 범사에 유익이 있고 금생과 내생에 약속이 있다는 것입니다. 결국 경건하게 사는 사람은 이 땅에서 하나님과 화평을 누립니다. 또한 죽어 하늘나라에 가서도 남다른 복이 있을 것이라는 말입니다. 결국 바울의 말에 담긴 핵심은 경건입니다. 성도는 제멋대로 행동하지 말고 경건에 힘쓰는 생활을 해야 합니다. 경건은 영적인 것이며, 음식을 먹거나 먹지 않는 것이 큰 영향을 미치지 않습니다. 과거에 많은 사람이 경건함을 위하여 성경책을 항상 가슴에 품고 다니고 말도 행동도 조심하면서, 축구나 탁구 같은 운동은 세속적이라 생각했습니다. 이런 모습을 보여야만 경건한 것은 아니지만, 그 정도로 경건에 힘쓰려고 노력했다는 것은 높이 살 만합니다. 요즘은 그리스도인들에게서 경건함을 추구하는 마음이 약해지고 세속화되어가는 모습을 많이 보게 됩니다. 너 나 할 것 없이 말과 행동이 천박해지고 있는 것을 실감합니다. 그러나 하나님 앞에서 사는 사람들은 하나님을 바라보며 매사에 조심해야 합니다. 이렇게 사는 사람에게 하나님의 복이 임하는 것은 당연합니다.

9절 "미쁘다 이 말이여 모든 사람들이 받을 만하도다." 지금까지 말한 경건에 대한 말은 정말 소중하며 모든 사람이 다 받아야 합니다. 경건이야말로 하나님의 사람들이 추구해야 할 최고 수준의 덕목입니다. 경건한 사람은 이 땅과 하늘나라에서 존귀한 자가 됩니다.

10절 "이를 위하여 우리가 수고하고 힘쓰는 것은 우리 소망을 살아 계신 하나님께 둠이니 곧 모든 사람 특히 믿는 자들의 구주시라." 여기에서 "이를 위하여"는 경건을 위하여 힘쓰는 것입니다. 또 "수고"란 진리를 바로 가르치려 하는 수고입니다. 바울이 이렇게 힘쓰는 것은 소망이 하나님께 있기 때문입니다. 그래서 성도는 주님이 기뻐하시는 일이 무엇인지 의식하면서 살아야 합니다. 그것은 바울이 교회 지도자인 디모데에게 하신 말임과 동시에 오늘날 성도들에게도 하는 말입니다. 바울은 성도가 이렇게 예수 그리스도를 사랑하며 살게 하려고 애를 썼습니다. 바울의 수고는 어떤 사람의 수고와 비교할 수 없습니다. 그의 수고로 수도 없는 사람이 성도의 길을 걸어갔습니다. 이 땅의 사람들이 예수 그리스도를 바로 알게 된다면 못할 일이 없었던 바울입니다. 구주만이 모든 인생의 목표이기 때문에 그리스도를 소유했다면 이 세상에서 가장 소중한 것을 얻은 자입니다. 바울이 힘쓰고 애쓴 사역은 여기저기에서 아름다운 열매로 나타났습니다. 많은 성도가 바울의 가르침을 받고 경건한 삶을 삽니다. 성도가 경건하게 살면 주님은 분명히 좋은 것으로 갚아주실 것입니다.

성숙을 나타내라

11절 "너는 이것들을 명하고 가르치라." 여기서 "이것들"은 1-8절에서 말한 구원과 경건을 가리키는 말이며, 넓게는 1-4장에 나오는 이야기입니다. "명하다"는 군대에서 사용되는 명령을 가리킵니다. 바울은 아주 섬세하게 지킬 것을 가르쳐주었는데, 이는 추상적인 말 대신에 극히 구체적인 예를 통해 가르칠 때 가장 효과적인 가르침이 나오기 때문입니다(요한 크리소스토무스).

목회자는 교회에서 가르쳐야 하는 것이 많지만, 특히 경건에 대해서 명하고 가르치라고 말하고 있습니다. 어떤 것은 명해야 하는 일이 있고, 어떤 것은 가르쳐야 하는 일이 있습니다. 지도자들은 성도를 잘 가르쳐서 경건에 도달할 수 있도록 도와야 합니다. 성도 중에는 실천하는 신앙생활에 대해 권면하면 부담스러워하는 사람이 있습니다. 그러나 경건한 사람이 하나님을 만날 수 있고, 하나님을 만나고 하나님과 친밀해야 신앙생활을 잘할 수 있으므로 경건을 가르치는 일은 양보할 수 없습니다. 하나님이 주시는 은사도 경건한 사람에게 임하는 것입니다. 예를 들어, 하나님이 주시는 은사 중에 능력 행함의 은사가 있는데 그 은사가 강해야 마귀와 싸울 수 있습니다. 그런데 그 은사를 받으려면 경건해야 하므로 경건은 마귀와 싸우기 위해서도 절실히 필요한 것입니다. 결국 경건은 하나님께 나아가는 지름길이고, 은사를 받는 데에도 필수적이며, 신앙의 구심점과 같습니다. 이 영적 은사를 잃어버린다면 온전한 신앙생활을 할 수 없고, 마귀의 공격을 쉴 새 없이 받으며 혼돈 속에 살 수밖에 없습니다.

12절 "누구든지 네 연소함을 업신여기지 못하게 하고." 이때 디모데는 나이가 젊었을 것으로 생각됩니다. 그런 젊은 사람에게 목사의 직분을 주었으므로 그 직분을 감당할 때 권위가 필요합니다. 여기서 "연소함"은 청소년을 가리키는 말이 아니고 군대에 나갈 만큼 장성한 사람을 가리킵니다. 이는 노인들에 비해 경험과 경륜이 부족한 것을 뜻합니다(록크). 이 말을 들었을 때 디모데의 나이는 마흔 살에 가까웠을 것입니다. 즉 이 말의 뜻은 그가 노년들보다 연소하다는 뜻입니다. 연소한 사람은 유치한 행동을 하고, 쉽게 혈기를 내거나 변덕스럽고 정욕에 끌리기 쉽습니다. 그러므로 그런 허물에 빠지지 말고 권위 있게 행동하라는 것입니다.

사람들은 어떤 사람의 모든 부분을 남과 비교하며 등수를 매깁니다. 그가 가진 조건을 살펴보고 만약 지위나 나이 등 여러 면에서 수준이 낮은 사람으로 판단되면 그를 무시하는 경향이 있습니다. 이렇게 판단할 때 무게가 없어 보인다면 지도자의 권위가 서지 못합니다. 그래서 바울은 디모데에게 사람들에게 업신여김을 당하지 않게 하라고 가르쳤습니다. 실제로 지도자가 업신여김을 받으면 복음 확장에 방해가 되고, 복음의 핵심인 주님까지도 업신여김을 받으실 수 있습니다. 사실 사람이 사회에서나 교회에서 업신여김을 받는 것은 일반적으로 자신이 부족한 탓입니다. 교회에서 일하는 지도자들은 지도자로서 지혜로워야 하고 처신을 잘해야 합니다. 성도들과 너무 쉽게 어울리는 가벼움을 보이거나, 예의와 교양이 없는 행동을 함부로 하지 말아야 합니다. 모든 부분에서 품위 있게 행동하면 결코 업신여김을 받지 않습니다. 사실 성도는 존경하고 싶은 지도자를 기다립니다.

"오직 말과 행실과 사랑과 믿음과 정절에 있어서 믿는 자에게 본이 되어." 바울은 업신여김을 받지 않는 방법을 설명하고 있습니다. 무엇보다 "말"에 진실함이 있어야 합니다. 지도자가 원리에서 벗어나거나, 아무데서나 농담이나 쓸데없는 말을 하면 품위가 손상됩니다. 옳지 않은 일을 옳다고 주장하거나 자신이 잘못하고도 말도 되지 않는 변명만 늘어놓는다면 그 권위는 추락할 것입니다. 또 "행실"에 있어서도 믿을 만하다고 인정받으려면 언행일치가 되어야 합니다. 세속적인 동네 아저씨와 별반 다르지 않다면 존경심은 멀어집니다. 지도자 중에서도 꼭 어린아이와 같이 철없는 행동을 하는 사람도 어렵지 않게 발견됩니다. 그것은 그 사람의 속사람이 성장하지 못했기 때문입니다. 숙성되지 않고 꼭 날것과 같아 보이는 사람도 있습니다. 또 기독교 안에서 사랑과 믿음과 신앙의 정절이 중요합니다. "사랑"은 모든 일에 기본입니다. 사랑은 또한 모든 미덕을 포함합니다(골 3:14). 또한 모든 미덕을 조정하고 결합합니다. 사랑은 그리스도인의 도덕 생활에 관해서 예수님의 교훈을 요약한 것입니다. 그러므로 모든 미덕의 의미는 사랑에서 발견됩니다(홍창표). (참조. 6:11, 딤후 2:22, 3:10, 딛 2:2). 유력한 교회 지도자는 거의 모두 사랑의 사람들이었습니다. 사람을 대하는 태도가 어떠해야 하는지를 행동으로 보여줍니다. 이는 무조건적인 사랑입니다.

"믿음"은 기독교적 도덕 목록에서 믿음 혹은 충실이란 의미를 가집니다(홍창표). 이 말은 여러 곳에 등장합니다(6:11, 딤후 2:2, 딛 2:2). 믿음이란 하나님이 계시하여주신 말씀이나 기록된 성경을 믿고 행하는 것입니다. 기독교 안에서는 중요한 덕목인데, 지도자가 믿음 없는 행동을 한다면 존경은 사라집니다.

"정절"은 바르고 절개를 지키는 것입니다. 도덕적으로 순결하고, 우상숭배를 하지 않는 영적 순결을 가리킵니다. 이는 깨끗한 양심이 있어야 가능합니다. 믿음의 정절은 박해받는 시기에 더 빛이 납니다. 완전한 정결은 불가능하지만, 성도는 끊임없이 회개하면서 정결함을 이루어가야 합니다. 이 모든 일에서 지도자는 성도에게 본이 되어야 합니다. 여기서 "본"이라는 말은 자국, 거울(고전 6:11) 또는 모형을 가리킵니다. 또한 지도자는 모든 성도가 따라가고 싶어 할 정도로 모든 면에서 모범적인 삶을 살아야 합니다. 매튜 헨리는 만일 그렇지 못하면 한 손으로 세워놓은 탑을 다른 한 손으로 허물어버리는 결과를 맞을 것이라고 하였습니다.

13절 "내가 이를 때까지 읽는 것과 권하는 것과 가르치는 것에 전념하라." 여기서 읽는 것은 하나님의 말씀을 가리킵니다. 하나님의 말씀을 개인적으로 읽는 것뿐 아니라 예배 때 낭독하는 것도 포함됩니다. 이것은 예배 시간에 선포되는 설교를 말하는 것이라고도 합니다. 목사는 성경을 많이 읽고 많이 기도하여 예배 준비를 철저히 해야 합니다. 개신교에서는 예배에서 설교가 큰 비중을 차지합니다. 성도가 설교를 듣고 믿음이 성장하는 데 도움이 되도록 잘 가르쳐야 합니다. 하나님의 말씀을 연구하고 은혜로운 설교를 하기 위해 전념하는 목회자는 진정한 하나님의 종이라고 할 수 있습니다. 세상에서 하나님의 말씀을 온전히 알고 전하는 것은 가장 소중한 일입니다. 성경을 깊이 알고 싶다면 세상에 대한 관심을 대폭 줄이고 하나님의 뜻과 마음을 알기 위해 시간을 쏟아야 합니다. "권하는 것과 가르치는 것에" 이것은 알고 있는 사실을 열정을 가지고 가르쳐야 한다는 뜻입니다. 그러므로 교회는 목회자가 성경을 연구하고 설교하는 데 전념할 수 있도록 잘 도와주어야 합니다.

14절 "네 속에 있는 은사." 바울은 은사란 말을 즐겨 사용하였습니다. 이것은 은혜로 주신 선물을 뜻하는데, 디모데의 목사의 직분을 가리킵니다. 고린도전서 12장에 나오는 성령의 아홉 가지 은사만 은사가 아니고, 목사나 집사 같은 직분도 은사입니다. 하나님이 이를 맡기셨고 잘할 수 있도록 은사를 주시기 때문입니다.

"곧 장로의 회에서 안수 받을 때에 예언을 통하여 받은 것을 가볍게 여기지 말며." 바울은 디모데가 안수받을 때 예언받은 것을 말하고 있습니다. 이 예언은 단순히 기도의 내용이라고도 하는데, 이는 당시 영적으로 대단한 분들이 안수를 하였으므로 예언적 기도를 해주었을 것으로 볼 수 있습니다. 선지자나 사도들의 기도는 예언적 성격이 포함될 수 있습니다. 기도해주는 사람이 단순히 디모데가 잘되길 바라서 축복한 것이 아닙니다. 이것은 성령이 기도하는 사람의 입을 주장하셔서 말한 강한 계시의 말씀이었다고 볼 수 있습니다. 성령이 강하게 역사하시면 기도의 내용까지도 하나님이 주도하십니다. 디모데를 안수한 사람 중에 바울도 있었을 것이므로 바울 같은 위대한 사도가 디모데를 안수하는 데 단지 자신의 생각으로만 기도했을 것으로 생각할 수 없고, 하나님의 임재가 있었을 것입니다. 그리고 그 기도의 내용을 바울과 디모데가 잊지 않고 기억하고 있습니다. 그래서 바울은 디모데에게 안수 중에 받은 그 기도의 내용을 가볍게 여기지 말라고 주의를 환기시킨 것입니다.

15절 "이 모든 일에 전심전력하여 너의 성숙함을 모든 사람에게 나타나게 하라." 이 모든 일은 읽는 것과 권하는 것과 가르치는 것을 말하며, 여기서 "나타나게 하라"는 것은 목사가 설교만 잘하는 것으로 끝나지 말고 모범적 신앙의 모습을 행동으로 보여주어 진가를 발휘하라는 뜻입니다. 목사는 하나님의 말씀에 붙잡혀 말씀을 잘 증거하고, 가정을 잘 돌보며, 교회의 일을 하는 등 모든 일에 멋진 모습을 보여주어야 합니다. "나타나게 하라"는 것은 그 안에서 살라는 말입니다. 목사는 아무나 맡아서 수행하는 직분이 아니라 이렇게 수준 높은 삶을 살 수 있어야 감당할 수 있습니다. 그렇게 살기 위해서는 모든 일에 전심전력해야 합니다. 이렇게 열심히 충성할 때 하나님의 진실한 종으로 인정받을 수 있고, 결국 목회자의 성숙한 모습이 확연히 드러납니다. 지도자가 조그만 시험이나 어려움이 있다고 낙심하거나 의견 차이로 서로 다투거나 싸운다면, 성숙함과는 동떨어진 자가 됩니다. 목회자는 성숙한 모습이 나타나야 정상입니다. 자신이 성숙해야 어린아이 같은 자들을 바로 인도할 수 있습니다. 성도는 성숙한데 지도자가 어린아이 같다면 모두에게 조소당할 것입니다.

16절 "네가 네 자신과 가르침을 살펴 이 일을 계속하라." 목사는 자신을 늘 살피고 가르치는 내용이 진실한지를 살피고 점검해야 합니다. 그리고 주님이 맡기신 사역을 어느 정도 실행하고 끝내는 것이 아니라 계속해야 합니다. 주님을 섬기고 사는 삶은 죽을 때까지 감당해야 하는 것입니다. 특히 신앙 성장과 인격 도야를 위해 최대한으로 노력해야 합니다.

"**이것을 행함으로 네 자신과 네게 듣는 자를 구원하리라.**" 여기서 "구원하리라"는 말은 이해하기 어렵습니다. 우리가 예수님을 믿는 믿음으로 구원받는 것으로 알고 있는데 "이것을 행함으로 네 자신과 네게 듣는 자를 구원하리라"고 말하기 때문입니다. 결국 네가 목사로서 네 일에 전심전력하고 많은 사람을 구원의 길로 이끄는 일에 성과를 거두어야 네 자신이 구원받을 수 있다는 뜻입니다. 목사가 되었다고 구원을 보장받는 것이 아닙니다. 설교를 잘하고 성도를 잘 이끌어주어야 많은 성도를 구원의 길로 인도할 수 있습니다. 만약 하나님이 명령하신 바를 제대로 수행하지 못하거나 중도에 포기한다면 성도를 구원하지 못할 것이라는 말입니다. 예수님을 믿고 회개하고 나면 구원의 길에 들어선 것이고, 이를 넓게 생각하면 구원받았다고 말할 수 있습니다. 하지만 여기서 멈추는 것이 아니라 더 성숙해지고 성화를 이루어나가야 구원을 완성하게 되는 것입니다.

어떤 사람에게 믿음이 있는지는 그가 행동으로 믿음의 삶을 보여줄 때 확증할 수 있습니다. 어떤 사람이 사랑하는 것을 알려면 사랑의 증표가 있어야 합니다. 사랑의 증표로 반지를 선물한다고 할 때 값비싼 다이아몬드 반지와 값싼 구리 반지 중에서 어느 것이 더 큰 사랑을 느낄 수 있는지 답은 나와 있습니다. 이 세상에 어떤 일도 말로만 되는 것은 아닙니다. 믿을 만한 행동의 증거가 있어야 합니다. 주님을 사랑하고 믿을 때에도 행동으로 주님께 보여주어야 마땅합니다. 디모데는 이미 믿음과 지식과 인격과 실천 등 모든 면에서 갖추어진 사람이기 때문에 최초의 목사가 된 것입니다. 그러므로 바울이 디모데에게 굳이 이런 충고를 할 필요가 없겠지만 다시 일깨워주고 있습니다. 주님 나라를 위해 일하는 모든 사람, 교회 안에서 직분을 맡은 사람들은 이 말씀을 항상 묵상하고 자신의 부족함을 돌아보며 살아야 합니다.

5장

　하나님은 사도 바울을 통해 디모데에게 어떻게 목회해야 하는지에 대해 가르쳐주고 계십니다. 사도 바울은 지금까지 영적인 문제, 즉 사역자들이 어떻게 경건해야 하는가, 하나님 나라의 비밀을 어떻게 잘 증거해야 하는가를 이야기하였습니다. 그리고 교회 안에는 거짓말을 하고 잘못된 가르침을 주는 사람들이 있기 때문에 이들을 경계하라고 말해주었습니다.

　5장에서는 사람들을 어떻게 대해야 하는지에 대해 가르쳐주고 있습니다. 하나님의 교회는 하나님의 말씀을 증거하는 곳이기 때문에 지도자는 하나님의 말씀을 잘 알아야 합니다. 하나님이 원하시는 것이 무엇인지, 하나님의 뜻이 무엇인지, 신앙생활이란 무엇인지 등 하나님의 진리에 대해 잘 알아야 합니다. 그것이 교회가 소유해야 하는 가장 근본이라고 할 수 있습니다. 이를 잘 알지 못하면 교회는 친목회나 학원이 되고, 시장 바닥처럼 소란스럽지만 열매 없는 곳이 될 수 있습니다. 그래서 바울은 항상 영적인 것, 즉 하나님에 대한 것을 잘 알도록 가르치고, 교회 안에서 그릇된 교사들이 무엇을 잘못 가르치고 있는지에 대해서 경계한 것입니다. 그러고 나서 일반 성도를 대하는 자세에 대해 이야기합니다.

  교회는 진리에 대해 다양한 것을 알아야 하면서도 또한 그 폭과 깊이가 넓고 깊어야 합니다. 높이로는 하나님에 대해 깊이 알아야 하고, 아래로는 사람에 대해서도 깊이 알아야 하며, 그 지식이 실천력 있게 행동으로 이어져야 합니다. 물론 사탄에 대한 지식도 빠뜨릴 수 없습니다. 인간에 대해 잘 모르면서 하나님만 잘 알면 된다는 태도는 옳지 않습니다. 반대로 대인관계가 아무리 좋아도 하나님을 잘 알지 못하면 문제가 됩니다. 물론 하나님과 사람에 대해 풍성한 지식을 소유한다는 것은 어렵습니다. 그런데 하나님이 바울을 통해 디모데에게 하시는 말씀을 보면 모든 부분을 다 잘하기를 바라고 계시다는 것을 알 수 있습니다. 교회에서 일하는 직분자들은 모든 부분을 다 갖출수록 사역의 열매가 크다는 것을 인식해야 합니다. 미진한 분야 없이 균형 잡힌 태도를 보여야 진리 가운데 온전한 교회를 세울 수 있습니다.

성도를 대할 때

1절 "늙은이를 꾸짖지 말고." 늙은이는 연장자, 노인, 장로의 의미가 있습니다. 옛날이나 지금이나 교회 안에는 연로하신 성도들이 있습니다. 그런 성도 중에서 지식이 있고 교양과 믿음까지 갖춘 분은 많지 않습니다. 대부분 힘든 환경 속에서 인생을 보내고 노년을 맞이합니다. 특히 초대교회 시대에는 여러 이유로 부부 사이가 깨어져 가정이 파탄 나고 고아도 많았습니다. 이 당시 로마의 사회상을 보면 부모가 아이들을 제대로 돌보지 않고 마음에 들지 않으면 내다 버리는 일이 많았습니다. 고아원에만 데려다주어도 다행인데 아이를 아무데나 버려서 길 가던 사람이 데려다가 키우며 노예처럼 부리기도 하였습니다. 인권이 전혀 존중받지 못한 시대였습니다.

그렇게 인생을 살던 사람들이 노년에 교회에 나오게 되니 행색이 좋아 보일 리가 없었을 것입니다. 오늘날 풍성한 삶을 살고 있는 70-80대 노인들을 생각하면 안 됩니다. 오히려 노예 출신, 가난한 자, 알코올 중독자 등이나 오늘날 노숙자와 비슷한 사람들이 일부 교회에 나왔다고 생각해야 합니다. 이렇게 경제적, 문화적 차이가 많이 나는 사회적 약자인 사람들이 부한 사람들과 스스럼없이 공동체 생활을 한다는 것은 힘든 일입니다.

그런데 바울은 디모데에게 설령 그런 사람들이 교회에 나와도 꾸짖지 말라고 당부합니다. 여기서 "꾸짖다"의 뜻은 주인이 노예를 향하여 퍼붓는 거친 말과 질책을 말합니다(로버트슨). 이것은 그들이 범죄를 저질러도 묵과하라는 것이 아니라 연장자에게 합당한 예우를 갖추라는 말입니다. 만약 나이가 들었어도 정말 훌륭하고 학식이 있는 사람이라면 젊은 사람이 그를 꾸짖을 수 있는 상황은 아예 없을 것입니다. 나이 든 사람 중에는 학식과 교양이 있는 사람이 있고, 그렇지 못한 사람이 있을 것입니다. 또한 교회에 유익을 끼치는 사람과 문제를 일으키는 사람이 있을 것입니다. 그러므로 사도 바울은 문제 있는 사람들만 꾸짖지 말라고 말해야 하는데, 그런 설명 없이 바로 "늙은이를 꾸짖지 말고"라고 한 것은 결국 당시 늙은이들은 대부분 업신여김을 받을 수 있는 환경이었음을 말합니다.

"권하되 아버지에게 하듯 하며." "권하되"는 어떤 깨우침을 주기 위해 따로 조용히 불러내어 말하는 것을 가리킵니다. 합당한 책망이라도 모욕적인 질책은 부작용을 낳습니다. 바울은 디모데에게 늙은 남자 성도를 아버지처럼 대하라고 권하고 있습니다. 혈육관계인 가족처럼 대하라는 뜻입니다. 디모데는 바울의 지도를 충실히 따랐을 것입니다. 사실 실력이 있고, 학식이 있으며, 본받을 만큼 훌륭한 사람이라면, 젊은이들은 그를 아버지처럼 존중하고 대할 수 있습니다. 그러나 훌륭한 아버지를 둔 젊은이가 있는데 학식과 교양이 떨어지는 성도를 자신의 아버지처럼 대한다는 것은 어렵습니다. 이와 반대로, 출생하자마자 부모에게 버려진 사람들이 모여 있는 공동체에서 섬기는 훈련을 잘 감당한 사람은 이 말씀을 실천할 수 있을 것입니다. 바울의 권면은 행패를 부리거나 무례하게 행동해도 화내거나 꾸짖지 않고 잘 섬겨야 하므로 실천하기 어려운 말씀입니다. 그러나 하나님의 종이라면 어떤 환경, 어떤 성도를 만나도 주님의 심정으로 잘 섬겨야 합니다.

"젊은이에게는 형제에게 하듯 하고." 바울은 디모데에게 교회에 나온 젊은 사람들을 형제처럼 생각하라고 합니다. 남처럼 여기지 말고 가까운 형제처럼 대우하라고 합니다. 물론 형제 사이가 좋지 않은 사람은 다른 성도에게도 좋지 않게 행동할 수 있지만, 하나님은 우애 좋은 형제처럼 행동하기를 바라시는 것입니다. 우애 좋은 형제는 자주 모여 교제하고 식사하며 어려운 일을 함께 이겨나갑니다. 서로 타박하거나 반목하지 말아야 합니다. 결국 교회를 가정으로 생각하면서 생활하라는 것입니다. 가정에서 행동하듯이 교회에서 행하고, 교회에서 행동하듯이 가정에서 행할 때 전혀 불미스러운 문제가 발생하지 않을 것입니다. 성도는 어디에 거하고 무슨 일을 하든지 하나님의 법 앞에서 정상적으로 생활해야 합니다. 그래서 가정에 있든지 교회에 있든지 항상 기쁘고 평안해야 합니다.

2절 "늙은 여자에게는 어머니에게 하듯 하며." "늙은 여자"는 연장자를 가리킵니다. 앞에서도 설명했지만, 그 당시 늙은 여자들 중에는 불행한 사람이 많았습니다. 늙고 병들고 버려지고 소외된 사람들, 과부, 창녀 출신들도 교회에 나왔습니다. 나이든 여인 중에는 귀부인도 있었을 것인데, 그들은 권하지 않아도 모두에게 존경을 받았습니다. 별 어려움이 없는 가정의 부인들은 편안한 상황에서 주님을 섬깁니다. 하지만 대부분 늙은 여자들은 경제적으로나 건강의 문제로 고통당했을 것입니다. 특히 늙은 창녀 출신들은 생활이 막막했습니다. 젊을 때는 수입이 좋았을는지 모르지만, 나이가 들면 천대받고 수입이 줄어들고 생활이 곤고해집니다. 빚 때문에 팔려오거나 가정 형편이 어려워 어쩔 수 없이 매춘부가 된, 안타까운 사람이 많았습니다. 상황이 심한 경우는 몸이 약해지고 질병과 알코올 중독으로 고생하다가 폐인이 되어 버려졌습니다. 심하게 표현하자면, 그런 밑바닥 인생의 사람들도 교회에 나왔을 수 있었습니다. 사도바울은 디모데에게 그런 사람들에게도 어머니처럼 대하라고 하는 것입니다.

그러므로 교회는 남자든 여자든 나이가 많은 사람 중에 건강을 잃어버리고 약자가 된 사람들이 왔을 때 무시할 수 없습니다. 성경적으로 그들도 영혼이 있고, 그들 중에 하늘나라에 갈 사람들이 있다는 것을 생각하고 잘 대우하며 어려울 때에는 힘이 되어주어야 합니다.

"젊은 여자에게는 온전히 깨끗함으로 자매에게 하듯 하라." 이 말은 처녀뿐 아니라 나이가 많지 않은 유부녀도 포함하는 말입니다. 그 당시 교회에는 젊은 여자가 많았을 것입니다. 바울은 젊은 목사인 디모데에게 그들을 자매에게 대하듯 하라고 합니다. 로마 시대는 성적으로 타락한 시대였습니다. 어쩌면 오늘날보다 정도가 더 심했을지도 모릅니다. 로마의 사회상을 보면 남편이 있는 여자나 아내가 있는 남자나 성적으로 문제가 많았습니다. 그러나 그런 일들을 문제 삼지 않는 풍토의 사회였습니다. 바울은 젊은이인 디모데에게 교회는 세상의 타락상을 따라가지 말 것을 가르칩니다. 젊은 여자들은 마음으로나 행동으로나 가족처럼 깨끗하게 대하라는 것입니다. 그들이 세상에서 깨끗하게 살지 않았더라도 이

제부터는 바르게 살도록 지도해야 합니다.

바울 시대에는 세상에서 함부로 살았던 사람들이 교회에 나온 경우가 많았기 때문에 이런 가르침을 준 것입니다. 그런 사람들은 힘든 세상에서 주님의 위로를 받고 싶어서 교회에 나온 것입니다. 하지만 그들은 교회에 나오더라도 세상에서의 부도덕한 생활을 청산하지 못하고 계속 그런 생활을 하는 경우가 있을 수 있습니다. 그러므로 교회 지도자는 지혜롭고 은혜롭게 그들이 바른 삶을 살 수 있도록 격려하고 도와주어야 합니다. 이 구절은 건전한 여성들을 온전히 깨끗함으로 대하고, 설령 건전하지 못한 곳에서 일하는 여성일지라도 무시하지 말고 자매에게 하듯 잘 대하라는 것입니다.

3절 "참 과부인 과부를 존대하라." 여기서 참 과부라고 말하는 것은 참 과부도 있지만, 참 과부라고 할 수 없는 과부도 있다는 것입니다. 참 과부는 남편을 잃고 혼자가 되었지만, 경제적인 어려움 중에도 자식을 잘 키우고 가정을 잘 돌보며 믿음을 지키는 여성을 말합니다. 바울은 디모데에게 가정을 위해 오랫동안 고생한 과부를 존대하라고 가르칩니다. 당시는 전쟁과 질병이 많았던 시대라서 남편이 일찍 세상을 떠난 과부가 많았습니다. 남편을 잃은 뒤 생계를 위해 유흥업소 같은 곳에서 일하게 된 사람은 참된 믿음을 가졌다고 보기 어렵습니다. 또 혼자가 되었다고 해서 자신의 쾌락을 위해 가정을 잘 지키지 않는 사람이라면 참 과부라고 보기 어렵습니다. 이런 풍토 속에서 가정을 잘 지키는 과부는 존경받아 마땅합니다. 그래서 초대교회는 일곱 집사를 택하여 그들을 구제하는 제도까지 만듭니다(행 6:1).

4절 "만일 어떤 과부에게 자녀나 손자들이 있거든." 어떤 과부는 비록 남편이 죽어 과부가 되었지만, 그녀를 돌보아줄 자녀나 손자들이 있는 경우도 있습니다. 그녀는 가정을 지키고 자녀양육을 위해 헌신했을 것입니다. 그 집에 있는 자녀나 손자들에게 가르쳐야 하는 말입니다.

"그들로 먼저 자기 집에서 효를 행하여 부모에게 보답하기를 배우게 하라." 과부가 되어 삶이 어려워지면 교회 공동체가 또는 넉넉한 삶을 사는 개인이 그녀를 도와줄 수 있습니다. 그러나 바울은 교회나 다른 사람의 도움을 받는 것보다 먼저 그 과부의 자녀나 손자들이 효를 행하는 것을 배우게 하라고 합니다. 그들이 혈육인 부모를 잘 모시도록 디모데가 교육하라는 것입니다. 가정의 문제는 가정 안에서 먼저 해결해야 합니다. 눈에 보이는 부모를 공경하지 않는 자가 보이지 않는 하나님을 섬긴다는 것은 모순입니다.

어떤 사람은 가정의 문제가 아무리 힘들어도 공동체에 알리지 않고 혼자 감당합니다. 그가 자존심을 지키려고 그렇게 행동하는 것일 수도 있고, 또는 공동체 전체가 자신의 문제로 힘들어하지 않기를 바라서 혼자 짐을 지려는 것일 수도 있습니다. 그러나 어떤 사람은 가정의 문제를 가족이 함께 해결하려고 하지 않고 교회 공동체에 맡기고 정신적으로나 물질적으로 의지하려고 합니다. 어떤 것이 옳고 그른지 쉽게 결론을 낼 수는 없습니다. 지나치게 공동체에 말하지 않는 것도 문제이고, 지나치게 의지하려고 하는 것도 문제이기 때문입니다. 그러나 바울을 통하여 하나님이 가르쳐주시는 것은 가정의 문제는 자녀들이 먼저 책임을 져야 하고, 도저히 감당하지 못하는 경우 공동체에서 도와줄 수 있다는 것입니다.

"이것이 하나님 앞에 받으실 만한 것이니라." 이렇게 할 때 하나님이 기뻐하신다는 것입니다. 바울은 디모데에게 이것을 계속 말합니다. 우리가 하는 행위 중에 하나님이 크게 기뻐하시는 것이 있고, 조금 기뻐하시는 것이 있으며, 실망하시는 것도 있을 것입니다. 그러나 어떤 행위를 했을 때 그것은 하나님께 영광이 되어야 합니다.

선한 행실의 증거

5절 "참 과부로서 외로운 자는 하나님께 소망을 두어 주야로 항상 간구와 기도를 하거니와." 바울은 참 과부의 특징을 외로움을 이기고 기도에 전념하는 것으로 말합니다. 교회 안에는 과부가 있을 수밖에 없습니다. 과거에는 전쟁과 질병으로 인해 남자든 여자든 단명하는 경우가 많았습니다. 여기에서 과부를 언급한다고 해서 남자들만 많이 죽은 것은 아닙니다. 아내가 죽고 혼자 사는 남자를 거론하지 않은 것은 남자는 경제적 능력이 있기 때문에 굳이 교회에서 도와줄 필요가 없었기 때문입니다. 그 당시 여성들은 대부분 일자리를 얻기가 어려웠으므로 혼자가 된 여성은 경제적으로 곤고했기 때문에 누군가의 도움이 필요했습니다.

교회에서 누구나 인정하는 "참 과부"는 남편을 일찍 사별한 어려움 속에서도 가정을 위해 희생하고 자녀를 잘 키워낸 사람이라는 것입니다. 그래서 교회가 꼭 도와주어야 할 대상입니다. "하나님께 소망을 두어 주야로 항상 간구와 기도를"이라는 구절의 의미는 다음과 같습니다. 사람은 남편이 있으면 남편을 바라보고, 아내가 있으면 아내를 바라보고 살아가게 됩니다. 그러면서 가정도 지켜나갑니다. 그러나 남편이 없거나 아내가 없어서 외로운 사람은 누군가를 바라보며 의지해야 합니다. 그런데 참 과부는 하나님을 바라보고 의지한다는 것입니다. 그리고 주야로 시간이 나는 대로 간구와 기도를 하는 삶을 삽니다. 간구는 무언가를 구하기 위해 기도하는 것이고, 기도는 일반적인 기도를 말합니다. 진정한 과부는 늘 하나님을 의지하고 바라보며 사는 사람이라고 교회가 인정할 정도여야 합니다. 안나는 과부로서 84년간 성전에서 주야로 금식하였습니다(눅 2:36-37).

6절 "향락을 좋아하는 자는 살았으나 죽었느니라." 여기서 "죽었다"는 말은 영적으로 죽었다는 뜻입니다(리델보스). 과부가 된 사람들 중에 참 과부가 아닌 하나님을 바라보지 않고 향락을 좋아하는 부도덕한 과부가 있습니다. 어느 집이든 아버지가 없으면 경제적으로 힘든 상황에 놓이게 됩니다. 이때 과부가 된 어머니가 가정을 위해 헌신해야 하는데 그렇지 않는 사람이 있는 것입니다. 만약 남편이 없다면 어머니는 자녀를 잘 보호하고 용기를 북돋우며 경제 활동을 하여 가정을 꾸려나가야 마땅합니다. 그런데 아무 책임감 없이 자신이 늙어가는 것을 한탄하면서 세상에 마음을 빼앗기는 사람이 있습니다. 이런 상황이 되면 정신적으로 자유로운 마음을 가지고 쾌락을 좇으며 방탕하게 살 수도 있는 것입니다.

그리고 생활을 유지하기 위해 유흥업소 같은 곳으로 빠질 수 있는데, 이때 영적, 육적으로 주님에게서 멀어질 수 있습니다. 그래서 본문에서는 "향락을 좋아하는 자"라고 하였습니다. 하나님을 바라볼 때 우리는 가정을 든든하게 지켜나갈 수 있습니다. 또한 남편과 사별함으로 남편에게 집중하던 마음을 주님께 드리게 되어 영적 성장을 이루는 기회가 됩니다. 하나님께 집중하므로 하나님의 은혜를 받아서 속사람이 성장할 수 있는 것입니다. 반대로 하나님과 격리되면 속사람은 메마릅니다. 세상 어디에서도 영적인 양식을 공급해주지 못하기 때문입니다. 그러므로 "하나님께 소망을 두어"와 정반대의 말은 영적으로 죽었다는 것입니다.

영적으로 죽은 자는 하나님과 관계가 단절됩니다. 남편도 죽고 자신도 죽은 자가 되는 것입니다. "네가 살았다 하는 이름은 가졌으나 죽은 자로다(계 3:1)."

7절 "네가 또한 이것을 명하여 그들로 책망 받을 것이 없게 하라." 참 과부가 아닌 향락을 좋아하는 자들은 책망을 받게 됩니다. 그래서 사도 바울은 디모데에게 이를 성도들에게 명하라고 하는 것입니다. 어떤 때는 가르쳐야 하고 어떤 일은 명해야 합니다. 또 어떤 일은 권해야 합니다. 권하는 것과 명하는 것은 의미가 다릅니다. 권하는 것은 설득의 의미가 있고, 명하는 것은 경고하여 확실히 이행하도록 다그치는 것입니다. 즉 향락을 좋아하는 자는 속사람이 죽을 것이므로 그렇게 되지 못하도록 확실하게 명하여 사는 길로 잘 나아가라는 경종의 뜻입니다.

8절 "누구든지 자기 친족 특히 자기 가족을 돌보지 아니하면 믿음을 배반한 자요 불신자보다 더 악한 자니라." 여기에서 "누구든지"에 해당하는 사람은 일반인 모두를 가리킵니다(칼뱅). 성도는 자신만의 행복을 위해 살지 말고 친족, 특히 가족 중에 어려움을 겪는 사람을 우선적으로 도울 책임이 있다는 말입니다. 사람은 누구든지 경제적으로 어려움을 겪을 수 있고 예상치 못한 사건으로 위기를 맞을 수 있습니다. 그래서 항상 겸손하게 살면서 하나님의 도우심을 구하고 하나님의 지켜주심에 감사하면서 살아야 합니다. 그리고 어려움을 당한 친척과 가족이 생길 경우 이들을 외면하지 말고 적극적으로 먼저 돌아보아야 합니다. 물론 도울 형편이 안 된다면 어쩔 수 없지만, 여유가 있는데도 돕지 않는다면 바울의 말처럼 믿음을 배반한 자요, 불신자보다 악한 자입니다. 예수 그리스도를 믿으면서 가장 가까운 가족과 친척의 어려움을 살피지 않는다는 것은 사랑과 긍휼의 은총을 받은 자가 아닙니다. 그러므로 그 행위를 보건대 예수님을 믿는다는 것은 가짜이고, 진리를 알면서도 실천하지 않으니 불신자보다 더 나쁜 자입니다. 그런 사람들은 믿음을 배반한 자로 취급해도 무방합니다. 바울이 과부에 대해 이야기하다가 이 말을 하는 것은 어느 가정에 과부가 생길지 모르기 때문입니다. 누구라도 그런 일을 겪을 수 있다는 것을 염두에 두어야 합니다.

가정은 정말 소중합니다. 가정을 책임지지 않는 사람은 어떤 이유를 대더라도 믿음을 배반한 자입니다. 가정을 이끌어가는 책임을 맡은 사람은 가정을 잘 돌보는 것이 마땅합니다. 선교도 중요하고, 기도도 중요하며, 봉사도 중요하고, 그 밖에 중요한 일이 많지만 제일 기본은 가정을 책임지는 것입니다. 배우자, 자녀들이 가정 안에서 쉼을 얻고 평안히 거하며, 그런 가운데 주님을 알아가고 주님께 더 가까이 나아가도록 가정을 잘 이끌어야 합니다. 특히 어린 자녀들이 장성하여 새로운 가정을 이룰 때까지 잘 도와야 합니다.

가정을 돌보지 않고 자기 인생을 즐기면서 자기 마음대로 사는 사람은 믿음이 없는 것입니다. 성도들 중에도 기도한다는 핑계로 기도원이나 산 속에서 나오지 않고, 가족의 삶은 돌아보지 않으며, 오래 기도한 것을 자랑하면서 자신의 믿음이 좋다는 것을 드러내는 사람들이 있습니다. 작정하고 기도하는 것은 정말 좋은 일이지만, 가족과 의논하여 동의를 얻고 기간을 정하여 기도하는 것이 원리입니다. 다니던 직장을 그만두게 되면 다른 직장을 구하고, 교회가 망하거나 문제가 생기면 다른 교회로 옮길 수 있지만, 가정은 그렇게 할 수 없습니다. 우리가 가정을 책임지지 않으면 다른 어느 누구도 대신 가정을 책임져주지 않습니다. 가정의 영적인 면과 경제적인 면은 다 중요합니다.

9절 "과부로 명부에 올릴 자는." 과부로 명부에 올린다는 것은 교회가 과부를 돕기 위해 명단을 작성한다는 것입니다. 교회는 경제적으로 어려운 과부를 도와주기 위해 그들의 명단을 작성하고 정기적으로 도움을 주었을 것입니다. 물론 교회에 고아가 있다면 고아도 도울 것입니다. 그러나 여기서는 과부에 대해 말하고 있으므로 과부 중에서 도와줄 사람의 명부를 작성한다는 것입니다. 물론 성도의 자녀들이 부모를 잘 모셔서 굳이 교회의 도움을 받을 필요가 없으면 더 좋을 것입니다. 그러나 형편이 좋지 못한 사람들은 교회의 도움이 필요합니다. 교회에서 도와야 할 과부의 자격이 무엇인지 그 내용이 이어집니다.

"나이가 육십이 덜 되지 아니하고." 여기서 나이를 언급하는 것은 나이가 젊은 과부는 재혼할 수 있기 때문입니다. 그런데 60세 정도 되는 과부라면 재가에 대한 마음을 접고 가정에 충실하려는 마음이 더 클 것으로 본 것입니다. 또한 젊은 여성은 젊고 건강하므로 직업을 가질 수 있지만, 나이가 들수록 건강이 약해지므로 자립하여 스스로 생계를 유지하기가 버거워 도움이 필요했습니다.

"한 남편의 아내였던 자로서." 과부는 남편을 잃은 여자를 지칭하는 것으로, 명부에 오르려면 이 과부라는 조건에 부합해야 합니다. 그런데 굳이 한 남편이라고 말했다고 해서 꼭 결혼을 한 번만 했거나 재혼하지 않았던 것을 말하는 것이 아닙니다(박윤선). 즉 여러 남자를 만나면서 가정을 소홀히 하던 사람은 과부 명부에 해당되지 않는다는 것입니다.

10절 "선한 행실의 증거가 있어." 다음 조건으로는 선한 행실의 증거가 있어야 합니다. 과부가 가정에 충실했다고 해서 다 교회에서 도와야 하는 것이 아닙니다. 교회의 물질은 교인들의 헌금으로 만들어진 재원이므로 소중하게 사용해야 하는 것은 마땅한 일입니다. 잘 분별해서 집행해야 하나님과 사람 앞에 당당할 수 있습니다. 그러므로 성도들이 과부의 행실을 보았을 때 도와주어야겠다고 동의할 의로운 삶을 살았고 선한 행실을 보여주었어야 자격이 된다는 것입니다. 이제 칭찬할 내용이 어떤 것인지를 예를 들어 설명합니다.

"혹은 자녀를 양육하며." 먼저 자녀를 잘 양육해야 합니다. 성경은 자녀에 관심이 많습니다. 부모로서 일생에 가장 잘한 일은 자녀를 잘 키운 것이어야 합니다. 아무리 부를 쌓고 지식을 쌓아도 결국에 자랑할 것은 자녀입니다. 혼자 힘으로 힘들고 어렵지만 자녀들을 위해 헌신하고 잘 양육한 것을 선한 행실의 증거로 인정할 수 있다는 것입니다. 성인이 되지 못한 자녀를 보호하고 양육하는 것은 아주 잘한 일입니다. 자녀가 결혼했더라도 한 가정을 잘 꾸려나가기까지 많은 도움이 필요합니다.

어떤 이들은 자녀들에게 최소한의 도움만 주고 자신의 삶에 더 비중을 두어야 한다고 생각하지만, 자녀를 양육하는 것은 정말 중요합니다.

어떤 여성은 3남 3녀를 낳았는데, 그녀의 은사 중 가장 특별한 것은 주의 종을 생산하는 은사와 주의 종을 양육하는 은사였습니다. 그래서 그녀의 자녀 6남매가 다 목회자의 길을 가고 있습니다. 그녀는 자녀들을 키우며 주의 종이 되는 것이 제일 귀하다고 늘 권장했습니다. 그리고 영적인 환상을 보고 종종 이야기했기 때문에 그런 말을 듣고 자란 자녀들은 성령의 은사에 대해 깊이 깨닫게 되었습니다. 이처럼 우리나라의 유력한 목회자 대부분은 그 부모의 기도와 지도 가운데 준비되었다고 할 수 있습니다. 부모가 자녀를 양육하는 일, 특히 주의 종을 길러내는 일은 하나님이 정말 기뻐하시는 일입니다. 어머니들은 자녀들을 잘 돌보아 가정과 교회에서 인정받고, 하나님의 인정도 받도록 키워야 합니다.

"혹은 나그네를 대접하며." 나그네는 지금도 많지만 옛날에는 더 많았습니다. 그들에게 준 도움을 다시 돌려받는다는 것은 불가능한 일입니다. 계산이 빠른 사람은 자신이 누군가를 도와주면 나중에 자신도 도움을 받을 수 있을 것이라 생각합니다. 그러나 나그네를 돕는 일은 그것으로 끝내야지 다시 돌려받을 것을 기대하면 안 됩니다. 아무 대가 없이 이웃을 섬기는 것은 귀한 일입니다. 초대교회 시대에는 복음을 증거하기 위해 여기저기 방랑하듯이 다니는 성도들이 있었습니다. 그들을 대접한다면 더 큰 의미가 있습니다.

"혹은 성도들의 발을 씻으며." 이는 성도들을 돕는 것을 말합니다. 그 당시 무더운 광야를 다니면 발에 흙먼지가 많이 묻었습니다. 광야 길을 걸었던 손님이 집에 찾아오면 주인은 그에게 가장 먼저 발을 씻을 수 있도록 하였습니다(창 18:4). 광야는 물이 귀한 곳이라 물을 뿌려주는 것도 쉬운 일이 아닙니다. 몸에 장애가 있는 사람들은 직접 씻겨주어야 할 수도 있지만, 대부분의 경우 물을 제공해주었습니다.

"혹은 환난 당한 자들을 구제하며 혹은 모든 선한 일을 행한 자라야 할 것이요." 초대교회 당시 환란을 당한 사람이 많았는데 그들의 안정을 위해, 특히 물질적으로 섬기는 것은 귀한 일입니다. 성도는 어려움을 당한 성도나 이웃을 기꺼이 도와야 합니다. 우리는 살다가 언제든지 환란을 당할 수 있습니다. 아무리 시대가 발전해도 환란은 사람을 따라다닙니다. 지금 시대에도 자연재해를 비롯해 여러 환란이 주변에 진을 치고 있습니다. 어느 누가 다음 차례에 나락으로 떨어질지 아무도 모릅니다. 그래서 환란당한 사람들을 구제하는 것은 하나님이 기뻐하시는 귀한 일입니다. 과부가 능력이 있을 때 이런 모든 선한 일을 행하였으면 그녀가 힘이 없어진 지금 그녀를 쉬게 하는 것이 당연하다는 것입니다(매튜 헨리).

사탄에게 돌아간 자

11절 "젊은 과부는 올리지 말지니." 과부의 명단에 이름이 올라간 사람에게는 교회가 상당 부분에서 경제적 도움을 주었습니다. 그런데 바울은 디모데에게 이 명단에 젊은 과부를 올리지 말라고 가르치고 있습니다. 앞에서 바울은 적어도 60세는 되어야 명부에 올리라고 하였는데, 그 나이 정도가 되면 기력이 쇠하고 일을 잘 할 수 없어서 도움이 필요해지기 때문입니다.

"이는 정욕으로 그리스도를 배반할 때에 시집 가고자 함이니." 젊은 과부를 과부의 명단에 올렸을 때 발생하는 문제에 대해 말하고 있습니다. 젊은 과부를 명단에 올려 경제적인 도움을 받으면 어느 정도 식생활 문제가 해결되므로 생활이 여유로워집니다. 사람에게 가장 중요한 문제는 의식주입니다. 특히 먹는 문제가 중요한데, 이런 중요한 문제가 해결되면 직장을 구하지 않아도 살 수 있는 여건이 형성됩니다. 그러나 그것이 꼭 좋은 것만은 아닙니다.

교회에서 일정 부분 도움을 받을 때에는 앞으로 온전히 교회에 헌신하기로 서약합니다. 교회의 도움으로 시간적 여유가 생겼으므로 그 시간에 교회에서 기도하고 봉사하고 충성하겠다는 약속을 하는 것입니다. 그러나 젊은 과부들은 그런 약속을 하고도 "정욕으로 그리스도를 배반"할 수 있다는 것입니다. 즉 성적 충동이나 성적인 욕망을 품는 것입니다. 물론 정욕이 생기는 것은 사람마다 차이가 있어서 나이가 적어도 정욕이 별로 없을 수 있고, 나이가 많아도 정욕이 많을 수도 있습니다. 그러나 일반적으로 볼 때 젊은 사람이 남편과 가정에 대한 욕망이 더 있으므로 젊은 과부들이 교회에 헌신할 마음을 먹었다가도 마음이 변할 수 있다는 것입니다. 재혼하는 것이 나쁜 일은 아니지만, 교회에 공적으로 한 약속을 어긴 것이므로 이는 배반입니다.

12절 "처음 믿음을 저버렸으므로 정죄를 받느니라." 여기서 "처음 믿음"은 예수님을 처음 믿었을 때의 믿음을 말하는 것이 아닙니다. 과부인 여성이 좋은 남자를 만나 재가하는 것에 대해 예수님을 처음 믿었을 때의 믿음을 저버린 것으로 정죄받는다고 한다면 말이 되지 않습니다. 그러므로 이 뜻은 교회에서 주님 나라를 위해 헌신하겠다는 서약을 한 뒤 교회의 재정 보조를 받은 과부가 그 약속을 저버린 것을 말한다고 보아야 합니다(알포드). 그들은 그 약속을 하면서 교회의 사랑과 존경을 받았을 것입니다. 그러고도 약속을 파기하였으니 마지막 때에 죄인으로 정죄를 받는다는 것입니다. 또한 재혼 대상자에 대해서도 생각해볼 수 있습니다. 아마도 그들 중 일부는 재혼하고자 하는 욕구로 인해 이방인과 다시 결혼하게 될 수도 있고, 결혼한 뒤 이방인 남편에게 미혹되어서 기독교 신앙을 배교하는 일이 얼마든지 일어날 수 있습니다.

13절 "또 그들은 게으름을 익혀 집집으로 돌아 다니고." 이 말은 그들이 점점 게을러졌다는 뜻으로, 참 과부가 교회에서 봉사하며 밤낮 기도하는 동안(5절) 처음 믿음을 저버린 과부는 이렇게 됩니다. 이는 혼자 사는 사람들이 쉽게 빠지는 함정입니다. 결혼한 여성은 남편과 자녀양육에 많은 시간을 들이지만, 남편도 없고 자녀까지 없는 사람이라면 시간적으로 여유가 있습니다. 그래서 그런 사람들이 무료함을 달래기 위해 "게으름을 익혀 집집으로 돌아다니고"라는 말을 듣는 모습을 많이 보였던 것입니다. 그들은 서약한 대로 하루 중 많은 시간을 교회에서 기도하거나 봉사해야 마땅한데 다른 사람의 집을 이리저리 찾아다니면서 쓸데없는 대화를 합니다. 그 당시에 이런 사람이 많았던 것입니다.

이는 지금도 마찬가지입니다. 집집마다 돌아다니며 구역 예배를 드리거나 심방을 하는 것의 폐해가 이런 것입니다. 성도의 집에 가서 예배를 드리고 은혜를 나누고 오면 좋겠지만, 별로 유익이 없는 발걸음도 많습니다.

"게으를 뿐 아니라 쓸데없는 말을 하며 일을 만들며 마땅히 아니할 말을 하나니." 사도 바울은 성도들이 자신의 집을 잘 돌보지 않고 남의 집을 방문하면서 벌어지는 부정적인 부분을 많이 보았을 것입니다. 성도의 만남은 교제하고 위로하며 기도하고 권고하는 분위기가 되어야 합니다. 다른 사람을 비평하거나 비밀을 누설하고 서로 비교하면서 할 말과 하지 않을 말을 가리지 않고 한다면 경건한 삶에 유익을 끼치지 못합니다. 또한 쓸데없이 일을 만들어 말을 전하고 참견하다 보면 결국 그 말이 퍼져나가 분란을 일으킵니다. 이런 일로 마음이 상하는 성도들도 많은데, 이런 행태는 사라져야 할 나쁜 습관입니다. 자격 요건을 갖추지 못한 사람들에게 지나치게 너그러워서도 안 되고, 가난한 이들에게 인색해서도 안 됩니다(암브로시우스).

14절 "그러므로 젊은이는 시집 가서 아이를 낳고." 여기서 "시집 가서"의 앞에 "차라리"라는 말을 넣으면 의미가 더욱 분명해집니다. 과부가 된 젊은 여성은 차라리 시집을 가서 아이를 낳으라는 것입니다. 앞에서 과부 명단에 올릴 수 있는 조건은 60세가 되어야 한다고 했습니다. 젊은 사람은 힘이 있고 다시 결혼하고 싶을 수도 있는데, 교회에서 굳이 생활비 명목으로 그들을 얽어맬 필요가 없습니다. 바울이 디모데에게 가르치라고 한 내용은 젊은 여성에게 불이익을 주려는 것이 아니라 좋은 의도로 하는 말입니다. 젊은 사람은 결혼해서 아기를 낳는 것이 좋습니다. 사람은 저마다 관심을 갖는 부분이 다르지만, 여성이 어머니가 되어 자기 자녀를 키우는 것은 삶 전체를 보아서도 유익합니다. 열심히 자녀를 돌보다 보면 하루가 금방 갑니다. 그리고 그 모든 시간이 보람됩니다. 그러나 자녀도 없으면서 일도 하지 않고 교회에서 기도와 봉사도 하지 않는다면 이는 귀한 시간을 헛되게 낭비하는 것입니다.

"집을 다스리고." 여성이 자신의 가정을 잘 다스리는 것은 중요합니다. 남편을 돕고 아이를 잘 키우고 또 집을 잘 관리해야 합니다. 집에 수리가 필요한 곳, 청소해야 할 곳을 찾아 해결해야 합니다. 이는 육적인 부분뿐 아니라 영적인 부분도 마찬가지입니다. 영적으로 가정을 바로 세우려면 많은 기도와 노력이 필요합니다. 자기 집을 빛내는 것은 여성이 잘할 수 있는 일입니다. 남편을 빛내고 자녀를 빛내고 집을 빛내는 것은 여성에게 큰 보람입니다. 또 하나님 앞에서 기도하고 봉사하는 것은 정말 의미 있는 일입니다.

"대적에게 비방할 기회를 조금도 주지 말기를 원하노라." 과부가 된 여성이 쓸데없이 돌아다니며 말을 옮기고, 남성에게 이성적으로 관심을 보이면서 교회에 물의를 일으킨다면 교회 안팎에서 비방을 받을 것입니다. 교회를 비방하려고 항상 준비하는 자들이 주변에 있습니다. 교회의 일꾼이 비방을 받으면 자신뿐 아니라 교회에 손해가 되고, 주님의 나라가 확장되는 데 손상을 입습니다. 바울은 개인의 소중함을 인정하고 가정을 잘 지키는 일의 중요성을 생각하며, 무엇보다 교회의 유익을 깊이 생각하고 있습니다.

15절 "이미 사탄에게 돌아간 자들도 있도다." 주님 나라를 위해 헌신하겠다고 하고 교회에서 열심을 내던 과부가 어느 날 남자와 함께 떠나거나, 믿음이 없는 사람에게 시집 가서 결국 믿음에서 떨어져 나가 교회를 떠나는 경우가 있었던 것입니다. 또한 믿음이 형편없게 되어 교회에 출석도 못한 사람들도 생겨난 것입니다. 이들은 배교에까지 이르렀을 것입니다. 아마도 사도 바울이 목회할 때 이런 일들이 있었기에 디모데를 비롯해 모두에게 유익한 길을 가르치고 있습니다.

16절 "만일 믿는 여자에게 과부 친척이 있거든 자기가 도와 주고 교회가 짐지지 않게 하라 이는 참 과부를 도와 주게 하려 함이라." 경제적으로 어려운 나이 든 과부를 교회가 도와줄 수 있지만, 되도록 교회에 짐 지우지 말고 그 가정이나 친족 중에서 도우라는 말씀입니다. 앞에서 참 과부라고 한 이유는 참 과부와 비교되는 거짓 과부도 있기 때문입니다. 그들은 위에서 설명한 것처럼 정욕을 따라서 처음 약속을 어기고 시집가서 믿음이 떨어진 사람이나, 게으름에 빠져 이리저리 다니며 쓸데없는 말을 하는 사람을 말할 것입니다. 교회 재정은 한정되어 있습니다. 그 예산을 적절히 사용하려면 가능한 예수 믿는 친족이 과부를 돕게 하는 것이 좋습니다. 그렇게 해야 진정으로 하나님께 충성하고 교회에 헌신하는 참 과부에게 도움을 줄 수 있습니다. 과부라고 해서 다 돕는다면 각 개인에게 돌아가는 액수가 적어져서 참 과부가 큰 도움을 받지 못하게 됩니다. 또한 사람마다 형편이 다른데 똑같은 내용과 방법으로 돕는 것도 정의롭지 못합니다. 친척 중 어려운 과부가 있는데 그녀가 불신자인 경우도 있습니다. 그런 경우라면 성도는 그녀를 도와야 합니다. 가족을 돌보지 않는 사람은 하나님과 자연의 법을 어기는 자입니다(요한 크리소스토무스).

하나님의 말씀은 시대가 변해도 원리는 같으므로 어느 시대나 적용할 수 있습니다. 혼자 사는 사람은 남자나 여자나 가능하면 가정을 이루는 것을 권장합니다.

장로들에게

17절 "잘 다스리는 장로들은." 바울은 참 과부에 대한 예우를 말한 뒤 장로들에 대한 예우를 말하고 있습니다. "장로"를 뜻하는 헬라어 단어는 1절에 나온 "늙은이"와 같습니다. 장로라는 직명을 언급한 곳은 이곳과 디도서 1장 5절뿐입니다. 구약에서는 연장자(욥 32:4) 등으로 사용되다가 유대교의 장로 개념으로 사용되었는데, 이들은 회당을 관리하고 재판을 주관합니다(마 5:21). 또한 71명의 장로로 구성된 공회가 있어 최고의 법적 권력을 행사합니다. 반면 신약 시대에 통용된 장로의 개념은 조금 다릅니다. 감독의 직을 수행하고(딛 1:5-7) 사도의 권위 아래 있습니다. 하지만 베드로와 요한은 장로로 지칭됩니다. 보통 장로라고 하면 두 부류가 있습니다. 하나는 가르치는 장로이고, 다른 하나는 다스리는 장로입니다. 가르치는 장로는 장로교에서 보통 말하는 목사를 지칭하고, 다스리는 장로는 일반적인 장로를 가리킵니다. 장로는 목사와 장로를 포함한 개념입니다. 그 당시에는 정확하게 구분하지 않았을 것입니다.

"배나 존경할 자로 알되." 이 말씀은 장로들을 존경하라는 것입니다. 교회에서 목사나 장로들을 존경하는 것은 당연한데 이는 그들이 교회를 책임지는 자들이기 때문입니다. 목회자는 하나님께 사명을 받아 신학 훈련을 받은 뒤 안수를 받고 사역을 합니다. 또한 장로들은 성도들이 투표하여 뽑은 사람들이므로 마땅히 존경해야 합니다. 목사와 장로를 존경하지 않는 교회는 소망이 없습니다.

성도들은 장로들을 잘 모셔야 하는데, 특히 잘 다스리는 장로들은 배로 존경해야 합니다. 장로들은 천사가 아니고 똑같은 사람입니다. 그러므로 인간적으로 범할 수 있는 허물도 있고 부족함도 있습니다. 그렇지만 하나님이 사명을 주셔서 장로로 섬기게 하셨으니 존경하라는 것입니다. 이 말씀을 살펴보면 교회 안의 직분자 중에도 잘하는 사람, 못하는 사람이 있다는 뜻입니다. 그런데 잘하는 사람은 배로 존경하라고 디모데는 성도들에게 가르쳐야 합니다. 여기에는 그들을 부양해야 한다는 의미도 내포되어 있습니다(매튜 풀).

"말씀과 가르침에 수고하는 이들에게는 더욱 그리할 것이니라." 말씀과 가르침에 수고하는 이들은 목회자를 가리키며 그들을 잘 섬기고 받들라는 교훈입니다. 영적인 지도자를 잘 섬기는 교회가 복을 받는데 그것이 성경적입니다. 진리를 가르치는 사역을 위한 직분자는 교회에서 꼭 필요합니다. 그러므로 진리를 위해 일하는 목회자를 함부로 대하는 것은 악한 일입니다. 하나님의 일꾼이라고 똑같은 위치에 있는 것이 아니며, 어떤 직책을 맡았는지도 중요합니다. 주님의 교회에서 모든 직책은 주님이 주신 것은 맞지만, 그렇다고 권위가 똑같지는 않습니다.

18절 "성경에 일렀으되 곡식을 밟아 떠는 소의 입에 망을 씌우지 말라 하였고." 이 구절은 신명기 25장 4절을 인용한 것입니다. 추수할 때 곡식을 밟아 떠는 일을 하는 소는 일하느라 배가 고프므로 주변의 풀을 먹거나 아니면 추수하는 곡식을 먹을 수 있지만, 이를 금하기 위해 입에 망을 씌우지 말라는 것입니다. 맷돌을 돌리든지 밟아서 하든지 추수하는 방법은 나라마다 다르겠지만, 어쨌든 수고한 소에게 먹이를 주는 것은 당연합니다. 황소는 오직 썩을 양식을 위하여 곡식을 떨지만, 목회자는 영원히 지속되는 생명의 양식을 탈곡하는 것입니다(매튜 헨리).

"또 일꾼이 그 삯을 받는 것은 마땅하다 하였느니라." 일꾼이 일을 한 대가로 삯을 받는 것은 마땅합니다(마 10:10). 일꾼은 노동의 대가를 정당하게 받을 것을 기대하고 수고합니다. 목사도 마찬가지로 교회의 일꾼으로서 생활비를 기다립니다. 그것으로 생활을 해야 하기 때문인데, 이는 성경에서도 마땅하다고 했습니다. 목사는 목자가 아니고 목동입니다. 양의 주인은 목자이신 주님이고 주인은 월급을 받을 필요가 없습니다. 모든 것이 그의 소유이기 때문입니다. 하지만 목동은 양의 주인이 아니므로 목동과 비견되는 목사는 하나님 나라를 위해 일하는 일꾼으로서 생활비를 받아야 합니다. 목회자를 존귀하게 여기는 교회는 시간이 지나고 보면 확실히 복을 받는 것을 알 수 있습니다.

19절 "장로에 대한 고발은 두세 증인이 없으면 받지 말 것이요." 교역자와 장로의 권위를 존중해야 하는데 그것은 목회자와 장로를 흔들려는 악한 세력들이 있기 때문입니다. 이는 개인적인 감정으로 혹은 악한 영이 충동하여 그렇게 공격할 수 있습니다. 악한 세력들이 공연히 목회자와 장로에게 시비를 걸고 약점을 들추어내고, 성도들은 이런 비판에 귀를 기울입니다. 그래서 악의적인 소문이 쉽게 퍼집니다. 그러나 바울은 디모데에게 장로에 대한 고발이 있는 경우 두세 증인이 없으면 받지 말라고 가르칩니다. 율법에도 어떤 사람을 송사하려면 두세 증인이 있어야 한다는 규정이 있습니다(신 19:15). 장로는 이보다 더 신중해야 합니다. 결국 장로가 어떤 실수나 죄를 범했다고 할 경우 두세 증인이 없으면 아예 그 고발을 받지도 말라는 의미입니다. 여러 사람이 죄짓는 현장을 목격했다 하더라도 고발할 때에는 어떻게 처리할지 조심스럽게 의논하여 지혜롭게 행해야 합니다. 실제로 갈등을 느끼고 문제가 있더라도 성도들이 함부로 정죄하면 안 됩니다. 성경적인 방법으로 또한 법과 은혜로 처리해야 합니다. 한 사람의 말만 듣고 경솔하게 정죄하면 안 되며, 실제 죄가 드러나더라도 되도록 덮어주는 것이 옳습니다. 정의를 행한다고 하면서 남의 죄를 들추어내어 퍼뜨리고 교회를 크게 손상시키는 경우가 있습니다. 결론적으로 교회의 명예가 크게 실추되었다면 복음 전파에 큰 손해가 됩니다. 정의를 행하는 것은 당연한 일이지만, 조용히 그리고 은혜롭게 처리하는 것이 옳습니다. 정의를 행한다고 하면서 떠들고 들쑤시고 다니는 것은 주님의 뜻이 아닙니다. 성도들은 어설프게 정의를 남발하면 안 됩니다. 사람은 불완전하므로 자신이 정의를 위해서 행동한다고 하지만 나중에 보면 정의가 아닌 경우가 많습니다. 정의 안에 사랑이 없고 하나님이 가르쳐주신 것이 아닌 정의는 진정한 정의가 아닙니다. 누구든지 스스로 자기 중심적인 의를 만들어내는 자가당착에 빠지지 말아야 합니다. 죄는 회개하여야 하지만 정죄하는 절차는 공정해야 합니다. 하나님의 교회는 훼방자의 중상모략에 조심해야 합니다.

20절 "범죄한 자들을 모든 사람 앞에서 꾸짖어 나머지 사람들로 두려워하게 하라." 바울은 디모데에게 강한 어조로 가르칩니다. 칼뱅은 여기에서 말하는 "범죄한 자들"을 장로들을 경솔하게 훼방한 자들로 보았습니다. 그리고 그들을 공석에서 꾸짖어 장로의 누명을 벗겨주어야 한다고 말합니다. 또 다른 의견으로는 장로의 죄 또는 일반적인 범죄를 가리킨다고 보는 것입니다. 어떤 경우이든 만일 교회 안에 범죄한 사람이 있다면 꾸짖어야 한다고 말합니다. 먼저는 한두 사람이 찾아가 일이 조용히 해결되도록 돕고, 그래도 말을 듣지 않는 경우 공개적으로 하는 것입니다. 교회 안에서 지도자뿐 아니라 성도들의 잘못에 대해서 잘 알아보지도 않은 채 공개하여 소문을 내는 것은 사악한 일입니다. 조용히 그 사람의 사정을 물어보고 정말 죄가 있다면 회개할 수 있는 기회를 주고, 다시 또 죄가 있으면 사랑으로 책망해서 변화될 수 있도록 기회를 주어야 합니다. 교회에서 성도들에게 벌을 많이 내리면 그 교회에서 은혜가 떠나고 부흥되지 않습니다. 사랑으로 성도의 허물을 덮어주는 것이 교회가 할 일입니다. 하지만 회개하지 않은 자는 알맞게 책망하여 모든 성도가 두려움을 갖게 하고 경건에 힘쓰도록 해야 합니다.

21절 "하나님과 그리스도 예수와 택하심을 받은 천사들 앞에서 내가 엄히 명하노니 너는 편견이 없이 이것들을 지켜 아무 일도 불공평하게 하지 말며." 사도 바울은 이제 천사 이야기까지 꺼내고 있습니다. 천사들 앞에서 엄히 말한다는 것입니다. 바울은 성부와 성자 앞에서라고도 하였지만, 되도록 하나님의 이름을 거론하는 것은 조심해야 합니다. 사도 바울이 말하는 택하심을 받은 천사는 최상위급의 천사입니다. 바울은 자신이 천사들 앞에서 분명히 말하는데 편견 없이 어떤 일에도 불공평하게 하지 말라고 가르치고 있습니다. 바울 사도는 항상 하늘 보좌를 염두에 두고 말합니다. 그리고 다가올 하늘에서의 심판을 의식합니다. 그래야 편견 없이 정당한 판단을 하게 됩니다. "편견"은 속단이라는 뜻이고, 이것은 모두에게 불편을 끼칩니다. "불공평하게"라는 의미는 교회에서 어떤 분쟁이 있고 해결해야 할 일이 있을 때 어떤 이들이 일방적으로 불공평한 일을 당하거나 손해 보지 않도록 해야 한다는 것입니다. 양쪽의 말을 다 들어보고 누가 손해 보지 않게, 되도록 모든 사람에게 유익하도록 일을 처리해야 합니다. 이는 정치도 마찬가지입니다. 국민 중에 누가 불이익을 당한다면 그것은 옳은 일이 아닙니다. 정치든 경제든 가정이든 교회든 불공평하지 않아야 합니다. 서로 양보할 것은 양보하고 챙길 것은 챙겨서 서로서로 불만이 없도록 해야 합니다. 어떤 사람은 울고 있는데 어떤 사람만 웃게 되는 편파적인 해결은 온당하지 않습니다. 편견은 교회에서 할 일이 아닙니다. 세상은 '유전무죄 무전유죄'란 말에 익숙합니다. 경제적으로 어려운 사람들은 재판에서도 불이익을 당한다는 뜻입니다. 그러나 교회와 교회 지도자는 항상 하나님의 사랑과 정의에 근거해 처리해야 한다는 것을 명심해야 합니다.

22절 "아무에게나 경솔히 안수하지 말고." 장로를 대할 때 조심해야 하는 것처럼 아무나 장로로 세우면 안 된다는 것입니다. 사람은 누구나 부족함이 있어서 목사의 자격을 완벽하게 갖춘 사람을 찾는 것은 불가능합니다. 여기서 문제는 일반적인 사람만큼도 안 되는 부족한 사람이 안수를 받고 목사나 장로가 되는 것입니다. 그래서 경솔하게 안수를 주지 말라고 경고하는 것입니다. 목사가 자격을 잘 갖추고 존경을 받아야 교회가 든든히 세워질 수 있습니다. 교회는 이 부분에 대해 생각을 많이 해야 합니다. 요즘은 신학교가 난립해 있고, 또 대다수의 신학교가 입학 정원이 미달되어 자질이 좀 부족해도 입학을 허가하니 결국 그들이 목사가 되는 상황이 벌어지는 것입니다. 지적으로, 신앙적으로 그리고 인격적으로 저급한 사람들이 일부 목사로 사역하고 있음을 부인할 수 없습니다. 자격이 지나치게 부족한 사람들을 목사로 안수하는 것은 삼가야 합니다. 장로도 마찬가지입니다.

"다른 사람의 죄에 간섭하지 말며 네 자신을 지켜 정결하게 하라." 이것은 목사나 장로를 세운다고 나서서 경솔히 안수하다가 그 안수받은 자가 불미스러운 죄를 범하게 된 때를 가리킵니다. 이때는 안수한 자도 경솔히 안수했으니 같은 죄를 짓게 되는 것을 말합니다. 그러므로 다른 사람의 죄에 연관이 되었다는 뜻입니다. 지도자는 항상 어떤 일을 하든지 자신이 의도하든, 의도하지 않았든 범죄하지 말고 정결하도록 힘써야 한다는 말입니다. 즉 안수를 행한 자가 조심해야 한다는 말입니다. 지도자를 세우는 지도자는 만사에 더 각별히 조심해야 합니다. 자신의 직위로 수여할 수 있는 권위를 악한 삶을 사는 사람에게 내리는 사람은 그 수여자가 지은 죄의 불을 자신의 머리에 뒤집어쓰게 될 것입니다(요한 크리소스토무스).

23절 "이제부터는 물만 마시지 말고 네 위장과 자주 나는 병을 위하여는 포도주를 조금씩 쓰라." 구약을 보면 나실인이나 레위인은 독주나 포도주를 마시지 않았습니다(민 6:3, 렘 35:5-9). 디모데도 이렇게 절제하면서 성결하기 위해 힘썼을 것입니다. 그런데 디모데는 위장병을 앓았습니다. 아마도 디모데는 젊은 나이에 목회자가 되어 스트레스를 많이 받았을 것입니다. 그래서 위장이 약해져 소화가 어렵고 자주 피곤했을 것입니다. 약을 복용하였지만 차도가 별로 없었던 것 같습니다. 바울은 차선책으로 포도주를 조금씩 쓰라고 권고하고 있습니다. 그 시대에는 포도주를 약으로 사용했습니다. 사실 적당한 양의 포도주를 마시는 것은 건강에 좋습니다. 포도주 생산지가 어디인지에 따라 효능이 다릅니다. 그런데 지중해 연안의 포도주는 품질이 우수하여서 그런 포도주를 마시면 건강에 좋을 것입니다. 근동 지역의 경우 수질이 좋지 않아 도수가 낮은 포도주를 상용하였습니다. 포도주에 대한 바울의 태도가 조금은 열려 있는 것을 보면 지나치게 율법적인 신앙생활은 바람직하지 않은 것으로 보입니다. 술 마시는 것은 안 되고 아편도 안 되지만, 병 때문에 그것을 꼭 써야만 한다면 약간은 허용할 수 있는 것입니다. 그러나 유흥을 위해 마시는 술은 결코 허락되지 않습니다. 이 서신을 통해 바울 사도는 디모데도 병에 걸리고 치료가 필요한 연약한 인간임을 상기시켜줍니다.

24-25절 "어떤 사람들의 죄는 밝히 드러나 먼저 심판에 나아가고 어떤 사람들의 죄는 그 뒤를 따르나니 이와 같이 선행도 밝히 드러나고 그렇지 아니한 것도 숨길 수 없느니라." 성도들도 죄를 범합니다. 그 중 어떤 사람들의 행위는 선악이 곧바로 드러나지만, 어떤 이들의 죄는 일시적으로 감추어집니다(히에로니무스). 하지만 언젠가는 모두 다 드러난다고

말하는 것입니다. 누가 선을 행하든지 죄를 짓든지 간에 이 땅에서든 하늘나라에서든 다 드러나게 됩니다. 어떤 사람이 죄를 범했을 때, 우리가 쫓아가서 그 죄를 밝혀내지 않아도 언젠가는 드러나는 것입니다. 반대로 어떤 사람이 선을 행하였다면 누가 소문내거나 스스로 자랑하지 않아도 언젠가는 드러납니다. 우리는 다른 사람의 죄와 허물을 들추어내 그것을 바로잡아야겠다고 섣불리 나설 필요가 없습니다. 이 세상과 교회의 주인은 하나님이십니다. 하나님이 적절한 때에 적절한 방법으로 선과 악을 판단하십니다.

6장

사도 바울은 에베소서에서 남편, 아내, 자녀, 상전, 종에게 각각 살아가는 방법에 대한 가르침을 주었는데 디모데에게도 같은 권고의 말을 합니다. 하나님을 믿는 성도라고 해서 하나님을 바라보고 기도하고 예배만 드리면서 살 수는 없습니다. 예배드리는 것만 신자의 삶이 아니라 살아가는 모든 면에서 하나님의 사람이라는 모습을 드러내야 합니다. 하나님을 아는 지식이 충만하고 기도를 아무리 많이 해도 생활에서 모범이 되지 못하고 사람들에게 핀잔 받을 행동을 한다면 이는 어불성설입니다. 성도가 이 땅에서 사는 동안 그 모습이 완전할 수는 없지만, 최대한도로 하나님과 사람 앞에서 바로 살려고 노력하고, 가능하면 약점을 보완하도록 힘써야 합니다. 물론 사람의 눈을 너무 의식하면 안 되지만, 되도록 하나님 앞에서 바로 서야 하고 다른 성도들에게도 존경받는 삶을 살아야겠다는 의지가 있어야 합니다. 또 다른 사람들의 약점을 들추고 지적하는 것도 좋지 않습니다. 자신이 그리스도 안에서 몇 점을 받을 수 있는지 항상 생각하면서 자기 자신을 돌아보는 것이 중요합니다.

사도 바울이 남편, 아내, 자녀, 상전, 종의 삶에 대해 말하는 것은 그들이 하나님을 믿는 사람답게 바른 생활을 한다는 칭찬을 모든 사람에게 들어야 하기 때문입니다. 하나님의 사람은 어디를 가든지 존경받고 사랑받아야 합니다. 그럴 때 교회가 든든하게 바로 설 수 있습니다. 교회 공동체 안에 존경받는 사람이 많아야 합니다. 사람들은 자신이 말씀대로 선을 행하며 살지 못해도 남들은 잘하기를 바라는 마음이 있습니다. 그래서 성도 중에는 자신은 기도를 많이 하지 않아도, 또 자신은 존경받지 못해도 교회 안에 기도를 많이 하는 사람, 존경할 만한 사람이 있기를 바랍니다. 사실 공동체 안에는 그가 누구든, 그것이 어떤 내용이든 서로 자랑할 것이 있어야 합니다. 그래야 그 교회를 다니는 즐거움이 있는 것입니다. 그래서 사도 바울은 성도의 삶에 대해 이렇게 사는 것이 정도(正道)라고 이야기한 것입니다.

상전과 종의 관계

1절 "무릇 멍에 아래에 있는 종들은." 바울은 디모데를 통하여 종들을 가르치게 합니다. 멍에는 소나 말의 목에 얹는 기구입니다. 종은 노예를 말합니다. 이런 문구를 볼 때 그 당시 종은 짐승 취급을 받았습니다. 로마는 전쟁에서 승리하면 전쟁 포로들을 데려왔고 노예를 수입하기도 했습니다. 빚을 갚지 못해 노예가 된 이들도 있었습니다. 그 당시 노예의 수는 자유인의 네 배였다고 합니다. 로마법에는 "노예는 국가에서 대표 권도, 이름도, 직함도, 호적도 없다"고 되어 있습니다. 그들은 결혼할 권리도, 간음에서 보호받을 권리도 없었습니다. 노예는 주인의 사유재산으로서 매매나 증여를 할 수 있었습니다. 고문도 할 수 있었고 죽일 수도 있었습니다(필립 샤프). 이때 예수 그리스도를 믿는 노예들이 자기 신분을 망각한 행동을 하기도 했습니다. 초대교회 당시에는 오늘날의 직장인처럼 주인집에 출퇴근하며 다니는 종도 있었고, 주인집에 거주하면서 노역에 종사하는 종도 있었습니다. 여기서 말하는 종은 자유직업이 아닌 주인에게 속해 있는 종들입니다. 오늘날의 직장인과는 다른 개념입니다.

"자기 상전들을 범사에 마땅히 공경할 자로 알지니." 주인의 명령을 받고 주인에게 매여 있는 종들은 주인을 범사에 공경하라고 가르치고 있습니다. 일반 직장인도 윗사람을 잘 섬기는 것이 마땅합니다. 우리는 자신을 고용하고 기업을 잘 운영해서 월급을 주는 기업주를 귀하게 생각해야 합니다. 자신이 언제든지 그 직장을 사직할 수 있는 지위에 있다

할지라도 자신의 고용주를 존중해야 합니다.

"이는 하나님의 이름과 교훈으로 비방을 받지 않게 하려 함이라." 이는 노예 신분인 성도들이 복음대로 살지 못하고 잘못된 행동을 하면 하나님의 영광과 복음의 바른 교훈이 훼방을 받는다는 의미입니다. 그러므로 노예 신분인 성도는 상전에게 불손한 태도를 보이면 안 됩니다. 또한 주어진 일에 열심을 다해 일해야 합니다. 믿음의 사람은 주인에게 불순종하지 않도록 주의해야 합니다. 또한 주인의 은혜를 감사히 여길 줄 알아야 합니다(요한 크리소스토무스). 만일 노예 신분인 신자들이 불성실한 태도를 보인다면 주변 사람들이 혹평할 것은 뻔합니다. 그들은 신자인 노예들이 하나님을 믿고 교회의 집사나 장로의 직분을 맡은 자들로서 어떻게 저런 행동할 수 있는지 의아해하며 비평할 것입니다. 도대체 교회에서 무엇을 가르치는지 모르겠다고 하면서 교회를 욕하게 되므로 복음 전파에 방해가 될 것입니다. 이런 비방을 받지 않기 위해서라도 종들은 상전의 말에 순종해야 하며, 성도는 직장에서 맡겨진 일에 충성을 다해야 합니다. 상사에게 반듯하게 행동하고 회사가 이익을 많이 창출할 수 있도록 협력해야 합니다.

직장인이라면 자신이 한 일로 인해 회사가 자신에게 주는 월급의 서너 배 이상의 수익을 낼 수 있도록 수고하겠다는 마음이 필요합니다. 기업주는 이익을 남기기 위해 기업을 운영하므로 정당한 보수를 받고 일하는 직원이라면 당연히 기업주가 수익을 얻을 수 있도록 해야 합니다. 그렇지 않는다면 그 직원이 나쁜 말을 듣거나 또 해고당하는 일이 일어날 수도 있습니다. 직원은 자신의 직장이 이익을 많이 내도록 하는 것이 당연하고, 만약 직장에서 자신의 일을 제대로 못하면서 월급을 많이 달라고 한다면 그것은 부당한 요구입니다. 양심이 있는 직장인은 이런 마음을 가져야 합니다. 회사가 어떻게 되든지 간에 자신의 월급을 많이 챙기겠다는 마음을 가지면 노사는 갈등할 수밖에 없습니다.

기업주나 상사가 예수님을 믿지 않고 직원이 예수님을 믿을 경우, 기업주나 상사가 직원인 성도와 업무적으로나 개인적인 일로 자주 마찰을 빚게 된다면 교회를 비방할 빌미를 주게 됩니다. 그래서 성도는 직장에서 신중하게 처신해야 합니다.

2절 "믿는 상전이 있는 자들은." 그런데 때로 종과 상전이 한 교회에 출석하는 경우가 있습니다. 이때에도 신경을 써야 하는 부분이 있습니다.

"그 상전을 형제라고 가볍게 여기지 말고 더 잘 섬기게 하라." 상전과 종이 한 교회에 같이 다닐 경우 종은 상전이 한 교회에 다닌다고 마음이 편해질 수 있습니다. 어쩌면 상전보다 더 귀한 직분을 맡을 수도 있습니다. 어떤 경우라도 종은 상전을 가볍게 여기지 말고 더 잘 섬겨야 합니다. 자신이 일터에서 제대로 못하더라도 눈감아줄 것이라는 기대보다, 일에 더욱 최선을 다하는 태도를 보여야 합니다. 영적인 관계와 육적인 관계를 혼동하면 안 됩니다.

"이는 유익을 받는 자들이 믿는 자요 사랑을 받는 자임이라 너는 이것들을 가르치고 권하라." 종인 사람이 열심히 노력하여 주인이 유익을 얻는다면 결국 하나님을 믿는 성도가 이익을 보는 것입니다. 종에게도 사랑을 받고 하나님께도 사랑을 받는 주인이 매사에 형통하게 되는 것은 어려운 시대일수록 감사한 일입니다. 바울은 디모데에게 교회 안에서 이 사실을 잘 가르치라고 말합니다.

지금까지는 종들이 상전에게 취할 도리를 가르쳐주었지만, 그 반대로 상전이 종들을 어떤 마음으로 대해야 하는지는 가르치고 있지 않습니다. 에베소서 6장 9절에 이 가르침이 나옵니다. 디모데는 이러한 내용을 잘 가르쳐야 할 책임이 있습니다.

자족하는 마음

3절 "누구든지 다른 교훈을 하며 바른 말 곧 우리 주 예수 그리스도의 말씀과 경건에 관한 교훈을 따르지 아니하면." "바른 말"은 건전한 교훈이라고 볼 수 있습니다. 여기서 중요한 것은 "우리 주 예수 그리스도의 말씀" 그리고 "경건에 관한 교훈"입니다. 이 둘은 같은 것 같지만 각각 나름대로 가르침이 있습니다. 주님이 가르쳐주신 말씀은 공관복음을 통해 알 수 있습니다. 교회 안에서는 예수 그리스도의 말씀만이 선포되어야 합니다. 어떤 사상도 어떤 사람의 말도 큰 권위가 없습니다. 오직 주님의 말씀만이 바른 말입니다. "바른 말"로 번역된 헬라어를 직역하면 '건강하고 건전한 말들'이 됩니다. 사도가 자신의 가르침을 그렇게 부르는 이유는, 그 말들은 죄라는 병을 막아주거나, 영혼의 질병을 고쳐주는 효력이 있기 때문입니다(매튜 풀). 사도의 말은 이렇게 권세와 능력이 있습니다. 또한 경건에 대해 교훈을 줍니다. 경건은 주님 앞에서 사는 삶입니다. 사람은 남들이 보지 않으면 불미스러운 행동을 할 수 있습니다. 그래서 홀로 있는 것이 좋은 것 같지만, 그의 속에 사탄이 역사하면 혼자 있는 시간은 해롭습니다. 그렇지만 혼자 있으면서 하나님을 사랑하고 가까이하며 깊이 기도하면서 시간을 보낸다면 상당한 경건에 이를 수 있습니다. 가족이 많고 주변에 사람이 많으면 그들과 부대끼면서 경건을 많이 잃어버릴 수 있습니다. 물론 복잡한 환경에서 살면서도 경건할 수 있다면 훌륭한 사람일 것입니다.

만약 성도가 살아계신 주님이 자신을 보고 계신다고 늘 생각하면서 산다면 최대한 죄를 짓지 않고 영성에 이르는 데 도움이 될 것입니다. 부모와 함께 사는 자녀는 아무래도 부모의 손길 안에서 생활하게 됩니다. 많은 사람이 지켜보고 있다면 죄의 유혹을 이기고 죄를 지으려는 시도를 포기하기가 쉽습니다. 그러나 성도는 다른 사람이 보지 않아도 하나님이 자신의 생각과 말과 행동을 보고 계시고 알고 계신다는 것을 믿어야 합니다. 주님의 말씀대로 살려고 할 때 새로운 힘이 생깁니다. 이것이 경건입니다.

이 구절에서는 예수 그리스도의 말씀과 경건에 관한 교훈을 따르지 않는 사람이 교회 안에 있다고 말씀합니다. 이 말씀이 교회에 한 것이기 때문입니다. 그런 사람들은 아무리 말씀과 교훈을 가르쳐도 듣지 않습니다. 그들의 특징은 교회에서 다른 교훈을 가르친다는 것입니다. 교회 안에 생수도 흐르고 구정물도 흐르고 있는 상황입니다. 오염된 물은 속히 정화시켜야 합니다. 하나님의 교회에서 절대적인 권위는 예수 그리스도의 말씀입니다.

4절 "그는 교만하여." 결국 주님이 가르쳐주시는 말씀과 경건의 교훈을 따르지 않는 사람은 교만한 사람입니다. 세상에서 교만한 사람을 살펴보면 하나님을 믿지 않고 자신이 법이고 정의라고 생각합니다. 하나님이 마음에 있는 사람은 자신의 주장을 내세우다가도 하나님께 점검을 받으려고 합니다. 그래서 하나님을 의식하고 있는 사람은 교만해질 수 없습니다. 그러나 교만한 사람은 하나님을 의식하지 않고 과대망상에 빠져서 항상 자신이 옳다고 생각합니다. 그런데 그와 비슷한 성향을 가진 사람이 교회에 출석하고 가르치는 위치에 있다는 것이 놀랍습니다. 장로, 권사, 집사의 직분을 감당하는 사람이 교만할 것이라고 생각하기 어렵지만, 바울은 그런 사람이 교회에 있다고 확실히 말하고 있습니다. 교만한 사람은 그 속에 하나님이 없는 사람이고, 자기가 하나님의 자리에 앉아 있는 사람이며, 경건하지 않은 사람입니다.

"아무것도 알지 못하고." 그런데 교만한 사람은 아무것도 알지 못하는 자라고 말하고 있습니다. 이것이 결정적인 선언입니다. 일반적으로 가장 무식한 사람이 가장 교만합니다(매튜 헨리). 하나님을 모르는 사람은 다른 것도 모른다는 것입니다. 하나님을 의지하지 않고 하나님을 알지 못하고는 다른 어떤 것도 알 수 없습니다. 하나님을 받아들여 하나님이 우리 속에 계셔야 하나님이 영적인 정보를 주십니다. 하나님이 가르쳐주시지 않으면 영적인 정보를 알 수 없고, 마귀와 천사에 대해서도 무지할 수밖에 없습니다. 교만에 빠져 자기가 하나님처럼 행세하므로 하나님은 그에게 천사나 마귀의 실체를 보이시거나 알려주지 않으시고 은사도 주지 않으십니다. 승리의 길로 인도하시지도 않습니다. 그래서 교만한 사람, 경건하지 않은 사람은 영적으로나 인간의 바른 삶에 대해 아무것도 모르는 것이 당연합니다.

"변론과 언쟁을 좋아하는 자니." 교만하여 그 마음에 하나님이 없는 사람의 특징이 바로 이것입니다. 교회 안에서 은혜를 받지 못하고 은사가 없으며 하나님을 깊이 사랑하지 않는 사람들이 오히려 말을 많이 합니다. 성경이나 진리에 대해 여러 변론을 하는 것은 정답을 모르기 때문입니다. 아무리 하나님, 구원, 천국에 대해 이야기를 해도 그것이 자신의 깊은 깨달음에서 나온 것이 아니라 다른 사람의 말을 인용하는 것일 뿐입니다. 그러나 자신이 하나님을 체험하고 깊이 알면 길게 토론할 것도 없이 쉽게 해결됩니다. 그러나 그런 경험을 하지 못했으므로 교회사를 장식한 사람들의 말을 인용하고, 그에 대한 자신의 의견을 피력하느라 말이 장황해지는 것입니다. 그러고는 잘못된 결정을 수도 없이 반복합니다. 사실 하나님의 나라에 대해 언쟁할 필요가 없는 것은 정답이 다 나와 있기 때문입니다. 그래서 깊이 기도하는 사람들은 말을 많이 하지 않습니다. 그런데 교회 안에 하나님을 두려워하지 않고 함부로 변론과 언쟁을 하는 사람들이 있는 것입니다. 하나님 앞에서 사는 자세로 살면 되는데 공허한 말만 많이 하는 것입니다. 그들은 진리를 알고 싶거나 진리의 말씀에 순종하고 싶어서가 아니라 자신의 지식을 자랑하거나 단순히 말이 하고 싶을 뿐입니다.

"이로써 투기와 분쟁과 비방과 악한 생각이 나며." 주님의 말씀과 경건의 교훈을 따르지 않는 사람은 결국 이렇게 됩니다. 하나님 앞에서 살지 않으므로 자신을 중심으로 생각하고 욕심을 부리면서 다른 사람이 형통하게 되는 것을 보지 못하고 시기와 질투에 빠집니다. 그러고는 공연히 이 사람 저 사람 흉을 보고 비판하면서 분쟁을 일으킵니다. 그리고 죄 없는 사람을 비방하고 망신을 줍니다. 그들은 항상 남을 해롭게 할 생각만 합니다. 이런 행동은 자신이 비방하고 있는 사람의 마음에 하나님이 계시고 하나님이 역사하시는 것을 미처 생각하지 못하기 때문입니다. 경건이 부족하므로 자신도 하나님 앞에서 살고 다른 사람도 하나님 앞에서 산다는 것을 모르는 무지몽매한 자입니다. 하나님을 모르고 하나님의 임재를 알지 못하는 사람은 하나님 나라에 쓸모가 없습니다. 그런 사람들이 어떻게 교회에서 중요한 직책을 맡았는지 의아할 뿐입니다.

5절 "마음이 부패하여지고." 성령님이 마음에 충만히 계시지 않으면 썩은 것이고 죽어 있는 것입니다. 살리는 영이신 성령님이 계시지 않은 곳은 죽음의 영인 마귀로 가득 차게 됩니다. 죄를 지을 때마다 수가 점점 증가합니다. 그래서 그 영혼과 육체를 부패하게 합니다. 교만한 자는 자신의 생명을 스스로 갉아먹습니다.

"진리를 잃어 버려 경건을 이익의 방도로 생각하는 자들의 다툼이 일어나느니라." 진리를 잃어버린 자는 경건을 이익의 방도로 생각한다는 것입니다. 경건이란 하나님 앞에서 살아가는 삶을 말하는데, 박윤선은 여기서 말하는 경건을 '종교'라고 해석합니다. 종교를 자기 이익의 수단으로 생각한다는 것입니다. 누군가 교회를 세울 때 교회 안에서 일어나는 영적인 일을 이용해 자신이 이익을 얻으려고 시도한다는 것입니다.

종교라는 것, 신앙이라는 것은 하나님 앞에 나아가는 것이고, 하나님을 섬기고 살다가 장차 하늘나라에 들어가기 위한 생활입니다. 그런데 경건을 자신의 이익을 취하는 방도로 생각하고, 신앙생활의 목표를 성도의 영혼을 위한 것에 두지 않고 자신의 탐욕에 두는 사람들이 교회 안에 있다는 것은 두려운 일입니다. 탐욕은 사람이 도덕적으로 분별하는 것을 무디게 합니다(암브로시우스). 이단을 규정할 수 있는 여러 특징이 있지만, 그중 대표적인 것이 성경에서 지적한 대로 신자를 자신의 이익을 취하는 수단으로 생각하는 것입니다. 그래서 자신을 믿고 따르는 자들의 재물과 시간을 착취합니다. 자신이 누군가에게 이용당한다는 생각이 들면 괴로운 일입니다. 바울이 말한 대로 성도를 자신의 탐욕을 채우는 대상으로 이용한다면 그는 사악한 자이고 이단입니다. 그런데 이런 일이 교회에서 얼마든지 일어날 수 있다고 하는 것입니다. 이러한 일은 공동체가 진리를 잃어버린 탓입니다. 진리란 하나님을 바로 아는 것이므로 하나님을 잃어버렸기에 이런 추잡한 현상이 나타나는 것입니다.

6절 "그러나 자족하는 마음이 있으면 경건은 큰 이익이 되느니라." 자족과 경건이 함께 나옵니다. 자족이란 현재 자신이 하나님께 받은 은혜에 대하여 감사함으로 만족한다는 것입니다. 명예든 재산이든, 교회 안에서 맡은 직분이든 간에 우리는 분에 넘치게 욕심을 부리지 말아야 합니다. 자족하는 마음이 있으면 경건하다는 것이고, 경건한 사람이 자족한다는 것입니다. 반대로 경건하지 않은 사람은 자족하지 못하고 탐욕이 웅크리고 있다는 것입니다. 즉 교회 안에서 성도를 탐욕의 대상으로 생각하는 사람은 큰 문제이고 경건하지 않은 사람입니다. 하나님 앞에서 살면서 주님과 친밀한 관계를 유지하는 사람은 탐욕이 생길 수 없습니다. 하나님 앞에서 바르게 살기 위해 노력하는 사람은 자족하는 마음이 생기고 경건에 이르게 됩니다.

7절 "우리가 세상에 아무 것도 가지고 온 것이 없으매 또한 아무 것도 가지고 가지 못하리니." 이 말씀을 모르는 사람은 없습니다. 그러나 이 말씀을 실천하는 사람은 쉽게 볼 수 없습니다. 이 말씀을 알고 있지만 무시하는 이유는 되도록 많은 수입을 얻어 부유해지는 것을 추구하기 때문입니다. 경제적 이익을 추구하여도 자기 혼자 잘되려고 욕심 부리는 천한 사람이 있고, 이익을 얻으려 애쓰면서도 남을 배려하고 약자를 돕는 품위 있는 사람이 있습니다. 사람은 이 땅에 태어날 때 아무것도 가져오지 않았고, 죽을 때에도 아무것도 가져갈 수 없습니다. 이 진리는 기독교뿐 아니라 불교를 비롯해 다른 종교들, 그리고 일반 사회에서도 가르칩니다. 종교와 인종을 뛰어넘는 보편적인 가르침입니다. 이것을 항상 기억하고 우리가 죽어서 주님 앞에 설 것을 생각한다면 부당한 욕심이 생기지 않습니다. 특히 주님 나라를 위해 일하는 사역자가 천박하게 살 수는 없습니다.

8절 "우리가 먹을 것과 입을 것이 있은즉 족한 줄로 알 것이니라." 이 말씀도 모두가 알고 있지만 받아들이는 사람은 흔하지 않습니다. 가정을 안정시키고 자녀를 교육하는 데 상당한 물질이 소요되기 때문에 쉽게 받아들이기 어려운 말씀입니다. 그런데 여기서 삶의 필수인 의식주 가운데 집이 빠졌습니다. 사도 바울은 이 말에서 생각을 많이 했을 것입니다. 성에 사는 사람, 초가에 사는 사람, 또 광야에 천막을 치고 사는 사람 등 다양한 거주 공간이 있는데 어디를 기준으로 삼고 만족하라고 할 수 있겠습니까? 사람마다 필요한 집이 다르므로 말하지 않은 것으로 생각됩니다.

9절 "부하려 하는 자들은 시험과 올무와 여러 가지 어리석고 해로운 욕심에 떨어지나니 곧 사람으로 파멸과 멸망에 빠지게 하는 것이라." 여기에서 "부하려 하는 자"는 노력하거나 기다리지 않고 빨리 부하려 하는 자들을 가리킵니다. 성경은 부하게 되는 것 자체를 부정하게 보지 않습니다. 기독교는 가난을 추구하는 공동체가 아닙니다. 부하게 되는 것은 죄가 아니고 정상적인 것입니다. 문제는 속히 부해지려고 하니까 여러 문제가 발생한다는 것입니다. 급하게 부해지려 하면 과도한 욕심이 생기고 사기성 있는 행동이 나오게 됩니다. 거기에서 심각한 파장이 일어납니다. 결국 실수를 저지르게 되고, 시험에 빠져 파멸하게 되며, 심하면 가정이나 기업, 심지어 교회까지도 문을 닫아야 하는 지경에 이르게 됩니다. 이것은 더 큰 고통으로 이어집니다. 파멸과 멸망에 빠진다는 것은 장차 하나님의 영원한 심판에 처해지는 것을 가리킵니다.

10절 "돈을 사랑함이 일만 악의 뿌리가 되나니 이것을 탐내는 자들은 미혹을 받아 믿음에서 떠나 많은 근심으로써 자기를 찔렀도다." 여기서 "찔렀도다"라고 한 것은 바울이 그런 사람을 이미 보았기 때문입니다. 바울이 여러 지역을 다니며 수많은 사람을 만나본 결과 돈을 지나치게 사랑하면 일만 악을 행하게 된다는 것입니다. 경건은 하나님을 바라보는 삶이고, 성도는 하나님을 사랑하는 것이 마땅합니다. 늘 하나님을 의식하고, 눈만 뜨면 하나님을 생각하면서 사는 사람은 경건한데, 그 반대는 하나님이 아닌 돈을 사랑하는 사람입니다. 하나님을 보지 않으면 다른 무언가를 보아야 하는데 우리 눈에 가장 잘 들어오는 것이 물질입니다. 결국 물질을 사랑하게 되고, 그것을 잡으려고 쫓아가다가 일만 악의 뿌리가 되는 죄를 수도 없이 범하게 된다는 것입니다. 결국 돈을 사랑하면 사악한 행동을 하게 되고, 그러다가 하나님을 바라보는 믿음은 점점 약해집니다. 믿음이 약해지면 그 모든 부정적인 행위가 근심을 불러일으켜 자신을 찌르는 것이 됩니다. 믿음에서 떠나는 일은 잘못된 길에 들어설 때부터 시작됩니다.

하나님을 사랑하는 사람은 물질을 탐하지 않습니다. 기독교는 하나님의 은혜 속에 사는 종교입니다. 하나님은 우리에게 물질의 복, 영적인 복, 건강의 복, 자녀의 복 등 여러 가지를 주시므로 우리는 그것을 다 누릴 수 있습니다. 하나님을 진실로 믿는 경건한 사람은 하나님을 의지하기 때문에 이 땅의 물질을 우상으로 삼아서 그것을 따르지 않습니다. 살아계신 하나님 앞에서 살면서 하나님을 바라보는, 하나님이 기뻐하시는 자녀에게 온 우주의 주인이신 하나님이 물질을 주실 것을 믿기 때문입니다.

선한 싸움을 싸우라

11절 "오직 너 하나님의 사람아." 이것은 원래 구약의 예언자를 가리켰던 말입니다. 사도 바울은 디모데가 하나님의 말씀을 위임받은 사람이므로 이 말을 사용합니다.

사도 바울이 디모데에게 말할 때, 그가 사용한 "하나님의 사람"이라는 표현은 실제라고 생각합니다. 성경을 보면 구약 시대의 선지자들을 다 하나님의 사람이라고 칭하지 않습니다. 하나님의 사람이라는 말을 들을 때에는 그의 계획, 생각, 행동이 하나님 중심이라는 것입니다. 그리고 하나님의 함께하심이 능력과 권세로 나타나야 합니다. 즉 바울은 디모데가 하나님의 사람으로서 인침받았음을 알고 있었던 것입니다. 바울이 디모데를 제자로 삼아 훈련하였기 때문에 그가 목사가 되고 유력한 인물이 된 것이 아닙니다. 디모데에게 이미 훌륭한 면이 있었기 때문에 바울이 그를 선택하고 제자로 삼은 것입니다. 가장 중요한 것은 하나님이 인정해주시는 것이지만, 사람들에게도 인정받는 사람이 되어야 합니다. 교회 안에서 성도들 간에 서로 권면할 때도 당신은 하나님의 사람이라고 이야기해줄 수 있는 자격을 스스로 갖추어야 합니다. 자신이 하나님의 사람인지 스스로 점검하고 인정받을 만한 자격을 갖출 때, 다른 사람들이 인정해줄 것입니다.

"이것들을 피하고 의와 경건과 믿음과 사랑과 인내와 온유를 따르며." 하나님의 사람은 "이것들을 피하라"고 했는데, 여기서 "이것들"은 앞에서술된 것처럼 탐욕입니다. 탐욕은 경건과 정반대입니다. 경건은 하나님 앞에서 사는 것이지만, 탐욕은 하나님을 잃어버리고 세상을 바라보며 세상에서 무엇을 얻으려고 애쓰는 행위입니다. 그래서 성경은 탐욕과 경건을 서로 대칭으로 놓고 비교합니다. 하나님이 허락하시지 않은 것을 과도하게 내 것으로 만들어 소유하려고 하는 탐욕을 피하라는 것입니다. 탐욕을 피해야 정상적인 믿음의 여정을 시작할 수 있습니다. 가장 중요한 전투를 할 때 다른 관심사에 주의를 빼앗기지 않도록 조심해야 합니다(아타나시우스).

이 구절은 피해야 하는 것뿐 아니라 따라야 할 것을 알려주고 있습니다. "의와 경건"은 쌍둥이 관계라고 할 수 있습니다. 의는 바른 것이고, 경건은 하나님 앞에 서는 삶입니다. 하나님 앞에 서는 사람이 경건하지 않거나 의롭지 않을 수 없습니다. 의의 근본은 하나님이므로 하나님을 잘 믿는 경건한 사람은 바른 것을 따라가게 되어 있습니다.

그다음에는 "믿음과 사랑"이 있습니다. 믿음은 디모데전서 4장 12절에도 나오는데, 하나님이 원하시는 길을 순종함으로 가는 것입니다. 성도는 하나님을 사랑하기 때문에 그 길을 기쁨으로 걷습니다. 사랑 없는 믿음은 죽은 믿음이고, 믿음 없는 사랑은 생명이 없는 사랑입니다. 아내가 남편을 믿고, 남편이 아내를 믿으니 함께 한 집에 사는 것과 같습니다. 부부나 가족이 서로를 믿지 않으면 한 지붕 아래 거할 수 없습니다. 여기서 믿음과 사랑이 깊은 관계에 있음이 드러납니다. 그래서 믿음과 사랑은 같은 행보를 합니다.

"인내와 온유" 역시 쌍둥이 관계입니다. 인내는 하나님을 바라보며 어려움을 참는 것입니다. 믿음으로 사는 삶에 시련과 고통이 몰려오기도 합니다. 그런데도 온유함을 잃지 않고 인내하는 것은 훌륭한 모습입니다. 하나님의 사람은 어떤 상황에서도 넘어지거나 좌절하지 않고 인내합니다. 온유한 마음이 없으면 인내할 수 없습니다. 온유한 마음은 주님을 바라볼 때 생깁니다. 자신의 마음은 가시가 찌르는 것 같고 답답하지만 주님께 다 맡기고 온유한 마음을 품을 때 마음에 평화가 임하고 인내할 수 있습니다. 이런 과정을 통해 하나님을 깊이 생각하고 하나님을 바라보면 의와 경건, 믿음과 사랑, 또 인내와 온유를 잘 실천할 수 있는 사람이 됩니다. 하나님과 깊이 사귀면서 하나님이 주시는 힘으로 계율을 지켜 나가는 것이 원리이며, 하나님이 주시는 힘과 능력 없이 인간의 힘으로 법을 지키려고 안간힘을 쓰게 되면 율법주의가 되기 쉽습니다.

12절 "믿음의 선한 싸움을 싸우라 영생을 취하라." 성도가 주의 나라를 위하여 앞으로 나아갈 때에는 믿음의 선한 싸움을 싸워야 합니다. 이 싸움은 세상에서 명예나 물질을 얻으려고 하는 것이 아닙니다. 오직 하나님이 원하시는 영생을 얻기 위한 싸움입니다.

"영생을 취하라." 여기서 영생은 영원히 사는 것이며, 성도는 이 땅에 육체가 묻히지만 영혼은 천국에서 영원히 삽니다. 그런데 영생은 거저 주어지는 것이 아니고 선한 싸움을 싸워서 이겼을 때 소유할 수 있습니다. 영생은 하나님이 우리에게 주시는 것이지만, 영생을 취하려는 적극적 행동은 사람에게 달려 있다는 말씀입니다. 구원과 영생을 얻는 것을 요한계시록은 "이기는 자"라고 표현하는데 이와 연관이 있습니다. 싸우는 방법도 시기, 질투, 모함이 배제된 순수한 열정입니다.

"이를 위하여 네가 부르심을 받았고 많은 증인 앞에서 선한 증언을 하였도다." 믿음의 선한 싸움을 싸우고 영생을 취하는 일을 위해 디모데가 부르심을 받았고 많은 사람 앞에서 선한 증언을 하였다고 합니다. 디모데는 목사 안수를 받으며 수많은 사람 앞에서 사명을 감당할 것을 약속했습니다. 그리고 그동안 여러 곳에서 하나님의 부르심에 대하여, 진리에 대하여 설교도 많이 했을 것이므로 이를 가리킨다고 볼 수 있습니다.

13절 "만물을 살게 하신 하나님 앞과 본디오 빌라도를 향하여 선한 증언을 하신 그리스도 예수 앞에서 내가 너를 명하노니." 여기서 두 가지가 나옵니다. 첫 번째는 만물을 살게 하시는, 즉 생명을 가지고 계시는 하나님에 대하여 나옵니다. 두 번째는 본디오 빌라도를 향하여 선한 증언을 하신 그리스도가 나옵니다. 예수님은 하나님 앞에서 자신의 죽음과 부활에 대한 계획을 들으셨고 하나님의 계획에 따라 순종하셨습니다. 하나님은 영적으로 성도에게 생명을 주시는 분이고, 빌라도는 공적인 신분의 사람인데 예수님을 죽였습니다. 예수님은 최후의 재판에서 빌라도가 "네가 그리스도냐"라고 물었을 때 분명히 그렇다고 인정하셨습니다. 재판을 받는 피고가 자신의 신분을 공적인 자리에서 정확하게 밝힌 것입니다. 주님은 진정으로 만왕의 왕이시며 그리스도이십니다. 하나님은 생명을 주장하시는 분이니 구원 계획에 따라 예수 그리스도를 살리신 것입니다. 바울은 하나님과 그리스도 앞에서 디모데에게 이처럼 깊이 있는 교훈을 말합니다.

14절 "우리 주 예수 그리스도께서 나타나실 때까지 흠도 없고 책망 받을 것도 없이 이 명령을 지키라." 사도 바울은 디모데에게 예수 그리스도가 나타나실 때까지 이 명령을 지키라고 합니다. 성도가 죽으면 천국에 가서 주님을 만나기 때문에 그리스도가 나타나시는 것이 되고, 아니면 살아있는 동안 그리스도가 재림하신다면 죽기 전에라도 주님을 만나는 것입니다. 이 땅에 주님의 재림을 기다리는 사람이 많습니다. 재림을 기다리는 성도는 먼저 자신을 거룩하게 해서 신부의 모습을 갖추어 준비해야 합니다. 또한 성도는 살아있을 때 주님 앞에서 많은 열매를 맺어야 합니다. 그리고 세상과 싸워 승리를 쟁취해야 합니다. 무엇보다 주님이 오시든지 아니면 성도가 죽어서 주님을 만나게 되든지 흠도 없고 책망받을 것도 없는 사람이 되라고 말씀하시는 것입니다. 하나님의 사람은 주님 앞에서 항상 자신을 점검하여 흠과 책망받을 것은 없는지 살피고 항상 전진하는 삶을 살아가야 합니다. 여기에서 명령을 지키라는 말은 목회법을 지키라는 뜻입니다.

15절 "기약이 이르면 하나님이 그의 나타나심을 보이시리니 하나님은 복되시고 유일하신 주권자이시며 만왕의 왕이시며 만주의 주시오." 때가 되면 하나님이 예수 그리스도를 보내신다는 말씀입니다. 하나님은 복의 근원이시고 온 세상을 통치하시는 분입니다. 또한 만왕의 왕이시므로 이 세상 어느 왕도 하나님께 복종해야 합니다. 하나님과 비교할 만한 사람도 신도 없습니다.

16절 "오직 그에게만 죽지 아니함이 있고 가까이 가지 못할 빛에 거하시고 어떤 사람도 보지 못하였고 또 볼 수 없는 이시니 그에게 존귀와 영원한 권능을 돌릴지어다 아멘." 이 세상에 죽지 않는 동식물은 없습니다. 수명이 천년인 나무도 있지만, 그 나무도 마지막 날이 있습니다. 살아있는 모든 존재는 언젠가 생명의 끝을 맞이합니다. 그러나 성부 하나님은 죽지 않으십니다. 그렇기 때문에 인생에게 영생을 주실 수 있습니다. 하나님은 어둠도 없으시고 죄도 없으신 빛의 본체이시므로 죄 있는 인간은 그 빛에 가까이 갈 수 없습니다. 그 빛의 본체는 어떤 사람도 볼 수 없습니다. 천국을 가보았거나 하나님을 체험한 사람이라도 그분의 형상을 보는 것은 어렵습니다. 하지만 하나님이 은혜를 부어주시면 그분께 가까이 다가갈 수 있고, 복된 깨우침을 받습니다(카시오도루스). 인생은 하나님께 존귀와 영원한 권능이 있음을 인정하고 영광을 올려드리며 감사해야 합니다.

정함이 없는 재물

17절 "네가 이 세대에서 부한 자들을 명하여." 이 세대, 즉 디모데가 활동하고 있는 시대를 말합니다. 그 당시에 부한 사람이 많았다는 것인데, 그런 사람들에게 명하라는 것입니다. 디모데가 그런 사람들을 따라가거나 의지하지 말라는 것입니다. 여기에서 "명하라"는 말은 "가르치라"는 것이 아니고 "명령하라"는 것입니다. 바울은 40세가 채 안 된 디모데에게 목사로서 교회에서 강하게 명하라고 충고합니다. 지도자는 부드럽게 말해야 할 때도 있고, 강하게 말해야 할 때도 있습니다.

"마음을 높이지 말고." 마음을 높인다는 것은 교만하다는 것입니다. 사람은 누구도 교만해서는 안 됩니다. 남들보다 부하거나, 혹은 명문 학교를 나왔거나, 혹은 큰 기업을 운영하는 경우 그 사람은 교만해질 수 있습니다. 많은 것을 소유했는데도 겸손한 사람은 많지 않습니다. 교회에서도 마찬가지로 부해지면 저절로 교만해지고, 더 부해지려고 애를 쓰며, 자신과 비교하여 못 미치는 사람은 무시하는 일들이 있습니다. 성도는 이런 교만한 일을 삼가야 합니다. 부유한 사람이 소유한 부는 그에게 오만해지라고 듣기 좋게 속삭입니다(아우구스티누스). 정반대로 자랑할 것이나 내세울 것이 없는 사람이 교만하게 행동하는 경우도 있는데, 그것은 자존감은 없고 자존심만 있기 때문입니다. 그 원인은 보통 열등감입니다. 그래서 남들 앞에서 겉으로는 호언장담하고 목소리를 높이지만, 속으로는 자기 자신이 문제가 많은 초라한 존재임을 압니다. 그래서 더욱 크게 보이려고 애를 씁니다.

"정함이 없는 재물에 소망을 두지 말고." 디모데전서 6장은 지금까지 물질에 대해 상당히 많은 이야기를 하고 있습니다. 기독교는 물질 문제를 애써 외면하지 않습니다. 물질의 성격을 정확히 알고 얻는 법과 사용하는 법에 관심을 가져야 합니다. 정함이 없는 재물에 소망을 두지 말라는 것은 물질이 어떤 사람이나 가문에 계속 머물러 있다는 보장이 없다는 의미입니다. 이 땅에서는 가난했던 사람이 부하게 되고, 부유하게 살다가 가난해지는 일들이 많이 일어납니다. 물질은 한 자리에 기둥처럼 뿌리박혀 있는 것이 아니라 유동성이 있습니다. 우리가 아무리 붙잡고 있으려고 해도 이동하거나 빠져 나가기도 하는데 그 이유가 다양합니다. 전쟁이나 정치적 변동으로, 또 사업 실패나 배신을 당하여 손해를 보는 등 여러 변수가 있습니다. 물론 하나님의 진노하심이나 사탄의 역사가 가장 큰 이유일 것입니다. 재물에 마음을 두면 상심하기도 하고 죄를 짓기도 합니다.

"오직 우리에게 모든 것을 후히 주사 누리게 하시는 하나님께 두며." 마음을 물질에 두지 말고 하나님께 두라는 것입니다. 이 세상에서 살아가는 동안 물질이 필요하므로 경제적인 약자가 될까 걱정할 수 있습니다. 세상 사람들은 물질을 위해 치열하게 싸우고 있는데 그런 풍토 속에서 물질을 얻고자 노력하지 않는다면 사회적으로 도태될 수 있습니다. 그러나 하나님은 우리에게 모든 것을 후히 주사 누리게 하시는 분이라고 성경은 말씀합니다. 하나님은 물질, 명예, 건강, 가정 등 성도가 바라는 것을 포함하여 모든 것을 주시는 분입니다. 하나님은 당신을 믿는 백성이 이 땅에서도 하나님 나라를 경험하며 하나님의 복된 자녀로 살기를 원하십니다. 성도가 구하는 물질은 하나님이 성도에게 주시는 모든 것의 일부일 뿐입니다. 그런데 사람들은 미련하게도 하나님께 좋은 것을 얻으려 하지 않고 오직 물질만 따라간다는 것입니다.

또 여기서 "누리게" 하신다는 말이 나옵니다. 하나님은 이 세상을 좋아하지 말고 육신의 것을 따라가지 말라고 하시는데, 하나님이 모든 것을 누리게 하시는 분이라는 말과 상충되는 것처럼 보일 수 있습니다. 모든 것을 누린다는 말의 의미는 우리가 방종하면서 마음대로 쾌락을 누리며 살아도 된다는 뜻이 아닙니다. 그것은 성도가 하나님의 품에서 하나님이 주시는 모든 것을 함께한다는 뜻입니다. 하나님은 성도가 가난해지는 것을 원하지 않으십니다. 하나님은 이 땅에서 성도가 사회적 약자가 되어 업신여겨지고 천하게 살기를 바라지 않으십니다. 우리에게 후히 주시는 분이니 우리가 원하는 것을 넉넉히 주셔서 누리게 하십니다. 성도가 회개하지 않으면 환란도 있고 어려움도 있으며 마귀의 훼방도 있지만, 회개하여 죄가 떠나고 하나님과의 관계가 회복되면 하나님의 축복이 삶에 임합니다. 그러나 이 말씀은 예수님을 믿는다고 해서 바로 이루어지는 것이 아닙니다. 성도가 회개하여 거룩해지고 늘 하나님을 바라볼 때 정해진 시점에 역사합니다. 처음에 성도가 확신이 서지 않아도 이 말씀을 믿고 주님을 바라보며 끝까지 나아가면 하나님은 이 말씀 그대로 성도에게 이루어지도록 해주십니다. 자신이 말한 대로 살아온 바울이 이제 디모데에게 물질 문제에 대해 교회에서 분명히 가르칠 것을 요청하는 것입니다.

18절 "선을 행하고 선한 사업을 많이 하고 나누어 주기를 좋아하며 너그러운 자가 되게 하라." 바울이 디모데에게 또 성도가 해야 할 일들을 가르쳐줍니다. 경제적으로 넉넉하면 지식도 갖추고 권세도 갖기가 쉽습니다. 이런 것을 다 소유하고 있던지 또는 일부만 가지고 있던지 그 부함을 가지고 선을 행하라는 것입니다. 물질을 가졌다면 물질로 선한 일을 하고, 권세를 가졌다면 권세로 선한 일을 하라는 것입니다. 권력도 그 자체는 나쁜 것이 아니고 옳은 곳에 사용한다면 좋은 것입니다. 권력은 하나님이 허락하신 것으로 그것을 어떻게 사용하는지가 중요합니다. 잘못 사용하면 하나님이 징계하실 것이고 적절하게 잘 사용하면 상급을 주실 것입니다. 설령 많은 것을 소유하지 못했다 해도 성도는 선한 일을 열정적으로 해야 합니다.

또 나누어주기를 좋아해야 합니다. 주님도 가난하고 약한 사람들을 위해 일하시고 배고픈 자들에게 먹을 것을 나누어주셨습니다. 이것을 의무로 행하면 부담이 됩니다. 만일 지금 당장 나누어줄 것이 부족하지만 앞으로 그런 봉사하는 삶을 살기 원한다면 주님께 물질을 달라고 기도해야 합니다. 또 경제적 능력이 있을 때 그렇게 실천할 수 있도록 목사는 성도를 지도해야 합니다. 상대가 상급자이든, 동등한 위치이든, 또는 구제할 대상이든 항상 사랑의 마음을 갖는 것입니다. 이방인 고넬료는 경건하며 백성을 많이 구제했습니다(행 10:1-2). 욥바에 살던 도르가도 가난한 자들을 위하여 속옷과 겉옷을 지어 구제하였습니다(행 9:36-39).

19절 "이것이 장래에 자기를 위하여 좋은 터를 쌓아 참된 생명을 취하는 것이니라." 18절은 이 땅에 대한 이야기이고, 19절은 하늘에 대한 이야기입니다. 그러므로 "장래"는 노년의 때가 아니라 죽은 이후를 말합니다. 에베소 교회의 부자들은 자신이 갖고 있는 물질이 모두 하나님에게서 왔음을 인식해야 합니다. 또한 섬김과 봉사의 삶을 통해 이 세상의 삶이 아닌 다가올 세상의 삶, 곧 종말론적인 삶을 붙잡을 수 있기 때문에 그렇게 행해야 합니다(마운스). 선을 행하고 나누어주기를 좋아하는 삶을 살면 자기를 위해 천국에 좋은 터를 쌓고 참된 생명을 취하게 됩니다. 구제를 해야 천국에 간다는 말은 아니지만 선한 행위를 통해 하나님의 상급을 받을 수 있기 때문입니다. 사도 바울은 그 영혼이 하늘의 삼층천을 다녀와 천국에 대해서는 통달한 사람이므로 이렇게 천국에 대해 자신 있게 말하는 것입니다. 이 땅에서 섬김의 삶을 살 때 하나님은 하늘나라에서 우리의 집을 아름답게 장식해주십니다.

"참된 생명"은 하늘에 속한 생명을 말합니다. 성도가 주님을 섬기다가 죽으면 그 영혼은 천국에 올라가고 그 생명은 영원히 살게 됩니다. 즉 하나님이 허락하신 영원한 생명을 취할 것이라는 말씀입니다. 영원히 사는 생명은 저절로 얻어지는 것이 아니라 취하여 얻는 것입니다. 다른 말로 하면 노력하고 수고해야 얻는다는 것입니다. 물질이 있는 사람은 물질로, 권력이 있는 사람은 권력으로, 말씀을 가진 사람은 말씀으로, 영적인 것을 가진 사람은 영적인 것으로 자신의 소유를 이웃과 나눌 때 그것이 천국에서 자신의 생명을 얻는 재료가 됩니다. 많이 베풀고 나눈 사람이 하늘에서 영적인 생명을 취하고 훌륭한 터를 취할 수 있습니다. 그래서 어떤 학자는 "좋은 터를 쌓아"라는 말씀을 "좋은 터를 넓힌다"고 해석합니다. 쌓는다고 하면 어딘가 정해진 곳에 쌓아지는 것을 생각합니다. 그러나 이것은 하늘나라에서 봉사한 만큼 자신의 장막을 확장해 나가는 의미입니다. 그러므로 사람마다 천국 집의 규모는 큰 차이가 날 수밖에 없습니다.

하나님은 성도에게 모든 것을 후히 주시고 또 누리게 하십니다. 하나님은 인생이 만족한 삶을 살기를 원하시는 분임을 알아야 합니다. 그런데 하늘나라와 그곳에서 이루어질 일을 보지 못하고 이 땅의 것을 얻으려고 쫓아가고, 그 얻은 것을 움켜쥐는 행동은 어리석은 일입니다. 물질을 좇아 달려가는 사람은 평안, 행복, 친구 등 많은 것을 잃어버릴 수 있습니다. 무엇보다 천국에 있는 터와 생명을 잃어버릴 것입니다.

네게 부탁한 것을 지키라

20절 "디모데야 망령되고 헛된 말과 거짓된 지식의 반론을 피함으로 네게 부탁한 것을 지키라." 하나님의 사람은 피할 것이 있고 지켜야 할 것이 있다는 것을 가르쳐줍니다. 신앙생활을 해나갈 때 고민되는 부분이 많습니다. 각 나라마다 교회가 세워져 있지만, 각 교회에서 가르치는 진리의 말씀이 일치하지 않고 충돌하는 부분이 있기 때문입니다. 교단과 신학교에 따라 또는 목회자 간에도 차이가 납니다. 그래서 참 진리가 어느 것인지를 고민하게 됩니다. 하지만 하나님은 모든 사람에게 똑같은 내용의 은혜를 주시는 것이 아님을 서로 인정해야 합니다. 하나님이 각 사람에게 주시는 은혜의 분량과 방향도 다 다릅니다. 성경을 보는 시각과 세계관이 사람마다 다르고 살아온 환경도 다르므로, 가르치는 모든 사람이 획일적으로 같을 수 없습니다.

어떤 특정한 신학자나 목회자가 진리의 모든 영역, 하나님의 통치와 섭리를 다 알 수 없습니다. 어떤 가르침이 있을 때 그것이 성경적인가, 아니면 성경에서 언급되지는 않았지만 하나님의 의도에 맞는가를 살펴보아야 합니다. 성경은 세세한 부분까지 모든 것을 말하고 있지 않습니다. 교과서의 개념이라고 할 수 있습니다. 그래서 수많은 사람이 연구한 참고서가 나올 수 있는데, 그 가르침은 성경이 말하고자 하는 것에서 벗어나면 안 된다는 것입니다. 사람마다 성경을 보는 눈에 차이가 있을 수 있는데, 개인이 이미 습득한 성경 지식은 완전한 것이 아니며 더 깊은 내용이 있을 수 있습니다. 그 사람의 영적, 지적 수준에 따라 하나님의 비밀을 더 깊고 넓게 드러내 보일 수 있습니다.

사도 바울은 본문에서 망령되고 헛된 말과 거짓된 지식의 반론을 피하라고 가르칩니다. 그 당시에는 하나님의 뜻과 전혀 관계도 없고 성경적이지도 않은 이야기로 밤을 지새우는 사람들이 있었습니다. 그들이 자랑하는 지식은 거짓되고 허황된 것이 대부분이었습니다. 그러면서도 진리를 거스르면서, 하나님의 진실한 종인 디모데에게 불순종하고 반기를 들 수도 있습니다. 교회 안에서 지도자 위치에 있는 사람이 이런 엉뚱한 것을 가르친다면 막아야 하고 피해야 합니다. 지위가 있고 지식이 많은 사람이 교회에서 가르치는 것이므로, 학생의 위치에 있는 사람은 그런 사람과 변론하지 말고, 그가 교회에서 가르치는 것을 막을 수 없으므로 차라리 피하는 편이 좋습니다. 교회가 이런 상황에 놓인다면 교회의 책임자인 디모데는 난감한 상황에 빠질 수 있습니다. 진리에 서있지도 않으면서 소피스트같이 논쟁을 좋아하는 사람이 있으면 아무리 진리를 드러내도 승산이 없습니다. 상대를 인정하지 않고 상대의 말을 듣지도 않으면서 일방적으로 자신이 아는 얕팍한 지식에 근거한 주장을 하는 사람과는 대화할 수 없습니다. 그런 사람들은 교회 안에 있는 사람일지라도 피해야 합니다. 성도에게는 교회의 가르침에 순종해야 할 의무가 있지만, 비진리를 피할 권한도 있습니다. 가르침을 거부하거나 다른 교회를 선택할 수도 있습니다.

성도들에게는 의무만 있는 것이 아니라 양심과 신앙의 자유가 있고, 선택의 권리도 있습니다. 사도들이 세상을 떠나자 사이비 지식을 전하는 이단 교사들의 무리가 나타납니다(카이사리아의 에우세비우스).

21절 "이것을 따르는 사람들이 있어 믿음에서 벗어났느니라 은혜가 너희와 함께 있을지어다." 그런데 망령된 것, 헛된 것, 거짓된 가르침을 피하지 않는 성도들이 있었습니다. 그 가르침에 유혹되어 넘어간 사람들이 나타납니다. 상대가 천사라도 좋아하지 않는 사람이 있고, 상대가 조폭이라도 추종하는 사람이 있다는 말이 있습니다. 이처럼 아무리 진리를 증거하고 옳은 일을 하는 사람이라도 반대하는 사람이 있습니다. 또 아무리 흉악한 사람이라도 지지하고 따르는 사람이 있습니다. 그것이 영적 원리입니다. 그러나 끝은 있습니다. 잘못된 가르침을 따라가는 사람들의 결과를 보니 믿음에서 벗어난 것을 발견하게 됩니다. 허황된 말을 들으면서도 그것이 좋아 보였는데 결국 믿음생활에서 떠나는 결과를 초래한 것입니다. 바울은 이런 상황을 수도 없이 목격하였을 것입니다.

망령되고 거짓된 가르침에 대해서는 앞에서 계속 살펴보았는데, 디모데전서 1장 3절에서 11절까지가 그 핵심입니다. 바로 다른 교훈과 신화와 끝없는 족보에 몰두하는 것입니다. 대부분 유대인은 예수 그리스도를 무시하고 주님을 증거하지 않았습니다. 교회에 나오는 유대인이라도 자기가 아브라함의 후손이라는 생각에 사로잡힌 채 조상들의 자랑과 근거 없는, 만들어낸 말에 깊이 빠져 있었습니다. 랍비들의 책에는 그런 이치에 맞지 않는 내용이 많았습니다. 성경에 기록된 내용도 아니고 성경에 근거한 진리의 해석도 아닌 허황된 이야기를 하면서 자기 민족의 훌륭함을 강조하고 싶어 합니다. 초대교회 안에 이런 사람이 많았고, 아무도 그것을 가르치지 못하게 해야 했습니다. 만일 제재할 수 없다면 피하라는 것입니다.

교회에서 가르치는 교훈과 율법의 목적은 청결한 마음, 선한 양심, 거짓이 없는 믿음을 위한 것입니다. 이것이 빠진 것은 율법도 아니고 교훈도 아닙니다. 그리고 잘못된 교훈을 가르치는 스승들은 자기가 무엇을 가르치는지도 모르고 무엇을 확증하는 것인지도 깨닫지 못하고 있었습니다. 교회의 율법은 범죄한 사람에게 거울의 역할을 합니다. 성도가 죄를 깨닫고 자신을 깨끗하게 하려고 노력할 수 있도록 만들어주는 것이 율법입니다. 하나님의 사람들을 깨끗하게 하는 것이 교회가 할 일이고, 이것이 율법의 목적입니다. 하나님을 믿는 믿음을 지키고, 율법을 보면서 살아갈 방법을 찾아 진리 가운데 서나가야 합니다. 교회는 거룩해져야 합니다.

디모데후서

2 TIMOTHY

개론

디모데후서도 디모데전서와 마찬가지로 사도 바울이 기록한 말씀입니다. 사도 바울이 디모데에게 한 통의 서신을 써서 보낸 다음, 어느 정도 시간이 경과한 뒤 다시 서신을 보냈습니다. 그래서 이것을 디모데후서라고 합니다. 대사도인 사도 바울이 영적인 아들이며 최초의 목사인 디모데를 위해 그의 모든 신학과 진심이 담긴 글을 기록했습니다.

이 글은 사도 바울이 하나님 나라를 위해 자기에게 맡겨진 일을 다 감당하고 이제 잠시 후면 순교하여 이 세상을 떠나 하늘나라로 올라갈 텐데, 그 전에 마지막으로 쓴 글입니다(필립 샤프). 젊은 시절에 쓴 글보다는 인생의 마지막 때에 쓴 글에 교훈적 내용이 훨씬 더 많이 담길 수밖에 없습니다.

사도 바울이 교회에는 두 번 편지를 보낸 일이 있지만, 개인에게 두 번 편지를 보내는 것은 드문 일입니다. 사도 바울은 사역하는 동안 수많은 사람을 만났을 텐데, 그중 디모데에게 특별한 관심을 기울이고 있습니다. 디모데에게는 참으로 영광스러운 일입니다.

바울은 편지에 중요한 내용을 많이 담았는데, 무엇보다 목사와 성도가 알아야 할 삶의 규범들에 대한 내용을 담았습니다. 우리는 저마다 교회의 일꾼, 가정의 구성원으로서 위치와 직분이 있습니다. 그것을 유념하여 자신의 위치와 직분에 맞게 살아야 합니다. 목사도 알아야 할 것, 준비할 것이 많습니다. 또한 힘난한 일도 많이 만나게 되는데, 그에 대처하는 방법을 잘 알아야 합니다. 그렇지 못하면 중도에 좌절하고 낙망할 수 있습니다. 디모데는 교회의 지도자로서 갖추어야 할 것이 많았을 것입니다. 교회의 지도자는 하나님에 대해 잘 알아야 하지만, 성도들의 신앙생활을 인도하고 예의와 교양과 인격이 있는 사람들로 양육해나갈 수 있도록 자신이 먼저 자격을 갖추어야 합니다. 이 시대에도 주의 종이 될 사람은 많은 지도를 받아야 합니다. 교회 안에서, 신앙의 선배들에게서, 또한 신학교와 같은 교육 기관에서 배워야 합니다.

하나님의 사람은 쉽게 만들어지지 않습니다. 많은 말씀과 기도와 가르침이 종합되어 한 사람이 서게 됩니다. 한 사람의 제자를 양육하려면 수많은 시간이 필요합니다. 한 사람이 이 땅에 태어나 여러 사람을 통해 교육을 받고 사회에 진출하여 독립하기까지는 오랜 시간이 필요합니다. 이와 달리 소나 양, 말 같은 짐승은 어미에게서 태어나자마자 바로 서고 뛰어다닐 수 있습니다. 그러나 그들은 빠르게 성장하고 빠르게 죽습니다. 하나님의 사람은 오래도록 주의 일에 힘써야 하므로 준비할 것이 많습니다. 바울은 지금까지 디모데에게 많은 것을 가르쳐주었지만, 다시 이렇게 편지를 써서 영적으로 준비할 것, 학식과 인격 등에 대해 가르치고 있는 것입니다.

교회를 섬겨나가는 것, 진리를 따라가는 것은 쉬운 일이 아닙니다. 이런 것을 제대로 배우지 못하면 목사로서, 주님의 몸 된 교회를 섬겨나가는 사람으로서 여러 가지 문제에 부딪힐 수 있음을 우리는 디모데후서를 통해 알 수 있습니다.

이번 편지는 디모데에게 새로운 내용을 가르치려는 것이 아니라 그동안 가르쳤던 것을 요약해서 다시 말해주는 것입니다. _2 TIMOTHY

2 TIMOTHY

1장

사랑하는 아들 디모데

1절 "하나님의 뜻으로 말미암아 그리스도 예수 안에 있는 생명의 약속대로 그리스도 예수의 사도 된 바울은." 사람은 자기 자신에 대해 이야기할 때 자신이 어떤 사람인지 정확하게 말해야 합니다. 특히 공동체 안에서는 서로의 신뢰를 위해 솔직히 말하는 것이 좋습니다. 바울은 편지를 쓰고 있으니 편지를 받는 사람에게 자신을 밝히는 것이 당연합니다. 서로 간에 신뢰가 쌓이지 않는다면 여러 문제가 발생할 소지가 있습니다.

바울은 자기 자신에 대해 "그리스도 예수의 사도 된 바울"이라고 하였습니다. 예수 그리스도가 자신을 사도로 불렀다는 말입니다. 당시 바울은 자신의 신분을 나타낼 여러 조건이 있었는데, 자신이 로마 시민이고 부유한 집안의 사람이라는 것과 그 밖의 여러 가지로 표현할 수 있었지만, 오직 예수 그리스도의 사도라는 것만 말했습니다. 자신이 세상에서 좋은 직책에 있거나 유리한 고지를 점하고 있을 수 있지만, 그럼에도 자신의 정체성에 대해 오직 그리스도 앞에 서있는 것만을 말합니다.

바울이 서두에서 그리스도 예수의 사도라고 한 것은 자랑하려는 의도가 깔려있는 것이 아니라 자신은 편지를 써서 권고할 정도로 자격이 있다는 것을 말하고자 하는 것입니다. 바울은 하나님 앞에서, 사람들 앞에서 자격을 갖춘 사람입니다. 주님 나라를 위해 희생하였고 어디를 보아도 부족함이 없는, 사도로서 자격이 충분히 있습니다. 그래서 디모데와 부자관계를 맺었는데, 바울과 디모데는 아버지와 아들이 될 자격이 있을 만큼 훌륭하므로 그런 관계를 맺은 것입니다.

바울은 자신이 "하나님의 뜻으로 말미암아" 사도가 되었다고 하였습니다. 하나님이 만세 전에 예정하시고 계획하셔서 바울이 사도가 된 것입니다. 바울이 그 위치가 탐나서 택한 것도 아니고, 누가 추천했거나 우연히 그렇게 된 것도 아닙니다. 이런 사람이 진정한 사도라고 할 수 있습니다. 누군가가 목사가 되고 교회 직분자가 될 때 하나님의 뜻으로 되어야 정상입니다.

바울은 "그리스도 예수 안에 있는 생명의 약속대로"를 "그리스도 예수 안에 있는 약속대로"라고 해도 되는데, 그 앞에 "생명의"라는 수식어를 사용하였습니다. 그것은 기독교의 핵심이 생명이기 때문입니다. 우리가 이 땅에서 하나님이 허락하신 영적 생명을 소유하여 하나님의 자녀가 되고, 죽어서 하늘나라에 가서도 생명을 얻어 영원히 사는 것이 기독교의 핵심인 것입니다. 인생을 사는 동안 생명을 얻고 구원을 얻는 것보다 더 큰 소망은 없습니다. 그래서 생명을 얻게 하는 약속이 중요하며, 생명을 가진 자만이 다른 사람에게 생명을 줄 수 있습니다. 그런데 이 생명은 오직 예수 그리스도만이 원천이시기 때문에 예수 그리스도만이 인생에게 생명을 주실 수 있고 우리를 구원하셔서 하늘에서 영원히 살도록 해주실 수 있습니다.

2절 "사랑하는 아들 디모데에게 편지하노니." 바울은 결혼하지 않아서 자녀가 없었는데 디모데를 아들이라고 한 것은 그를 제자로 삼았지만 믿음이 훌륭함으로 부자관계를 맺었기 때문입니다. 그런 관계를 맺었다 해도 오래 지속되는 것은 어렵습니다. 그런데 바울과 디모데는 끝까지 관계가 이어졌습니다. 바울이 아들로 삼은 사람이 디모데와 디도(딛 1:4) 외에 또 있는지 알지 못하지만, 설령 있다 하여도 소수일 것입니다. 그리고 바울은 디모데를 사랑하여 이렇게 편지를 보냈습니다. 바울은 기독교 2천 년 역사상 가장 훌륭한 인물이라고 할 수 있습니다. 철학자들이나 역사가들도 훌륭한 인물로 평가합니다. 그런데 그런 사람의 아들이 된 디모데도 상당한 수준인 것을 알 수 있습니다. 사도 이후, 기독교를 이어갈 만한 사람이기 때문에 그를 세운 것입니다. 위대한 사람에게 뒤를 이어줄 최고의 후계자가 있다는 것은 영광이고, 그런 훌륭한 사람의 뒤를 따를 수 있다는 것도 영광스러운 일입니다. 이런 훌륭한 사람들이 함께 당시의 교회를 섬겼다는 것이 정말 대단해 보입니다.

"하나님 아버지와 그리스도 예수 우리 주께로부터 은혜와 긍휼과 평강이 네게 있을지어다." 아버지는 아들에게 좋은 것을 기꺼이 제공해 주어야 합니다. 바울은 아들 된 디모데에게 하나님 아버지와 그리스도 예수 우리 주께로부터 내려오는 은혜와 긍휼과 평강을 빌어주고 있습니다. 그 당시에는 전쟁이 많았고 여러 질병과 기근으로 죽는 경우도 많았으므로 아무 사고 없이, 건강하게 사는 것은 정말 중요한 일이었을 것입니다. 고대 사회에서는 여러 이유로 평균 수명이 낮았습니다. 인류 역사상 지금처럼 장수하는 시대는 없었다고 합니다. 그래서 바울은 디모데에게 은혜와 긍휼과 평강이 임하기를 기도하였습니다. 그러나 그 복이 그 누구도 아닌 오직 주님에게서 오기를 바랐습니다. 사람은 서로서로 좋은 것을 주기 어렵습니다. 진심으로 나누고 싶어도 환경이 따라주지 않기 때문입니다. 그래서 성도는 세상을 살아갈 때 믿고 의지할 분은 예수 그리스도밖에 없다는 것을 깨달아야 합니다. 특히 지도자는 모든 일은 결국 하나님이 하신다는 것을 인정해야 합니다. 바울은 위험에 처한 디모데가 흔들림 없이 진실할 수 있도록 그의 마음을 안정시켜주기 위해 편지를 씁니다(테오도레투스).

거짓이 없는 믿음

3절 "내가 밤낮 간구하는 가운데 쉬지 않고 너를 생각하여." 사도 바울은 밤낮으로 기도하는 사람인 것을 알 수 있습니다. 바울은 기도와 말씀 속에서 온전히 주님께 집중한 하나님의 사람입니다. 바울은 밤낮 장시간 기도하며 쉬지 않고 아들 디모데를 생각하였습니다. 육신이 아닌 믿음으로 낳은 아들인데도 늘 관심을 가진 것입니다. 어떤 사람이 기도하는 중에 우리를 늘 생각해준다는 것은 감사한 일입니다.

"청결한 양심으로 조상적부터 섬겨 오는 하나님께 감사하고." 이것은 바울과 디모데 모두에게 해당하는 말입니다. 너도 나도 이런 모습으로 살았다는 것입니다. 하나님을 섬길 때 하나님을 믿고 구원받겠다는 마음이 아닌 불의한 마음을 가질 수 있습니다. 진정성이 의심받을 만한 마음으로 교회에 입교한 사람이 있는 것입니다. 바울은 청결한 양심을 강조합니다. 진정한 믿음은 어둠과 사악함이 없이 진실해야 합니다. 진정한 믿음의 순수성은 처음에는 잘 알 수 없지만, 시간이 지나면 검증이 됩니다. 그래서 성도를 검증할 때 시간을 오래 두고 보면서 점검하고 과정을 지켜보는 것이 좋습니다. 믿음을 가진 기간이 2-3년이어도 좋은 믿음일 수 있지만, 오랜 기간 믿음생활을 한 믿음이 더 좋은 믿음일 가능성이 높습니다. 오랜 기간 검증이 되었기 때문입니다. 기업도 마찬가지로 오래된 회사는 검증이 된 회사입니다. 또한 오랜 기간 끊임없이 소비자가 찾는 상품이라면 믿을 만합니다. 그래서 바울은 조상 적부터 섬겨온 하나님임을 강조하는 것입니다. 그런 하나님을 나도 믿고 너도 믿고 있다는 것이고, 그 하나님께 감사한다고 말합니다.

4절 "네 눈물을 생각하여 너 보기를 원함은 내 기쁨이 가득하게 하려 함이니." 사도 바울은 디모데에게 보고 싶다고 하였습니다. 그것은 바울이 디모데의 눈물을 생각하기 때문이라고 하였습니다. 디모데가 왜 눈물을 흘렸을까 생각해보면 아마도 바울과 헤어질 때 슬퍼했던 모습을 말하는 것 같습니다. 복음을 위해 함께 일했는데 헤어지게 되니 슬펐고, 다시 만나게 된다면 기쁘리라는 것입니다. 사람이 만났을 때 서로 기쁨이 없다면 좋은 관계가 아닐 것입니다. 그러나 언젠가 만나게 되면 기쁨이 가득하겠다고 말한다면 좋은 관계입니다. 기쁨을 줄 수 있는 사람이 많으면 많을수록 좋습니다. 바울은 디모데가 믿음의 사람이고, 그 속에 하나님의 은혜가 있으며, 하나님을 바라보며 섬기는 젊은이라서 좋아하였습니다. 청결한 양심으로 하나님을 섬기는 사람은 자신처럼 청결한 믿음의 사람을 만나면 기쁠 것입니다. 공부를 잘하는 학생은 잘하는 학생끼리, 놀기 좋아하는 학생은 그런 친구들과 가까이 지내기가 쉽습니다. 바울은 디모데를 만나고 아들로 삼은 것이 평생 그의 자랑거리였을 것입니다. 바울은 순교를 기다리며 감방에 있었지만 외로워하거나 슬퍼하지 않았습니다(오스본).

5절 "이는 네 속에 거짓이 없는 믿음이 있음을 생각함이라." 바울이 디모데를 기뻐하는 이유가 나옵니다. 그의 속에 거짓이 없는 믿음이 있기 때문이라는 것입니다. 믿음에도 거짓이 있는 믿음과 거짓이 없는 믿음이 있습니다. 거짓이 80퍼센트이고 진실한 믿음이 20퍼센트에 불과한 사람도 있을 것입니다. 또 거짓이 50퍼센트이고 진실이 50퍼센트인 믿음도 있을 수 있습니다. 이런 경우에는 그의 믿음을 어떻게 평가해야 할지 어렵습니다. 바울은 디모데를 거짓이 없는 믿음으로 인정하였습니다. 대사도이며 신비한 능력이 있는 바울에게 거짓 없는 믿음임을 인정받은 디모데는 대단합니다. 조금 있으면 세상을 떠날 바울은 이 땅의 교회와 성도들이 걱정되었을 것인데, 그러한 때에 거짓 없는 믿음을 소유한 디모데가 교회를 지키고 있으므로 안심이 되고 기뻤을 것입니다. 거짓이 없는 믿음, 이것이 바울이 디모데를 생각하면서 가장 인정하고 있는 부분입니다.

"이 믿음은 먼저 네 외조모 로이스와 네 어머니 유니게 속에 있더니 네 속에도 있는 줄을 확신하노라." 디모데가 가진 믿음의 출처가 나옵니다. 디모데가 가진 대단한 믿음은 외할머니와 어머니에게서 왔다고 합니다. 여기에서 바울은 디모데의 믿음이 그가 시도해서 얻은 것이 아님을 드러냅니다. 이와 함께 아이의 믿음이 부모의 교육으로 자란다는 것도 밝혀줍니다. 바울이 아버지와 할아버지를 거론하지 않은 것은 이스라엘이 모계사회이기 때문이라는 의견도 있지만, 이는 당시에 전쟁이 빈번해서 남자들이 가정에서 부재했기 때문인 것으로 보입니다. 디모데의 경우 어머니가 주로 자녀교육을 담당했기 때문인 것도 있고, 또 아버지가 헬라파 사람인 것도 이유일 수 있습니다. 유대인인 어머니와 외할머니가 더 하나님을 잘 믿는 사람이어서 그렇게 말한 것으로 보입니다.

믿음을 잇는다고 할 때 믿음은 부계나 모계 어느 쪽으로든 상관없이 이어갈 수 있습니다. 믿음이 훌륭한 쪽으로 이어질 수밖에 없습니다. 영적 은혜가 흘러 내려가기 때문입니다. 로이스와 유니게는 단순히 교회를 오래 다닌 수준이 아닌 기본적으로 훌륭한 성도입니다. 바울 사도가 그들의 이름을 열거한 것만 보아도 그녀들의 훌륭함을 알 수 있습니다. 그들에게서 사도급의 아들이 나온 것입니다. 성도가 선조와 같은 믿음을 가지고 있다면 선조가 칭송받을 때 그것은 성도 자신에 대한 칭찬이 됩니다(테오도레투스).

이렇게 디모데는 영적으로 최상위급 가정에서 태어났습니다. 바울도 마찬가지입니다. 영적으로 훌륭한 가문에서 태어난 두 사람은 함께 초대교회를 책임지는 지도자로서 많은 영혼을 건지는 데 앞장섰습니다. 교회사를 보면 훌륭한 사람이 많은데, 그 중 70-80퍼센트의 사람이 훌륭한 가문에서 나왔습니다. 우리나라는 기독교 역사가 오래되지 않아서 오래 믿은 가문이 많지 않고, 오래되었어도 존경받는 가문이 별로 없습니다. 우리가 좋은 가문 출신이든 아니든 하나님 앞에 바로 서기에 힘쓰고, 우리의 자손을 하나님 앞에 드려 귀한 사람으로 사용해달라고 기도해야 합니다.

하나님의 능력을 따라

6절 "그러므로 내가 나의 안수함으로 네 속에 있는 하나님의 은사를 다시 불일듯 하게 하기 위하여 너로 생각하게 하노니." 이 구절을 통해 디모데를 목사로 안수할 때 사도 바울이 안수했음을 알 수 있습니다. 그때 바울은 디모데 속에 하나님의 은사가 있었다고 말합니다. 디모데가 바울에게 안수를 받기 전에, 그리고 바울을 만나기 전에도 은사가 있었습니다. 사람은 태어날 때부터 은사를 갖습니다. 또 성장하는 동안 하나님이 계속 새로운 은사를 주십니다. 디모데가 가지고 있던 은사는 사도 바울이 디모데에게 안수할 때 더욱 강화되고 또 새로운 은사도 임했을 것입니다.

세상에서 일을 하는 사람도 그에 맞는 은사가 필요합니다. 몸으로 일하는 사람은 건강과 힘이 필요하고, 영업일을 하는 사람은 사회성과 사람의 마음을 아는 능력이 필요합니다. 하나님 나라를 위해 일하는 사람은 하나님이 주시는 은사가 있어야 합니다. 이는 일반적인 은사가 아닙니다. 은사는 일반은사와 특별은사가 있는데, 사도 바울은 특별은사에 대해 고린도전서 12장에서 성령의 9가지 은사를 이야기하였습니다. 이 구절에서 바울이 디모데에게 말하는 하나님의 은사는 일반은사와 특별은사 그리고 목사에게 필요한 은사를 모두 포함할 것입니다.

디모데는 당시 에베소에서 사역했는데 에베소는 이방 신을 많이 섬기는 지역이었습니다. 당시 에베소는 약 20만 명에 이르는 주민이 거주하는 엄청난 규모의 도시였습니다. 오늘날 우리가 볼 수 있는 에베소의 건축물들은 그 당시 문명 수준이 얼마나 높았는지를 짐작하게 합니다. 에베소의 어떤 신전은 5만 명을 수용할 수 있었다고 합니다. 이런 어마어마한 규모의 도시에서 디모데가 위축되지 않고 사역했다는 것이 놀랍습니다. 하나님을 알지 못하는 지역에서 주님을 증거할 때 그것을 쉽게 받아들일 사람은 별로 없습니다. 게다가 디모데는 아직 젊은 나이였기에 말과 신분에 권위가 없었을 것입니다. 그러므로 영적으로 강력한 카리스마가 없다면 그들에게 하나님을 전하는 것은 힘들었을 것입니다. 바울은 강한 능력이 있어서 그곳에 교회를 세웠지만, 디모데가 그 교회를 운영하는 것도 어려움이 많았을 것입니다. 만일 디모데에게 목사로서 필요한 은사가 충만하지 않았다면 바울은 교회를 맡기지 않았을 것입니다.

그래서 바울은 하나님의 은사를 이미 가지고 있는 디모데에게 그 은사가 더욱 불일 듯하게 하였다고 말한 것입니다. 처음 목사로 안수받을 때 디모데에게 이미 은사가 임했습니다. 사도 바울이 원하는 수준은 은사가 불이 붙듯이 활활 타오르는 것입니다. 하나님의 일을 하는 사람은 가슴에서 불이 나고 열정을 주체할 수 없어 주의 일을 하는 것이 정상입니다. 특히 에베소 같은 이방 신이 장악한 도시에서는 돌에 맞아 죽을 위험을 감수하고 복음을 전하려면 이런 열정이 꼭 필요합니다. 디모데는 차세대 교회의 지도자의 대표였습니다(오스본).

7절 "하나님이 우리에게 주신 것은 두려워하는 마음이 아니요 오직 능력과 사랑과 절제하는 마음이니." 사도 바울은 디모데가 사역할 때 두려

위하는 마음이 조금은 있다고 생각했기 때문에 이렇게 말했습니다. 두려움은 겁이 많고 마음이 약해서 생기는 것입니다. 당시 디모데가 처한 환경과 에베소 교회의 모습은 마치 거대한 신전 바로 옆의 작은 건물에 세워진 개척교회와 같다고 할 수 있습니다. 그래서 주의 나라를 위해 일하면서 두려워하는 마음을 갖지 말고 강하고 담대하라고 말하는 것입니다.

당시 유럽에서는 지식을 가장 중요시하였지만, 사도 바울은 오직 "능력"이 있어야 한다고 말합니다. 능력이 있어야 강한 영적 전쟁에서 이길 수 있습니다. 또한 "사랑"이 있어야 합니다. 하나님을 사랑하고 영혼을 사랑해야 주의 사역자라고 할 수 있습니다. 그리스도 안에서 우리 모두는 한 백성인 것을 깨달아야 영혼을 사랑할 수 있습니다. 그리고 "절제"는 자신을 조심하는 것으로, 개역 성경은 "근신"으로 번역했습니다. 만약 목회가 힘들면 디모데가 피하고 싶은 마음을 가질 수 있는데 바울은 디모데에게 그런 마음을 절제하라는 것입니다. 젊은 사람은 절제할 것이 많습니다. 화가 올라오고 불평이 생기며 좌절할 수 있으나 절제해야 합니다. 그렇게 해서 에베소에서 끝까지 복음 사역자의 위치를 지키라는 것입니다.

8절 "그러므로 너는 내가 우리 주를 증언함과 또는 주를 위하여 갇힌 자 된 나를 부끄러워하지 말고." 혹시라도 디모데가 바울을 부끄러워하지는 않는지 바울은 우려했습니다. 바울이 에베소에서 설교했던 것을 사람들이 다 알 것입니다. 바울은 말이 매끄럽지 못했습니다(고후 10:10). 디모데와 바울을 비교하는 사람들이 있었기에 혹 디모데가 바울을 부담스럽게 여길 수도 있었습니다. 또한 이 당시 바울이 로마의 감옥에 갇혀있으므로 이에 대해 부끄러운 마음을 가지지 말라고 하는 것입니다. 고난이 닥쳐와도 하나님의 강한 능력을 의지하고 견디라는 말입니다(박윤선).

"오직 하나님의 능력을 따라 복음과 함께 고난을 받으라." 여기서 "복음과 함께 고난을 받으라"는 말은 "복음을 위하여 나와 함께 고난을 받으라"는 말로도 해석할 수 있습니다. 사도 바울은 자신이 복음을 위해 고난을 받았듯이 디모데도 그렇게 각오하라고 말하는 것입니다. 자신이 구금되고 죽음에까지 이를 이 고난은 주님의 나라를 위해서 의미가 있다는 것입니다. 만약 바울이 자신은 고난받지 않았으면서 디모데에게 고난을 받으라고 했다면 설득력이 없겠지만, 바울이 먼저 고난을 받았으므로 확실하게 말할 수 있는 것입니다. 교회 지도자들도 자신이 먼저 기도의 사람이 되어야 성도들에게 기도하라고 말할 수 있습니다. 진정한 스승이나 부모는 자신이 먼저 실행한 다음 따라오게 해야 합니다. 전투할 때 소대장은 자신이 앞장서서 병사를 이끌어야 합니다. 그래서 전쟁터에서 소대장이 제일 많이 죽습니다. 사도 바울도 자신이 복음을 전할 때 많은 핍박을 받았으니 디모데도 각오하라는 뜻입니다. 바울은 영적으로 매우 힘든 에베소 지역에서 전도하고 교회를 세웠습니다. 구금과 죽음은 부끄러워 보여도 종말에 신비로운 때가 되면 그것이 얼마나 고귀한 것인지가 드러날 것입니다(요한 크리소스토무스).

그런데 이 모든 난관을 이길 수 있는 힘은 "오직 하나님의 능력"이 있어야 합니다. 바울의 뒤를 이어 디모데가 에베소에서 전도하고 교회를 세우고 목회하려면 오직 하나님의 능력이 있어야 합니다. 지식이나 재물, 또는 집안 배경 등도 일시적으로 도움이 되겠지만, 결국에는 영적인 능력입니다. 이렇게 사도 바울이 제자이자 목사이자 양아들인 디모데에게 당부한 말씀을 보면 우상숭배가 팽배한 이 세상에서 교회가 이길 수 있는 길을 알 수 있습니다. 교회가 중시해야 하는 것은 어느 시대나 하나님이 허락하시는 영적 능력입니다. 오직 하나님의 능력으로 세상과 마귀와 싸우며 고난을 이기고, 교회를 바로 세워나가야 합니다.

그가 지켜주신다

9절 "하나님이 우리를 구원하사 거룩하신 소명으로 부르심은." 하나님은 이 땅에 살고 있는 사람 중 택하신 자들을 구원하시려고 부르셨습니다. 그리고 그 부르심에 합당하도록 거룩하게 살기를 원하십니다. 부르심을 받은 사람에게는 저마다 사명이 있어서 그것을 성실히 수행해야 합니다.

"우리의 행위대로 하심이 아니요 오직 자기의 뜻과 영원 전부터 그리스도 예수 안에서 우리에게 주신 은혜대로 하심이라." 여기서 중요한 것은 하나님이 우리의 행위를 보시고 부르신 것이 아니라는 것입니다. 물론 기독교가 행위를 무시하는 것은 아닙니다. 그러나 하나님이 우리를 부르신 출발점이 어느 시점인지를 따졌을 때 우리가 좋은 일을 많이 했다고 부르신 것이 아니라는 것입니다. 인생이 어떤 상태였느냐가 중요한 것이 아니라 오직 예수님 안에서 주신 은혜로 말미암아 부르셨다는 것입니다. 그 은혜는 하나님이 하늘에서 작정하신 은혜입니다. 이 은혜는 아무도 받을 자격이 없지만, 우리가 태어나기도 전에 준비되었습니다(아타나시우스).

그리고 하나님이 성도에게 베푸시는 은혜에 어떤 기준이 있는지를 알려줍니다. 어떤 사람은 구원받고 어떤 사람은 구원받지 못하고, 어떤 사람은 태어날 때부터 예수님을 믿고 어떤 사람은 살다가 인생의 어느 중간에 믿고, 또 어떤 사람은 믿음의 수준이 높고 어떤 사람은 낮은 것처럼 이렇게 다른 이유가 궁금할 수 있습니다. 이에 대해 사도 바울은 "자기의 뜻", 즉 성부 하나님의 뜻에 따라 그렇게 되었다고 말합니다. 사람이 자기 계획대로 일을 추진하고는 하나님의 뜻이라고 한다면 이것은 큰 죄지만, 구원과 관계된 것은 오직 하나님의 뜻을 따라 성취됩니다. 누구는 선지자로, 누구는 설교자로, 누구는 교사로 세워지는 것이나 각 사람의 영적인 수준은 오직 하나님의 뜻대로 정해집니다. 인생은 창조주가 하신 일을 두고 왈가왈부할 수 없습니다. 사람의 노력으로 되는 것이 아니므로 성도는 자신이 어떤 모습으로 부르심을 받았든지 하나님의 행하심을 진심으로 받아들여야 합니다. 그렇지 않으면 공연히 훌륭한 사람을 시기하고 질투하거나 하나님을 원망하는 잘못을 범합니다.

하나님은 이 세상을 운영하실 때 당신의 뜻과 섭리를 따라 하셨습니다. 도자기를 만드는 장인을 보면 온갖 정성을 다해 만들고도 마지막에 가마에서 꺼내어 마음에 들지 않으면 그 자리에서 깨버립니다. 다른 사람의 입장에서는 작품이 너무 아까워 싼 값에라도 구매하면 어떨까 하는 생각을 갖기도 합니다. 하지만 장인은 완벽하지 않은 도자기를 곁에 두거나 자신의 이름을 걸고 판매할 수 없다면서 깨버립니다. 전문가들은 자기 마음대로 작품을 깨버리기도 하고 남겨두기도 합니다. 그가 작품의 주인이기에 누구도 그를 제지할 수 없습니다. 하나님도 마찬가지이십니다. 하나님도 하나님의 뜻대로 인생을 만드셨습니다. 사람의 속사람을 만드시고 정하신 때에 따라 이 땅에 보내셔서 각자의 모습대로 살도록 하셨습니다.

그러므로 "오직 자기의 뜻과"라고 하신 이 말씀에 온 인류는 숨을 죽여야 합니다. 모두 다 무릎을 꿇고 엎드려야 마땅합니다. 만약 인류의 주인이신 하나님을 의식하지 않고 자기 마음이 내키는 대로 산다면 어느 날 하나님의 몽둥이에 맞을 수 있다는 긴장감을 꼭 가져야 합니다. 하나님이 인생의 주인이심을 믿는다면 하나님이 명령하신 하나님의 뜻을 행하지 않는다는 것은 있을 수 없습니다.

"영원 전부터" 이 말씀도 중요한데 이는 인류가 사는 지구가 생성되기 전부터라는 뜻입니다. 성부 하나님은 성자 예수님과 함께 의논하셔서 이 땅을 창조하시고 최초의 사람인 아담을 지으셨습니다. 또 인간이 죄지은 이후에는 어떻게 할지까지 다 의논하셨습니다. 인간의 구원에 대한 것은 영원 전부터 계획되어 있었습니다. 하나님은 이 땅에 사람이 존재하기 전부터 저 하늘에서 인생의 영혼을 이미 알고 계셨습니다. 모든 사람은 태어나기 전부터 하늘에 있다가 때가 되면 하나님이 이 땅에 보내시고 다시 때가 되면 하늘로 올리신다는 것을 알아야 합니다.

10절 "이제는 우리 구주 그리스도 예수의 나타나심으로 말미암아 나타났으니." 여기서 "예수의 나타나심"은 이 땅에 예수님이 초림으로 오신 것을 말합니다. 그것을 나타났다고 표현한 것은 하나님이 계시되었다는 것입니다. "나타나다"에 해당하는 헬라어는 '에피파네이아'입니다. 영원 전부터 준비되고 계획된 인류에 대한 하나님의 구속의 경륜이 하늘에 계시던 예수 그리스도가 "나타나심으로", 즉 이 땅에 사람으로 오심으로 완전하게 성취되었습니다. 예수 그리스도는 이 땅의 공생애 기간 동안 구원 계획을 실천하셨습니다.

"말미암아 나타났으니", 즉 예수 그리스도가 구원자이심을 공적으로 나타낸 것입니다. 여기서 "나타나다"에 해당하는 헬라어는 '화네로오'입니다. 주님은 구원자로서 이 세상에 나타나신 구세주입니다. 하나님이 예수 그리스도를 통하여 이루고자 하셨던 계획은 구약 시대에는 많은 부분이 감추어져 있었지만, 그리스도가 이 땅에 오심으로 분명해진 것입니다(매튜 풀). "그는 사망을 폐하시고." 예수님은 죽으셨다가 살아나심으로 사망을 폐하셨습니다. 이 사망은 육신의 사망이 아닌 영적인 사망을 말합니다. 우리 인간은 죄로 인해 영혼과 육체가 죽어야 하는데 예수 그리스도가 사망을 폐하셨으므로 육체는 죽을지라도 영혼은 죽지 않습니다. 사망이 폐해졌으나 육신이 죽는 것은 우리 육신이 이미 죄를 지었기 때문입니다. 그래서 예수님이 죽으신 뒤 부활체로 다시 사신 것처럼 성도는 죽어도 영혼이 다시 살 것입니다.

"복음으로써 생명과 썩지 아니할 것을 드러내신지라." 주님이 가르쳐 주신 말씀, 곧 주님을 믿으면 죽었다 살아나고 영원히 하늘나라에서 산다는 것이 복음입니다. 예수님도 썩지 않을 생명을 가지셨듯이 복음을 받아들인 성도들도 주님처럼 될 것입니다.

11절 "내가 이 복음을 위하여 선포자와 사도와 교사로 세우심을 입었노라." 사도 바울은 자신에 대해 여러 가지 직책이 있다고 말합니다. 그중 하나는 "선포자", 즉 복음을 선포하는 자라는 것입니다. 그다음으로 "사도"인데 예수님은 교회 설립의 기초 사역을 위해 직접 바울을 사도로 세우셨습니다. 사도는 주님이 직접 부르셔야 됩니다. 열두 제자도 주님이 직접 부르셨고, 바울도 다메섹에서 주님이 나타나셔서 이방인을 위한 사도라고 하셨습니다. 이후로는 주님이 나타나셔서 사도로 세운 사람이 없으므로 지난 2천 년 동안 새롭게 부름받은 사도는 없습니다. 또한 사도는 천국의 열두 문과 관계되어 있으므로 사도의 위치는 변동될 수 없습니다.

교사는 가르치는 사람을 말합니다. "교사"는 계시된 진리를 가르치는 자의 직분입니다. 이것은 주일학교 교사 정도의 수준을 말하는 것이 아닙니다. 누구나 아는 내용을 똑같이 가르친다면 교사라고 할 수 없습니다. 사도 바울이 스스로를 교사라고 표현할 정도로 교사는 수준이 있는 위대한 직분입니다. 사도 바울처럼 훌륭한 사역자가 교사라는 칭호를 사용한다면 교회에서 가르치는 사람은 여러 면에서 실력을 쌓아야 합니다. 사도 바울처럼 실력을 갖추어서 자신감 있게 자신이 교사라고 말할 수 있어야 존경도 받습니다.

12절 "이로 말미암아 내가 또 이 고난을 받되 부끄러워하지 아니함은 내가 믿는 자를 내가 알고." 바울은 위에서 나온 대로 주님께 받은 직책을 감당하다가 예상치 못한 고난을 받지만 부끄러워하지 않는다고 하였습니다. 보통 사람은 고난받을 때 부끄러워할 수 있고, 주변 사람들에게 들키고 싶지 않아 위축될 수 있습니다. 다른 사람에게 복음을 전할 때 그들이 거부하거나 무시하면 부끄러울 수 있지만, 바울은 전혀 부끄러워하지 않았다는 것입니다. 바울이 부끄러워하지 않은 이유는 "내가 믿는 자를 내가 알"기 때문입니다. 이것이 중요합니다. 자기가 믿는 하나님과 예수님에 대해 안다고 말할 수 있는 것이 감격스럽습니다. "너희는 너희가 믿는 신을 제대로 모르지만, 나는 내가 믿는 신을 분명히 안다"는 당당한 자신감이 있는 것입니다. 그리고 그 신은 이 세상의 어떤 신과 비교조차 할 수 없는 신 중의 신이라는 것을 확실하게 체험도 했습니다. 사실 어떤 일에 대해 자신이 안다는 말은 함부로 할 수 없습니다. 이 땅에 인생이 알아야 할 지식은 많은데, 그것의 몇십 분의 일 아니 몇백 분의 일도 알기가 어렵기 때문입니다. 또한 지식이 많고 학식이 풍부한 사람이 많기 때문입니다. 학문적인 연구를 해본 사람일수록 워낙 탁월한 사람이 많은 것을 알기에 겸손할 수밖에 없습니다. 그러나 바울은 하나님과 예수 그리스도에 대해서 확실하게 안다고 말할 수 있는 수준에 도달한 것입니다.

"또한 내가 의탁한 것을 그 날까지 그가 능히 지키실 줄을 확신함이라." 바울이 하나님께 의탁한 것이 무엇인지는 확실하지 않지만, 중요한 것은 하나님이 바울을 지켜주시리라는 것입니다. 하나님은 사도 바울의 영혼과 육체와 사명을 지켜주십니다. 하나님은 당신의 뜻과 섭리에 따라 행하는 사람의 모든 것을 책임져주시고 지켜주시는 분이심을 바울은 확신하고 있습니다. 이것은 그가 스스로 확신하는 것이 아니라 하늘에서 자신에게 이루어질 일을 눈으로 보고 몸으로 체험하여 알고 있기 때문입니다.

13절 "너는 그리스도 예수 안에 있는 믿음과 사랑으로써 내게 들은 바 바른 말을 본받아 지키고." 바울은 디모데에게 지켜나가야 할 것이 있다고 했습니다. 그것이 바로 "내게 들은 바 바른 말을 본받아 지키"는 것입니다. 바울은 그동안 디모데를 잘 가르쳤습니다. 디모데는 바울의 제자로서, 또한 목사로서 배운 진리를 지켜나가야 할 의무와 사명이 있습니다. 그 진리와 말씀을 지키려면 예수님 안에 있는 믿음과 사랑을 가져야 합니다. "믿음과 사랑"은 기독교가 가르치는 모든 덕행을 포함하는 말입니다. 바울이 이 말을 하는 이유는 지도자가 성도들을 지도해나갈 때 잘 따라오지 못하는 사람이 있거나, 문제를 일으키는 사람이 있을 때 지도자가 쉽게 포기하고 분개할 수 있기 때문입니다. 어떤 경우에는 지도자가 그 사람을 심하게 책벌하거나 공동체에서 쫓아내기도 합니다. 그러나 예수 그리스도를 믿는 믿음과 그리스도의 사랑을 실천하는 마음을 가지고 말씀을 지켜나가야 합니다.

14절 "우리 안에 거하시는 성령으로 말미암아 네게 부탁한 아름다운 것을 지키라." 바울은 디모데에게 목회를 위한 은사를 지키라고 합니다. 복음의 내용은 인생을 기쁘게 합니다. 복음은 아름다운 것입니다. 교회 안에서 선포되는 모든 말씀은 감사하고 영광스러우며, 이 세상 어떤 보석과도 바꿀 수 없는 가치가 있습니다. 이렇게 아름다운 복음을 지켜야 합니다. 그런데 이것은 바울이나 어떤 사람들이 생각해낸 것이 아니라 성도 안에 거하시는 성령으로 말미암은 부탁입니다. 이 건전한 말씀의 본보기를 따른다면 이단이라는 잡초가 우리에게 맡겨진 진리의 거룩한 씨앗들을 침범하지 못할 것입니다(다마스쿠스의 요한).

아시아 사람들

15절 "아시아에 있는 모든 사람이 나를 버린 이 일을 네가 아나니 그 중에는 부겔로와 허모게네도 있느니라." 아시아에 있는 많은 사람이 바울을 버렸는데 그 중에 부겔로와 허모게네라는 사람이 있다고 말합니다. 바울을 버린 사람 중에 디모데가 알고 있을 법한 사람이 있으므로 이름을 언급한 것입니다. 아마도 그들은 사람들이 잘 알고 있고, 지도자급으로 앞장섰던 사람들이었을 것입니다. 바울은 2천 년 기독교 역사상 가장 위대한 인물이라고 할 수 있는데, 그런 지도자를 당시 아시아에 있는 성도들이 버리고 갔다고 하는 것은 이해하기가 힘듭니다. 물론 주님도 이스라엘의 종교 지도자였던 제사장, 바리새인, 서기관 등 많은 사람이 거절하고 버린 것을 보면 얼마든지 일어날 수 있는 일입니다. 이 말씀을 보면서 깨닫는 것은 하나님의 사람이 주의 일을 할 때 다른 사람들이 모두 인정해주고 따라올 것이라고 하는 섣부른 기대는 금물이라는 것입니다. 바울 같은 위대한 사람 곁에서 그분의 말씀을 들으며 그분을 위해 무엇인가 하는 것이 얼마나 기쁘고 즐거운 일이겠습니까? 그런데도 부겔로와 허모게네는 그 자리를 박차고 뛰쳐나간 것입니다. 그들의 행동이 성경에 기록되어 알려지게 되었으므로 치욕스러운 일입니다. 아마 그들은 천국의 영광스러운 자리에는 가지 못했을 것입니다. 간신히 구원의 자리에 들어간다 해도 다행으로 여겨야 합니다.

16절 "원하건대 주께서 오네시보로의 집에 긍휼을 베푸시옵소서." 바울은 앞에 언급된 두 사람에 대해서는 자신을 버렸다고만 하고 다른 설명을 하지 않지만, 오네시보로에 대해서는 주께서 긍휼을 베풀어주시기를 기도한다고 말합니다. 또한 긍휼을 베풀어주어야 하는 이유도 나옵니다. 한 사람의 의인으로 온 가족이 복을 받습니다. 그는 아시아 사람임을 말해줍니다(마운스).

"그가 나를 자주 격려해 주고." 그는 바울 곁에 있으면서 바울을 격려해주었다는 것입니다. 사실 바울은 누구의 격려가 필요 없는 훌륭한 사람입니다. 돌에 맞아도 다시 일어나 복음을 전할 정도입니다. 누구의 위로가 없어도 낙심하지 않고 스스로 돌파해나갈 수 있는 사람입니다. 그런 바울이 격려를 받았는데, 그것도 자주 받았다고 표현합니다. 바울은 그 격려에 감동을 받았기 때문에 더 힘을 얻었습니다. 이런 것을 볼 때 성도들은 주의 사역자들에게 힘이 되어주어야 합니다. 그 격려는 말로만 끝내는 것이 아니라 필요한 것을 공궤하고 힘든 일에 동참하는 것을 포함합니다.

"내가 사슬에 매인 것을 부끄러워하지 아니하고." 15절에서 바울은 부겔로와 허모게네가 왜 자신을 버렸는지에 대해서 말하지 않았지만, 여기서 오네시보로에 대해 말하면서 그가 자신이 사슬에 매인 상황에 대해 부끄러워하지 않았다고 말하는 것으로 그 이유를 유추할 수 있습니다. 오네시보로는 스승인 바울이 감옥에 갇힌 것을 부끄러워하지 않고 자주 면회하고 살펴준 것입니다. 이것이 바울이 오네시보로를 높이 평가하는 이유입니다. 자신의 처지가 민망한 상황일 때 함께해주고 편이 되어주는 친구가 정말 좋은 친구입니다. 그래서 오네시보로는 성경에 기록되어 2천 년 역사를 지나는 동안 모든 성도의 귀감이 되고 있습니다. 그는 아마도 천국에서 귀한 위치에 있을 것입니다.

17절 "로마에 있을 때에 나를 부지런히 찾아와 만났음이라." 오네시보로는 바울이 로마 감옥에 있을 때 찾아갔습니다. 거리가 먼 다른 지역에 사는 사람이 로마로 바울을 찾아가려면 힘들고 번거로운 과정을 거쳐야 합니다. 게다가 감옥에 있는 사람을 찾아보는 일은 이익은커녕 도리어 자신이 희생하여 필요한 것을 공급해주어야 합니다. 그런데 오네시보로는 한두 번이 아니라 자주 찾아갔다고 하였으므로, 보통 사람은 하기 어려운 일을 행한 것입니다. 오네시보로는 그런 일을 부지런히 행했습니다.

18절 "(원하건대 주께서 그로 하여금 그 날에 주의 긍휼을 입게 하여 주옵소서) 또 그가 에베소에서 많이 봉사한 것을 네가 잘 아느니라." 사도는 오네시보로가 주님의 날에 주님의 긍휼을 입게 해달라는 기도를 합니다. 아마도 그가 죽어서 주님을 만나게 될 때 그렇게 해달라는 뜻일 것입니다. 사도 바울은 그가 에베소 교회에서 열심히 봉사한 것도 다 알고 있었습니다. 그 사실은 디모데도 잘 알 것이라고 말합니다. 교회에서 충성된 사람을 지도자가 모를 리가 없습니다. 그는 바울 사도가 사역할 때 적극적으로 협력했습니다.

15절 이하에서 세 사람이 등장하는데, 그중 부겔로와 허모게네는 치욕스럽게 이름이 남았습니다. 그때 바울의 곁을 떠나지 않았다면 좋았을 것입니다. 그들은 하나님의 사람을 돌보지 않았고 믿음을 배신했습니다. 그런데 그런 배신자가 주의 나라를 위해 헌신하고 로마 감옥에 갇히고 순교한 바울과 하늘나라에서 동등한 위치에 있다면 받아들이기 어려울 것입니다. 즉 그들은 하늘 상급을 기대할 수 없습니다. 반대로 오네시보로는 사도 바울을 찾아다니며 격려하였고, 교회에서도 충성하며 신앙생활을 열심히 하였으므로 바울만큼은 아니겠지만 하늘에서 많은 상급을 받았을 것입니다. 성도들이 죽어 천국에 갔을 때 모든 사람이 똑같은 보상을 받는다면 목숨 바쳐 충성할 의미가 없습니다. 또한 바울이 순교를 각오하고 열심히 주의 나라에 충성한 것에 대한 보상은 없는 것입니다. 결국 바울과 비교할 때 부겔로와 허모게네는 하늘에서 감히 비교조차 할 수 없는 차이가 납니다.

바울은 오네시보로에 대해 말하며 "원하건대 주께서 그로 하여금 그 날에 주의 긍휼을 입게 하여 주옵소서"라고 하였는데 여기서 그 날은 바로 오네시보로가 죽은 날, 즉 하늘나라에 간 날을 말하는 것입니다. 그 날에 주의 긍휼을 입게 해달라고 바울이 기도합니다. 바울은 끝까지 충성한 사람에게 축복하고 있습니다. 바울은 축복의 말이 그대로 이루어질 것을 알고 있습니다. 바울 같은 사도가 한 말이 성경에 기록되었는데, 그의 기도가 효과가 없다면 바울의 권위도 성경의 권위도 떨어지게 됩니다. 즉 바울 사도의 말이나 기도는 주님이 들어주신다는 뜻입니다. 하나님은 하나님의 종으로서 충성된 사람에게 긍휼을 베푸실 것입니다. 주님은 오네시보로가 행한 모든 충성된 일을 다 아십니다. 그리고 그것에 맞추어 복을 내리실 것입니다. 어느 시대이든 성도들도 오네시보로처럼 경건한 지도자에게 충성해야 합니다. 물론 교회의 지도자들이 바울 같은 수준은 아니지만, 그래도 섬김의 정신을 배워야 합니다. 주의 나라를 위해 열심히 일하는 주의 종들을 존귀하게 여기고 열심히 섬긴다면 하나님이 다 아시고 갚아주실 것입니다.

2장

예수 그리스도의 군사

1절 "내 아들아 그러므로 너는 그리스도 예수 안에 있는 은혜 가운데서 강하고." 사도 바울은 디모데를 "내 아들아"라고 다정하게 부르고 있습니다. 아버지에게 아들은 자신의 분신과도 같은 존재입니다. 또 자신이 걸어온 길을 아들도 똑같이 걸을 것이라고 생각할 것입니다. 아버지 이야기가 나오므로, 제 육신의 아버지 이야기를 해보겠습니다. 저의 아버지는 어렸을 때부터 저에게 가족사, 일제 강점기에 군에 가신 일, 또 기도에 힘쓰신 일 등 수많은 이야기를 들려주셨습니다. 또 제가 아버지와 같이 목사가 되었으므로 목회자가 갖추어야 할 것들에 대해 많은 이야기를 해주셨습니다. 하나님의 사람인 사도 바울도 하나님의 사람인 디모데에게 해주고 싶은 이야기가 많았을 것입니다. 사도 바울은 자신이 알고 있는 하나님과 영적 세계에 대한 모든 지식, 목회에 대한 내용이 디모데에게 다 필요한 것이었으므로 전해주고 싶었을 것입니다. 목회자가 될 사람은 어릴 때부터 신앙의 선배인 목회자 옆에서 배워야 합니다.

"그리스도 예수 안에 있는 은혜 가운데서 강하고." 이는 앞에서 말한 배교자들이 영적으로 약해서 사도를 버렸기 때문에 바울이 한 말입니다. 이것은 영적인 것입니다. 운동을 통해 육체의 힘을 기르라는 것이 아닙니다. 사람은 자신이 나아가고자 하는 분야에서 강자가 되어야 합니다. 사실 자신이 나아가야 할 분야에서 강해지려면 그 분야의 전문가에게 체계적인 훈련을 받는 것이 좋습니다. 훈련이 없이는 자기 몫을 감당하고 지도자가 되어 높은 위치에 오르기가 힘듭니다. 사도 바울은 디모데에게 주님의 몸 된 교회를 지켜나가고, 악한 마귀와 싸워 이기며, 복음을 전파하기 위해 강하게 되라고 하는 것입니다.

바울이 그리스도 예수 안에 있는 은혜 가운데서 강하라고 한 것처럼 성도는 복음 안에서 강해져야 합니다. 사도 바울은 사탄과 싸울 때 그리고 소피스트들과 토론하며 논쟁할 때에도 주눅 들지 않았습니다. 그뿐만 아니라 총독들과 대화하면서도 결코 두려워하지 않았습니다. 오히려 복음을 변증하며 증거하였습니다. 바울은 영적으로, 성경적으로, 언어학적으로 다 준비가 되어 있었기 때문입니다. 지도자는 복음 안에서 강해야 할 상황이 많이 있으므로 성실히 준비해야 합니다. 세상에서 주먹다짐이나, 자기 이익을 취하는 것이나, 말싸움은 능숙하지 못할지라도 영적 전쟁과 진리를 사수하는 일에는 강력해야 합니다. 강함은 기독교의 덕목 중 하나입니다. 그러나 혈기로 강한 것으로는 진리를 세우지 못합니다. 예수 그리스도는 주의 일꾼들이 세상에서 이긴 자가 되도록 도우십니다.

2절 "또 네가 많은 증인 앞에서 내게 들은 바를 충성된 사람들에게 부탁하라." 사도 바울이 "많은 증인 앞에서"라고 말한 뜻은 기독교는 은밀한 곳에서 비밀스럽게 전하는 것이 아니라 공공의 장소에서 공적으로 전할 수 있다는 것을 뜻합니다. 사도 바울은 디모데에게 많은 것을 가르쳐주었습니다. 형식적인 부자관계가 아닌 실제적인 부자관계 수준입니다. 디모데는 사도 바울의 제자이므로 하나님에 대해, 목회에 대해, 복음에 대해 많은 것을 배웠을 것이고, 그 내용을 이제는 충성된 사람들에게 부탁하라고 바울이 명하는 것입니다. 부탁하라고 하는 것은 설교만 하는 것이 아니라 충성된 한 사람 한 사람에게 개인적으로 복음을 증거하고 하나님의 말씀대로 살라고 전하라는 것입니다. 바울이 지금까지 디모데에게 관심을 두고 가르친 것은 그를 충성된 사람으로 보았기 때문입니다. 이제는 디모데가 바울처럼 충성된 자를 찾아내고 임무를 부여해야 합니다. 복음은 계속해서 이어져 내려가야 합니다.

"그들이 또 다른 사람들을 가르칠 수 있으리라." 디모데가 충성된 사람들을 잘 가르치면, 가르침을 받은 그들은 또 다른 사람들을 제자로 삼고 가르친다는 말입니다. 바울에게서 시작하여 계속해서 가르침이 이어져 나가는 것입니다. 아버지가 아들을 가르치고, 그 아들이 성장하여 또 아들을 가르치고, 선생님이 제자를 가르쳤는데, 그 제자가 선생님이 되어 또 제자를 가르친다는 것입니다. 인류의 문명이 발달한 것은 이렇게 지식이 전달되었기 때문입니다. 기독교의 발전도 이와 마찬가지로 진리가 끊이지 않고 이어져 내려왔기 때문입니다. 복음은 계속 전파되어야 하는데 이렇게 복음을 잘 전파하는 사람이 충성된 사람입니다. 충성된 사람이 복음을 전파하는 것이 아니라 복음을 전파하기 때문에 충성한다고 하는 것입니다. 우리는 천국에 대해, 하나님에 대해, 성도가 할 일에 대해 끊임없이 사람들에게 전하는 충성된 사람이 되어야 합니다.

3절 "너는 그리스도 예수의 좋은 병사로 나와 함께 고난을 받으라." 사도 바울이 디모데에게 요청하는 것은 좋은 병사로 자신과 함께 고난을 받자는 것입니다. 병사라는 말은 환영하기 쉬운 말이 아닙니다. 전쟁터에 출전하는 병사는 전투 중에 부상을 입거나, 심하면 생명을 잃을 수도 있기 때문입니다. 그러나 그 모든 일을 감수하고 출전하여 열심히 싸우는 병사가 좋은 병사입니다. 그런데 사도 바울은 디모데에게 그리스도 예수의 좋은 병사가 되라고 말합니다.

바울은 로마 시대에 살면서 수많은 병사를 보았을 것입니다. 디모데후서는 사도 바울이 가장 나중에, 나이가 많을 때 쓴 편지이므로 그가 평생 살아오면서 목격한 수많은 군대를 떠올리며 썼을 것입니다. 그는 로마의 개선문에서 군인들이 출정식을 하고 행군하는 모습과 그들이 정복 전쟁에서 승리하고 포로를 잡아오는 모습, 또 시민들이 승전한 군인들에게 열광적으로 축하를 보내는 개선 행사를 여러 번 목격하였을 것입니다. 바울은 이런 광경을 보면서 로마가 제국을 이룬 것은 강력한 로마 병사들의 용맹함 때문인 것을 깨달았을 것입니다. 그러므로 하나님 나라에서도 성도들이 그리스도의 영적인 병사가 되어 주의 나라를 위해 영적 전투에 참여하여 기필코 승전보를 울려야 한다는 상상을 했을 것입니다. 하나님 나라와 복음을 위해 마귀와 싸우고 세상과 싸우며, 고난이 있다면 기꺼이 고난을 받자는 것입니다. 전쟁터에 나가거나 전투에 참여하는 것은 큰 고난입니다. 집을 떠나 전쟁터에서 1년이 될지 10년이 될지 알 수 없는 세월을 보내야 합니다. 매순간 목숨이 오가는 긴박감 속에서 두려움과 외로움을 다 이겨내야 합니다. 그런데 그런 마음으로 그리스도 예수께 충성하자는 것입니다. 주님은 성도가 행한 모든 충성을 기억하십니다.

바울은 지금 아들에게 권면하고 있고, 아들은 아버지의 뒤를 따라가는 도중입니다. 아버지의 삶이 옳고 그 권위를 인정한다면 아버지의 요청에 순종할 수밖에 없습니다. 사도 바울이 아들 디모데에게 이렇게 권하고 있으니 디모데는 아버지가 의도하는 대로 따라가는 것이 마땅합니다. 성도는 하나님을 믿을 때 그분이 주시는 복과 은혜에 관심이 많습니다. 물론 하나님은 성도에게 복을 주시는 분이고, 주시면 기쁨으로 받아야 합니다. 하나님은 우리에게 물질뿐 아니라 가정의 복, 명예의 복, 평안의 복 등 많은 것을 허락하십니다. 그런데 거기에서 한 단계 더 성장하여 하나님 나라를 위한 고난까지도 기꺼이 받아들이고 참예하는 것이 소중합니다. 병사가 전쟁터에서 큰 고난을 감당하듯이 성도도 그의 삶에서 그리스도가 받으신 고난의 자취가 나타나야 합니다. 고난을 견디는 것은 군사가 되기 위한 요건 중 하나입니다(요한 크리소스토무스).

4절 "병사로 복무하는 자는 자기 생활에 얽매이는 자가 하나도 없나니." 황제의 부름을 받은 장군이나 병사는 황제가 어느 나라를 정복하라고 출전 명령을 내리면 1년이든 2년이든 아무리 많은 시간이 걸려도 전선으로 나아가야 합니다. 출전한 병사에게는 지금부터 가정사가 우선순위가 아닙니다. 전쟁터에서는 자기 집을 돌보러 마음대로 돌아갈 수가 없습니다. 오직 전쟁에서 열심히 싸워 승리하는 것이 유일한 목표입니다. 이처럼 바울은 하나님께 부름받은 성도는 병사와 같이 하나님의 명령에 집중하고 자기 생활에 얽매이지 말라고 말하는 것입니다.

"이는 병사로 모집한 자를 기쁘게 하려 함이라." 누가 자신을 병사로 불렀는지가 중요합니다. 황제가 불렀으면 황제에게 충성해야 상을 받습니다. 그리고 상을 받으려면 부른 사람의 명령과 지도를 따라야 합니다. 성도는 사람이 아닌 하나님께 부름을 받았기 때문에 사람의 뜻에 흔들리지 않아야 하며, 오직 하나님이 하달하신 명령대로 행해야 합니다. 우리를 부른 주인이 누구인지 확실히 알고 정체성을 가져야 합니다. 그렇게 순종의 삶을 살아야 하나님께 영광을 돌릴 수 있습니다. 우리나라의 경우 수십 년 전에 목회하신 목회자들은 대부분 가정을 소홀히 하고 교회를 전적으로 섬겼습니다. 그래서 가족이 많은 고난을 받았습니다. 그들이 이처럼 수고하여 복음이 강력하게 퍼져 나갔습니다. 성실한 선포자로서 그 직책을 수행하려면 세속적 즐거움에 대해 엄격히 절제하고 복음에 대해 변치 않는 충성을 해야 합니다(암브로시아스테르).

5절 "경기하는 자가 법대로 경기하지 아니하면 승리자의 관을 얻지 못할 것이며." 바울은 주님의 군사로 고난을 받으라고 한 뒤 이번에는 성도들을 경기하는 자로 비유하여 말하고 있습니다. 어렵게 경기에 임하여 모든 노력을 다 쏟을지라도 승리의 면류관을 쓰는 사람은 한 사람입니다. 만약 많은 노력을 기울였는데도 승리하지 못하였다면 안타까운 일입니다. 로마 시대에 경기에 나가는 사람은 사전에 수많은 시간을 들여 노력하고 훈련하기 때문입니다. 그런데 그렇게 시합을 벌여 몇 등을 했는지도 중요하지만, 그 과정에서 시합의 룰을 제대로 지켰느냐가 더욱 중요하다는 것입니다. 만일 금지된 약물을 복용하였거나 경기 규칙을 어기면 실격 처리가 됩니다. 자연히 상과는 거리가 멀어집니다. 가정과 교회를 비롯해 모든 곳에서 법과 질서를 지키는 것은 중요합니다. 사소한 것 하나라도 법을 지켜야겠다는 자세를 기본적으로 지녀야 합니다. 법을 우습게 여기고 지키지 않는 부분이 생기면 결국 모든 분야에서 원칙이 무너지기가 쉽습니다. 이것은 한순간에 습관으로 발전되기도 합니다. 그래서 사람을 평가할 때 그가 어떻게 행동하는지 한두 가지만 보아도 그를 알 수 있는 것입니다. 그 사람의 사상과 태도가 정상적이지 못하면 모든 상황에서 문제가 드러납니다. 물론 습득한 지식이 없어서 지키지 못할 수도 있고, 능력이나 힘이 부족하여 못 지킬 수도 있지만, 그래도 최선을 다해서 법을 지키려고 노력해야 합니다.

"법대로 경기하지 아니하면"에 대한 기록이 있습니다. 당시 그리스에서 올림픽이 있었는데 경기하는 사람들은 최소한 6개월 전에 모여 훈련을 했다고 합니다. 그런데 이 훈련에 참가하지 않은 사람은 경기에 나갈 수 없었습니다. 어떤 사람이 자기가 비록 훈련을 받지 않았지만 실력이 있다고 아무리 주장해도 다른 사람과 손발을 맞춰보지 않았고 검증도 되지 않았기에 출전할 수 없는 것입니다. 군대에서는 똑같은 훈련을 날마다 합니다. 몇 달, 몇 년이 지나면 반복되는 훈련이 정말 지루해집니다. 그러나 자신이 맡은 분야의 훈련을 날마다 열심히 해야 실제로 전쟁이 일어나면 바로 전투에 투입될 수 있습니다. 몸으로 훈련하지 않고 머리로만 알고 있다면 막상 전투 준비를 하거나 실제로 전투할 때 손발이 따라주지 않을 것입니다. 평상시 몸에 완전히 익어야 훈련의 성과가 필요한 위급한 순간에 자연스럽게 몸이 움직이는 것입니다. 그래서 훈련을 받아야 하는데, 상관의 지도에 따르지 않고 훈련에 임하지 않는 사람은 그 사상이 문제입니다. 교회에서도 교회의 지도자들이 지도하고 명하는 일에 성도가 따르는 것은 마땅한 일입니다. 하나님의 나라도 질서가 필요한 공동체입니다. 바울은 법대로 경기하지 않는 사람은 "승리자의 관을 얻지 못할 것이며"라고 확실하게 말하고 있습니다. 아무리 노력하고 수고하는 것 같아도 상을 받을 수 없으므로 정말 허무한 일입니다. 성도의 삶에서도 수많은 전투가 벌어지고 있습니다. 믿음을 가지고 최선을 다해 싸웠을 때 주님이 주시는 상급이 있습니다. 전투를 기피하여 도망치거나 패배한 성도에게는 책망이 있을 것입니다. 천국은 아무나 쉽게 문 열고 들어가는 장소가 아닙니다. 그리스도의 군사는 엄격한 단련을 거쳐야 합니다(테르툴리아누스).

6절 "수고하는 농부가 곡식을 먼저 받는 것이 마땅하니라." 바울은 병사와 경기하는 자에 이어 이번에는 농부에 비유하고 있습니다. 농부는 때에 맞추어서 준비된 씨를 땅에 심습니다. 하나님의 사람은 복음의 씨를 사람의 마음에 심는 자입니다. 농부가 씨를 심으면 그 씨가 자라서 열매를 맺게 되고, 나중에 추수를 하게 됩니다. 이때 씨를 심은 자가 먼저 추수할 권리가 있고, 또 추수한 사람은 남들보다 먼저 먹을 수 있습니다. 바울은 디모데에게 네가 복음을 위해 수고하였으니 결국 농부와 같이 모든 수고의 열매를 먼저 배불리 먹는 것이 마땅하다고 말해주고 있습니다. 사도 바울은 또 우리가 영적인 것을 심었으니 육적인 것을 거둘 수 있다고 말합니다. 천국복음을 이 땅에 전하고 구원의 소식을 증거하는 것은 하나님 나라의 일꾼들이 할 일입니다. 하나님 나라의 일꾼은 몸으로 일하는 것이 아니라 살아계신 하나님을 가르치는 영적인 일을 충성스럽게 해야 합니다. 이 과업을 완수하면 하나님이 당신의 사람들에게 육신에 필요한 양식과 입을 것을 주실 것입니다.

바울은 디모데가 하나님 나라를 위해서 고난을 당하고 최선을 다해 법대로 경기하면 디모데가 먹을 것과 입을 것은 하나님이 책임져주실 것이라는 말씀을 덧붙이고 있습니다. 어느 시대이든지 사역자들은 주의 나라를 위해 최선을 다해야 합니다. 분명한 것은 누가 자신을 불렀는지 확실하게 알아야 한다는 것입니다. 자신이 무엇을 하는 사람인지, 누가 자신을 불렀고 자신이 무엇을 하며 살아야 하는지를 명확히 깨달아야 합니다. 농부처럼 열심히 자신에게 맡겨진 일에 최선을 다할 때 하나님이 모든 필요를 채우십니다. 주의 나라를 위해서 목숨을 걸고 수고하면 상을 받을 것입니다.

함께 왕 노릇하다

7절 "내가 말하는 것을 생각해 보라." 사도 바울이 디모데전서와 후서를 통해 디모데에게 많은 교훈을 하였습니다. 어떻게 하는 것이 목회를 잘하는 것인지, 지금 교회 안에서 어떤 일이 일어나고 있는지, 진리란 무엇인지 등에 대해 이야기하였는데, 또다시 바울의 말에 집중하여 그 뜻을 알기 위해 생각하라고 말하고 있습니다. 사도 바울의 말은 단순한 가르침이 아니고 성령의 감동으로 쓰인 하나님의 말씀입니다. 말씀은 듣는 것도 중요하지만, 그 말씀의 의미를 곱씹어보며 생각하는 것이 더 중요합니다. 주의 말씀은 여러 번 되새겨볼수록 새롭게 주시는 은혜가 있습니다. 하나님께로 마음을 향하고 한 절 한 절 깊이 보면서 하나님이 어떻게 말씀하시는지 귀를 기울이면 신비하게 영적 깨달음을 주십니다.

각 가정에 설치된 안테나로 수신하여 텔레비전을 보던 시절에 화면이 잘 나오지 않으면 지붕에 세워진 안테나를 이리저리 움직이면서 신호를 맞추어야 했습니다. 정확하게 신호를 잡아야 화면에 흔들림이 없습니다. 라디오도 마찬가지입니다. 채널을 정확하게 맞추지 않으면 소리가 들리지 않거나 혼선되어 잡음이 일어납니다. 또한 미세한 차이로 다른 채널의 방송이 잡히기도 합니다. 성도가 하나님의 말씀을 앞에 두고 사모하는 심정으로 집중하지 않으면 영적인 음성을 들을 수 없으므로 한 절, 두 절을 깊이 생각해야 합니다. 물론 초신자 때에는 성경을 되도록 다독하는 것이 필요하지만, 성경에 대해 어느 정도 알게 되면 한 구절 한 구절씩 깊이 보아야 영적 성장에 도움이 됩니다. 그래서 사도 바울도 하나님의 말씀을 묵상하고 생각하는 시간을 많이 가지라고 하는 것입니다. 물론 이런 시간을 아깝게 생각하는 성도도 있는데 그런 사람은 영적으로 성장하는 데 한계가 있습니다. 하나님의 말씀은 너무나 신비롭기 때문에 읽고 연구하고 깊이 생각해야 합니다. 성경에서 신비한 소리가 들리고 환상이 보이며 새롭게 깨달아지는 경험을 하기도 합니다.

"주께서 범사에 네게 총명을 주시리라." 성도가 말씀에 대해 생각하고 묵상할 때 주님이 총명을 주십니다. 묵상과 총명은 밀접한 관계가 있습니다. 무심코 보던 말씀을 깊이 묵상할 때 새로운 지식과 지혜가 떠오릅니다. 다른 사람이 발견하지 못하고 알지 못하는 내용을 발견하게 되는 총명이 나타납니다. 총명이 있어야 창조성이 있고, 영적인 세계로 들어가 새로운 것을 발견하며, 진정한 하나님의 사역자가 될 수 있습니다. 바울은 디모데가 이것을 잘 이해하기를 바라고 있습니다.

8절 "내가 전한 복음대로 다윗의 씨로 죽은 자 가운데서 다시 살아나신 예수 그리스도를 기억하라." 앞 구절에서는 생각해보라고 하였는데 이번에는 주님을 기억하라고 합니다. 조금 더 마음속에 간직하라는 뜻입니다. "내가 전한 복음대로." 이는 바울이 전한 복음을 근거로 예수 그리스도를 기억하라는 것입니다. "다윗의 씨"라고 하였으므로 예수님의 인성도 강조되고 있습니다. 예수님은 다윗 왕의 후손으로 유다 지파입니다. 예수 그리스도는 신성과 인성을 다 가지신 분입니다. "다시 살아나신 예수 그리스도." 이것은 예수 그리스도의 부활을 강조하는 말입니다. 바울이 사역하던 당시에 주님의 부활을 믿지 않는 이단들이 기승을 부렸기 때문입니다. 바울은 디모데에게 예언된 약속하신 메시아, 예수 그리스도에 대해 많은 것을 가르쳤을 것입니다. 특히 자신이 다메섹에서 예수님을 만난 이후 계속해서 관계를 맺은 예수님에 대해 간증도 했을 것입니다. 디모데는 제자이면서 양아들이기 때문에 남들에게 말하지 않은 내용, 성경에 기록하지 않은 내용까지 알려주었을 것입니다. 지금 바울은 디모데에게 자신에게 받은 모든 복음, 개인적으로 가르쳐준 내용까지 다 기억하라고 말합니다. 성경은 하나님에 대해 다 기록된 것이 아닙니다. 하나님의 사람들이 하나님을 만나고 경험한 내용이 성경 외에도 구전을 통해 전해지고 이어져 내려올 수 있습니다. 그래서 디모데에게 가르침을 받은 것을 듣고 넘기거나 신비하다고 감탄하는 수준에서 끝내지 말고 계속 곱씹으면서 기억하라는 것입니다. 바울은 예수님 이후 교회사에서 최고의 스승입니다. 디모데는 그에게 배운 것을 부단히 복습해야 합니다. 바울에게 들은 것을 무한 반복하여 묵상하고 생각하고 기억할 수 있도록 자기만의 시간을 확보해야 합니다. 혼자 보내는 시간도 주님을 생각하고 주님의 말씀을 기억하는 순간이므로 외롭지 않습니다. 성도들도 얼마든지 영적인 시간을 가질 수 있습니다. 그리고 우리 영혼이 하나님과 속삭이는 것을 느낄 것입니다.

9절 "복음으로 말미암아 내가 죄인과 같이 매이는 데까지 고난을 받았으나 하나님의 말씀은 매이지 아니하니라." 여기서 매였다는 것은 바울이 죄인의 신분이 되어 감옥에 갇힌 상황을 말하는 것일 수도 있고, 복음을 증거할 때 방해받은 것을 말하는 것일 수도 있습니다. 바울은 자신이 매여 있더라도 하나님의 말씀은 매여 있지 않다고 하였습니다. 사도 바울이 가르쳐준 말씀은 제자들을 통해서 계속 활동성 있게 퍼져 나가고 있기 때문입니다. 또한 다른 사역자들이 계속해서 복음을 전하고 있다는 의미도 있습니다(매튜 풀).

역사를 보면 기독교의 진리는 아무리 심한 핍박을 받을지라도 멀리까지 퍼져 나갔습니다. 그리고 지금까지도 전 세계에 복음이 전파되고 있습니다. 기독교 역사에서 순교한 성도의 수는 셀 수 없이 많습니다. 아마도 1억 명이 넘을 것입니다. 오늘날 성도 중에 주님 앞에 가까이 가고 싶어서 아무리 애를 쓴다고 해도 이미 복음을 위해, 주님을 위해 목숨을 바친 사람만 1억 명 이상이 주님 앞에 있을 것이기 때문에 그들보다 앞서기는 쉽지 않을 것입니다. 세상의 권력자들이 수많은 성도와 교회를 핍박했으나 교회는 명맥을 유지하였고, 시간이 지나면서 더 확장되고 발전하는 일이 반복되어왔습니다. 하나님의 말씀은 살아 움직이는 생명체와 같습니다. 그래서 하나님의 말씀은 매이지 않았다는 것은 2천 년이 지난 지금 보더라도 확실하게 성취된 말씀인 것을 알 수 있습니다.

10절 "그러므로 내가 택함 받은 자들을 위하여 모든 것을 참음은." 바울은 선택받은 자들을 위하여 기꺼이 고난을 감수했습니다. "택함 받은 자"들은 장차 복음을 듣고 믿고 나갈 모든 성도를 가리킵니다. 바울은 수많은 고통과 어려움이 있었지만, 참고 절제하면서 그들이 구원받도록 복음을 전해야 했습니다. 그래야 주께 택함받은 자들이 예수 그리스도가 구원자 되신다는 소식을 들을 수 있는 기회가 있고, 주님을 믿어 천국에 가기 때문입니다. 바울 사도는 이러한 거룩한 목적을 가지고 환경의 모든 어려움을 극복하고 헌신하였습니다.

"그들도 그리스도 예수 안에 있는 구원을 영원한 영광과 함께 받게 하려 함이라." 택함받은 자들은 예수님이 허락하신 구원을 영원한 영광과 함께 받습니다. 성도에게 구원만 강조하면 하늘나라에 대한 수많은 사실이 가려집니다. 성도가 예수님을 믿어서 구원받는 것은 당연하고, 거기에 더하여 영광스러운 자리에 들어가야 합니다. 모두가 다 영광스러운 자리를 똑같이 차지하지 못합니다. 상황, 위치, 대우는 각 사람이 충성한 분량에 따라 천양지차입니다. 천국은 구원과 영광이라는 중요한 요소가 있으므로 구원에 대한 것만 집중해서 가르치면 더 좋은 것인 영광을 잃어버릴 수가 있습니다. 구원은 또한 하늘에 가는 것으로만 한정되는 것이 아니라, 이 땅에서 거주할 때 모든 위기나 어려움에서 하나님의 은혜로 건짐을 받는 것도 포함됩니다.

11절 "미쁘다 이 말이여 우리가 주와 함께 죽었으면 또한 함께 살 것이요." 앞에서는 구원과 영광을 이야기하였고, 여기서는 죽음과 부활을 말하고 있습니다. "함께 살 것"이라는 말은 구원을 뜻합니다. 그런데 내가 주와 함께 죽어야 주님과 함께 살 수 있습니다. 만약 내가 주와 함께 죽지 않으면 나는 살 수 없고 구원도 받지 못한다는 것입니다. 구원이 없다면 당연히 영원한 영광도 없습니다. 결국 주와 함께 죽어야 구원과 영광을 다 받을 수 있습니다. 그러나 죽음이 꼭 순교만 뜻하는 것은 아닙니다. 주님이 십자가에서 죽으신 것은 성도의 죄 때문입니다. 성도의 죄를 다 짊어지시고 죽으신 주님과 함께 죽으려면 성도가 십자가 아래로 가서 자신의 죄를 인정하고 통회하며 자복하는 행동이 우선되어야 합니다. 나는 죄 때문에 죽어야 마땅하다고 탄식할 만큼의 회개와 겸손이 필요합니다. 내 죄를 짊어지신 주님께 석고대죄를 하는 마음으로 용서를 빌며 지은 죄를 철저히 회개하는 것입니다. 그렇게 할 때 주님이 다시 사신 것처럼 주님과 함께 살 수 있습니다. 진정한 죽음은 진정으로 회개할 때에만 가능합니다. 또한 회개란 입으로 하는 것으로만 그치는 것이 아니라 실제 삶에서 그리스도의 명령에 따라 죄와 싸우며 사는 것입니다. 그런 차원에서 진실한 회개는 쉽게 이루어지지 않습니다. 회개에 성공한 사람은 주님과 함께 천국에서 영원히 삽니다. 육신은 땅에 묻히지만 그의 영혼, 또는 속사람이라고 말하는 실제 우리 자신이 천국 백성이 되는 것입니다.

12절 "참으면 또한 함께 왕 노릇 할 것이요." 베드로도 주와 함께 왕 노릇 할 것을 말했습니다(참조. 벧전 2:9). 또 주님도 이 말씀을 하셨습니다. 왕은 권세가 있어서 모든 것을 지배하고 움직일 수 있습니다. 그런데 성도가 하늘나라에서 왕이 될 것이라고 말씀합니다. 왕이 존재한다는 것은 백성이 있다는 의미이며, 승리하는 신앙생활을 했을 때에야 왕과 같은 권세가 있다는 뜻입니다. 하늘나라에도 권세가 있는 자가 있고 없는 자도 있습니다. 간신히 구원받은 자에게는 권세가 있을 수 없습니다. 성도가 이 땅에서 어떠한 삶을 살았는지 주님은 천국에서 세밀하게 보상해주십니다. 그래서 진정으로 지혜로운 성도는 천국을 바라보며 살아갑니다.

"우리가 주를 부인하면 주도 우리를 부인하실 것이라." 문제는 성도가 주를 부인할 경우 주님도 성도를 부인하신다는 것입니다. 성도가 세상에서 핍박을 받을 때 박해자가 성도에게 만일 네가 예수를 부인하면 살려 주고, 믿는다고 하면 죽인다면서 협박하면 죽음을 모면하기 위해 주님을 부인할 수 있습니다. 6·25 전쟁을 일으킨 북한 군대가 대한민국에 쳐들어왔을 때 이런 일이 많았습니다. 또 일본이 우리나라를 점령했을 때에도 이런 일이 비일비재했습니다. 이 상황은 전국적으로 벌어졌고, 그때 많은 성도가 투옥되거나 순교하였습니다. 그러나 어떤 성도들은 죽음이 두려워서 핍박자 앞에서 주님을 부인하였는데 사회가 다시 안정된 다음 신앙을 회복하기 위해 교회에 나왔습니다. 그들이 협박을 받고 일시적으로 주님을 부인한 것이므로 용서를 빌고 다시 주님을 믿는다고 하면 누가 막을 길은 없습니다. 그렇다면 그가 전에 주님을 부인했으므로 천국에 갈 수 없다고 할 수 있을까요? 특정한 어떤 사람에 대하여 그가 믿음을 부인했다고 어느 누구도 확언할 수 없습니다(박윤선). 부인한 당사자가 확실히 마음으로 부인했는지, 아니면 겁이 나서 순간적으로 부인했는지, 겉으로만 부인하는 척한 것인지 사람이 볼 때는 알 수 없습니다. 성경에서도 베드로가 예수님이 잡히시던 밤에 주님을 세 번 부인했지만 주님은 그를 용서하시고 교회의 지도자로 사용하셨습니다. 결국 베드로는 복음을 위해 헌신의 삶을 살았고, 최후에 순교자가 되었습니다. 성도가 주님을 믿었지만 나중에 주님을 부인한 사람은 주님도 그를 부인하실 것이라고 하셨습니다. 이것은 주님을 부인한 죄를 회개하지 않고 끝까지 돌아오지 않은 자들을 가리킵니다. 결국 이 말씀은 교회에 발을 들여놓았다고 해서 천국 백성의 자격을 완성한 것이 아니며, 얼마든지 배교의 길로 갈 수 있다는 것입니다. 그러므로 한 번 구원은 영원한 구원이 아니라는 뜻으로 받아들일 수 있습니다. 예수님을 진심으로 믿고 회개하였다면 구원받은 백성이라고 말할 수 있지만, 천국에 들어갈 때까지 달려갈 길을 다 달려가야 합니다. 그리고 끝까지 믿음을 지켜야 합니다.

13절 "우리는 미쁨이 없을지라도 주는 항상 미쁘시니 자기를 부인하실 수 없으시리라." 주님이 자신을 부인하신다는 것은 사람과 비교해서 하신 말씀입니다. 사람은 언제는 주님을 잘 섬기고 언제는 믿음이 약해지며 거기에 더하여 배반하거나 부인할 수도 있지만, 주님은 그렇지 않으시다는 것입니다. "사람은 미쁨이 없을지라도"라는 말이 앞에서 주님을 부인하는 문제에 이어서 나오기 때문에 그렇게 해석할 수 있는 것입니다. 결국 사람은 연약하여 믿음이 온전하지 않고 흔들릴 수 있다는 것을 주님도 아십니다. 그러나 주님은 항상 미쁘셔서 언제나 우리를 사랑하시고 구원하기 원하십니다. 주님은 그분 자신을 부인하실 수 없으시므로 자신이 우리 인생과 하신 약속을 부인하시거나 변개하지 않는 분이라는 뜻입니다. 우리가 성령을 받고 택함을 받았다면 하나님은 그런 우리를 끝까지 붙잡아주시고 책임져주시며 도와주십니다. 그러나 우리는 신앙생활에 방심하여 고난이 닥쳤을 때 마귀의 훼방을 이기지 못하고 주님을 부인하는 참담한 상태가 되어서는 안 될 것입니다.

인정받는 일꾼

14절 "너는 그들로 이 일을 기억하게 하여 말다툼을 하지 말라고 하나님 앞에서 엄히 명하라." 디모데는 아시아에 있는 모든 교회의 우두머리입니다. 바울은 디모데에게 여기에 기록한 일들을 명심하여 항상 그 모든 교회를 깨우쳐 지키라고 합니다(렌스키). 사도 바울이 디모데에게 이렇게 말한 것은 디모데후서를 기록할 당시 교회의 가르침을 온전한 마음으로 받아들이지 못하는 사람들이 있었기 때문입니다. 여기서 "말다툼"은 정당한 변증이 아니고 입씨름이며, 익살스러운 논쟁이라고 할 수 있습니다. 특히 그 말다툼의 원인은 부활에 대한 가르침입니다. 주님은 성도가 죽으면 변형된 육체와 함께 부활하는 것을 가르쳐주셨는데, 그들은 합리적인 생각을 하면서 몸이 부활하는 것이 아니라 영혼이 구원받는 것을 부활로 생각하였습니다. 성도는 하나님을 체험하고, 중생을 체험하며, 죄 용서를 체험합니다. 중생 체험은 내 앞에 하나님이 계신 것을 알고, 나를 위해 그리스도가 대신 십자가를 지시고 죽으신 것을 깊이 깨달으며, 나의 죄를 깊이 회개한 뒤 죄 용서함을 얻는 것을 말합니다. 부활은 성도가 죽었을 때 영혼이 변화된 모습으로 바뀌어 하늘에 올라가 사는 것을 말합니다.

성도가 부활하면 영혼의 모습으로만 존재하는 것이 아니고 영혼이 육체를 입는데, 그것은 현재의 육체와는 전혀 다른 새로운 부활체로서의 육체입니다. 주님이 부활하신 모습이 그 원형입니다. 주님은 부활하시고

40일 동안 이 땅에 계시면서 음식을 드셨고, 시공간을 초월하시는 모습을 보여주셨습니다. 천사들도 이 땅에 와서 음식을 먹었습니다(창 19:3). 하늘나라에도 음식이 있고, 생명나무 열매가 있으며, 잔치도 열립니다. 만약 영혼만 있다면 음식을 먹는다는 것은 말이 안 됩니다. 천사가 음식을 먹으면 마귀도 음식을 먹는다는 논리가 성립됩니다. 천사에서 타락한 것이 마귀이기 때문입니다. 부활한 성도들도 영적 존재이므로 마찬가지가 됩니다.

중생을 부활로 볼 수 없음에도 당시 교회 안에 그렇게 주장하는 사람들이 있었던 것입니다. 그래서 바울은 그들과 더 이상 다투지 말고 대신 엄히 명하라고 가르치는 것입니다. 교회 안에서 교리 문제로 다투면 은혜가 될 리 없습니다. 서로 이야기를 들어주고 기도하며 연구하고 평가해야 합니다. 진리에 대해 새로운 주장을 하거나 판단할 때에는 매사에 조심해야 합니다. 경험적으로 보면 기독교 안의 유력한 지도자들은 남을 쉽게 비판하지 않습니다. 성도의 삶과 신앙을 너무 쉽게 정죄하는 사람은 정의를 내세우는 것 같지만 실상은 자기 의가 크기 때문입니다. 교회 안에서 어떤 사람이 남에 대해 서슴없이 비판하거나 과도하게 자신의 주장을 내세울 때, 너무 격이 떨어지는 말을 하거나 소란을 피우듯이 한다면 그에게 발언권을 줄 필요가 없습니다. 유대인의 회당에서도 아무에게나 발언권을 주지 않았습니다. 회당장은 성도들 앞에 세워 가르치게 할 사람은 사전에 충분히 토론하고 대화하여 검증한 뒤 성도 앞에 세웠습니다. 바울 당시 그리스에서 활동했던 스토아 학파들도 아무 사람이나 자신의 주장을 설파하도록 허용하지 않았습니다. 토론방에서 서로 토론하고 그곳에서 인정받은 사람이 대중이 모인 장소에서 발언할 수 있게 했습니다. 어느 시대이든지 이런 절차를 거치지 않고 자기 마음대로 사람들 앞에서 자신의 의견을 말하거나 가르치면 질서가 무너집니다. 교실 안에서도 선생님이 허락을 해야 발언할 수 있고, 국회에서도 발언 시간을 엄수하지 않고 마음대로 발언하면 마이크를 꺼버립니다. 교회에서도 자기 마음대로 사람을 모아놓고 가르치고 발언한다면 이는 거룩한 질서를 어지럽히는 행동입니다.

특히 진리를 알기 위해 연구하려는 목적으로 토론하는 것이 아니라 서로 자신의 주장이 옳다고 말다툼을 하는 것은 교회에서 용인할 수 없습니다. 하나님이 임재하신 곳이라고 생각한다면 그런 거룩한 장소에서 말다툼을 할 수는 없습니다. 교회 안에서 떠들어대는 그들에게 과연 하나님이 계신지 의문을 품을 수 있습니다. 자식들이 부모님 앞에서 서로 막말을 하며 싸우는 것은 불효입니다. 직장에서 상사 앞에서도 함부로 싸울 수 없는데 하나님께 예배드리는 장소에서 다투고 싸우는 행위는 그의 마음에 하나님이 없거나 하나님을 두려워하지 않는 경거망동한 태도입니다. 그래서 바울은 그런 사람이 없도록 엄히 명하라고 말한 것입니다.

"이는 유익이 하나도 없고 도리어 듣는 자들을 망하게 함이라." 문제는 교회 안에서 말다툼하는 것은 유익이 하나도 없다는 것입니다. 게다가 듣는 자들을 망하게 한다고 하였습니다. 지도자들이 교회에서 말다툼하는 것을 보고 믿음이 약한 자들이 시험에 들어 교회를 떠날 수 있고, 그렇게 되면 그 사람이 주님을 떠나게 되므로 영적으로 망하게 되는 것입니다. 결국 교회에서 다투는 것은 다른 사람이 구원받을 길을 가로막는 큰 죄입니다. 작은 소자 하나라도 실족하게 하면 연자 맷돌을 매고 바다에 빠지는 것이 낫다고 주님이 말씀하신 것을 기억해야 합니다(막 9:42). 연자 맷돌은 집에서 쓰는 작은 맷돌이 아니라 소가 끌어 움직이게 하는 큰 맷돌입니다. 여기에 작은 소자를 실족하게 한 장본인을 묶어서 바다에 빠뜨린다는 것은 끔찍한 말씀입니다. 이 말씀을 믿는다면 교회에서 분을 참지 못하며 말다툼을 하는 것은 기필코 절제해야 할 일입니다.

15절 "너는 진리의 말씀을 옳게 분별하며 부끄러울 것이 없는 일꾼으로 인정된 자로 자신을 하나님 앞에 드리기를 힘쓰라." 바울은 디모데에게 "옳게 분별하여"라고 하였는데 이는 바로 알고 바로 분석하라는 뜻입니다. 지도자가 왜곡된 사상을 받아들이거나 비진리에 미혹된다면 자신과 그의 지도를 받는 사람들이 함께 망하는 것입니다. 또한 "부끄러울 것이 없는 일꾼"으로 하나님 앞에 스스로를 드려야 한다고 말했습니다. 예수님을 믿는 것은 나를 하나님께 드리는 것입니다. 그러므로 성도는 나 자신을 하나님께 온전히 드리도록 심혈을 기울여야 합니다. 그러나 나를 드릴 때는 진리의 말씀을 옳게 분별하고, 또 부끄러울 것이 없는 일꾼으로 인정되어야 하나님께 온전히 드리는 것이 됩니다. 하나님이 인정하실 수 있는 믿음, 인격, 기도, 충성을 보여야 하나님이 받아주실 것입니다. 자식은 먼저 부모의 인정을 받아야 사회에서 인정받을 수 있습니다. 하나님의 자녀인 성도들도 하나님께 인정받는 것을 최우선으로 삼아야 합니다.

진리를 옳게 분별하려면 기도도 많이 하고, 독서에 힘을 쏟으며, 다른 사람의 권고도 경청하는 등 겸허한 자세가 필요합니다. 무엇보다 검증된 훌륭한 선생의 지도를 받아야 합니다. 이렇게 모든 것이 갖추어지고 영적이면서도 합리적으로 분별해 나간다면 하나님의 인정을 받을 수 있는 자가 됩니다.

성도는 하나님 앞에서 인정받는 자가 될 수 있도록 자신의 존재 가치를 높여 나가야 합니다. 하나님은 성도의 신앙생활을 평가하고 계십니다. 성도는 교회 안에서뿐 아니라 가정에서나 사회에서도 사람들의 인정을 받아야 합니다. 독불장군처럼 제 마음대로 행동하는 사람은 품격이 사라진 자격 없는 지도자입니다.

16절 "망령되고 헛된 말을 버리라." 여기서 "망령"은 하나님께 속하지 않은 것이며 거룩하지 않은 말입니다. "헛된 말"은 무익한 설화를 가리킵니다(박윤선). 유대인들은 스스로 아브라함의 후손인 것을 자랑합니다. 그리고 조상들에 대해 별의별 것을 다 기억합니다. 특히 랍비들은 공부를 많이 하는 사람들이지만, 과거 인물에 대해 성경에 근거하지 않은 상상의 글도 많이 봅니다. 이런 내용들은 진리가 아니며, 그런 망령되고 헛된 말은 신앙생활에 아무 유익을 주지 못합니다. 버려야 할 쓰레기를 주워 담는 행동인 것입니다. 한심한 것은 그런 가르침에 현혹되어 진실된 말씀을 외면하는 자가 많다는 것입니다.

"그들은 경건하지 아니함에 점점 나아가나니." 헛된 말을 하거나 거기에 빠져있는 사람의 행위를 보면 말은 많은데 경건하지 않은 것을 발견할 수 있습니다. 하나님 앞에 서는 시간은 점점 줄어들고, 대중 앞에 서서 헛된 것을 가르치기를 좋아합니다. 또한 엉뚱한 말을 진리인 것처럼 늘어놓고 헛된 칭찬과 존경받기를 좋아합니다. 그런 혼탁한 분위기 속에서 성도들이 정신을 차리지 않는다면 영적으로 성장할 리가 없습니다.

17절 "그들의 말은 악성 종양이 퍼져나감과 같은데 그 중에 후메내오와 빌레도가 있느니라." 바울이 볼 때 후메내오와 빌레도 등 망령되고 헛된 말을 하는 사람들이 교회 안에 있는데, 그들의 존재는 악성 종양과 같다고 합니다. 악성 종양은 몸속에서 계속 세포를 썩게 하고 온몸에 균을 퍼트려서 그 부분을 차지하여 생명을 썩게 하므로 죽음에 이르게 합니다. 이것은 이단을 가리키는 말입니다. 이들은 교회에 다니고 있고 교회에서 가르치는 지도자일 텐데도 바울은 가차 없이 혹평합니다. 바울은 교회 안에 이렇게 사람과 교회 공동체를 죽이는 말을 하는 지도자가 있다고 말합니다. 감언이설로 성도를 미혹하고 잘못 가르쳐 영적으로 죽게 합니다. 복음을 바꾸려는 자들은 성도의 마음에 독을 붓는 자들입니다(키프리아누스). 그래서 이런 일을 경계하기 위해 바울은 디모데에게 그들의 이름까지 정확히 거명하면서 편지를 쓰고 있습니다. 이것은 인격모독이 아니며 방어막을 치는 것이고, 종양을 잘라내는 수술과 같은 행동입니다. 진리를 왜곡하는 이런 사람이 교회에 다닌다고 해도 천국에 갈 수는 없습니다. 그러므로 후메내오나 빌레도는 천국과 관계가 없는 자라고 할 수 있습니다.

18절 "진리에 관하여는 그들이 그릇되었도다." 바울이 진리에 관해 말한 것은 그들의 모습 전체가 문제가 아니라 오직 진리의 문제에 있어서 잘못되었다는 것입니다. 그들도 다른 부분에서는 좋은 모습을 보였으므로 지도자가 되었을 것입니다. 봉사나 선행에 있어서는 혹시 좋은 점을 발견할지 모르지만, 진리에 대해서는 바르지 않다고 단언합니다. 사실 하나님을 믿는 성도에게 중요한 것은 진리, 믿음, 생각입니다. 생각이 바뀌어야 생활이 바뀌고, 정상적인 성도로 살아갈 수 있습니다. 한번 불순한 사상이 들어가면 고치기 어렵습니다.

"부활이 이미 지나갔다 함으로 어떤 사람들의 믿음을 무너뜨리느니라." 그들의 잘못된 진리가 무엇인지 밝히고 있습니다. 그들은 주님이 부활하신 것으로 부활은 끝났고 성도는 죽은 뒤 부활할 수 없다고 가르쳤습니다. 자녀를 출산하는 것이 부활이라고 하는 사람들, 이미 에스겔 시대에 부활이 일어났다고 하는 사람들, 또한 제자들이 그렇게 믿는 것뿐이라는 자들이 있었습니다(테오도레투스). 기독교의 핵심 진리가 예수 그리스도의 부활인데 교회에서 가르치는 자들이 감히 부인하고 있는 것입니다. 이런 가르침으로 정상적인 성도들을 미혹시키고 믿음에서 떨어지게 만드는 사악한 죄를 저지릅니다.

19절 "그러나 하나님의 견고한 터는 섰으니 인침이 있어 일렀으되 주께서 자기 백성을 아신다 하며 또 주의 이름을 부르는 자마다 불의에서 떠날지어다 하였느니라." 하나님의 견고한 터는 하나님의 교회가 그분의 선택적 은혜로 확립되어 있음을 가리킵니다. 이단으로 멸망하는 자들도 많지만, 하나님께 택함받은 자는 구원의 자리에서 떨어지지 않습니다. 어느 누구도 이 터를 무너뜨리거나 변형시킬 수 없습니다. 그러므로 인침을 받은 성도들이 하늘에 가면 부활체로 살 수 있습니다. 또한 주의 이름을 부르는 자는 주님이 아십니다. 주님이 인치셨기 때문입니다. 이 인침을 어느 누구도 지울 수 없습니다. 주님이 인정하시는 신분이 되면 죄와 싸우고 악에서 떠나야 합니다. 선의 근본이신 주님과는 악이 함께 할 수 없기 때문입니다. 만일 성도라고 하면서 주의 이름도 부르지만 진리를 왜곡하고, 특히 성도의 부활이 없다고 주장한다면 결코 용납할 수 없습니다. 성도들이 주님이 가르쳐주신 진리를 붙들고 가다가 연약하여 실수하거나 넘어질 수는 있지만, 불의라는 늪에서 아무 감각 없이 계속 머물러 있는 것은 용납하기 어렵습니다. 바울은 이것을 디모데에게 말해 주었습니다.

그릇의 종류

20절 "큰 집에는 금 그릇과 은 그릇뿐 아니라 나무 그릇과 질그릇도 있어 귀하게 쓰는 것도 있고 천하게 쓰는 것도 있나니." 여기서 큰 집은 하나님의 교회를 가리킵니다(칼뱅). 더 넓게는 하나님의 나라를 말할 수도 있습니다. 이 세상에서 하나님의 나라보다 큰 집은 없습니다. 하나님은 온 우주를 하나님의 집으로 생각하시는데, 특히 전 세계의 교회들은 다 하나님의 집입니다. 그런데 그 집에는 금 그릇, 은 그릇이 있다고 하셨습니다. 이는 귀금속으로 된 값어치 있는 그릇입니다. 그러나 그런 그릇뿐 아니라 나무 그릇과 질그릇도 있다고 비교하면서 말씀하십니다. 그릇은 성도들이 받은 은사의 품질을 가리킵니다(박윤선). 사도 바울은 경제적으로 넉넉한 가정에서 태어나 성장하였는데 그의 부친은 장사를 해서 부를 축적하였습니다. 또 사도 바울은 로마의 황제도 알현해보았기 때문에 황궁 안에서 온갖 귀한 물건을 접촉할 기회가 있었을 것입니다. 또한 귀족들과 사귀면서 그들 집 안에서 금 그릇이나 은 그릇도 사용해보았을 것입니다. 또 바울은 전도 여행을 하면서 척박한 환경을 체험하고 극심한 가난도 경험했습니다. 그러므로 그들이 사용하는 나무 그릇과 질그릇도 사용해보았을 것입니다. 이 세상은 수많은 재질의 그릇이 있습니다.

바울의 말은 교회 안에서 어떤 사람은 금 그릇이고 어떤 사람은 은 그릇이며, 또 어떤 사람은 나무 그릇, 질그릇과 같은 종류의 사람이 있다고 말하는 것입니다. 그릇을 만드는 재료는 다양하고 용도가 다 다르다는 것을 누구나 알고 있습니다. 성도는 교회 안에서 자신이 어떤 종류의 그릇인지 알고 그 사실을 받아들여야 거기에 걸맞은 적합한 일을 할 수 있습니다. 나무 그릇이면서 금 그릇이 하는 역할을 하고 싶다고 할 것이 아니라 자신이 잘할 수 있는 나무 그릇의 역할을 충성스럽게 감당해야 합니다. 금 그릇의 문제는 집주인이 귀중한 손님이 오시는 만찬에만 그릇을 사용하고 평소에는 보관만 해둔다는 것입니다. 값은 비싸지만 자주 쓰임을 받을 수 없다는 약점이 있습니다. 반면 나무 그릇이나 질그릇은 자주 쓰이지만 더러워지고 깨지는 경우도 많습니다.

21절 "그러므로 누구든지 이런 것에서 자기를 깨끗하게 하면 귀히 쓰는 그릇이 되어." "이런 것에서"라고 하였는데 이는 앞에서 언급된 이단들의 잘못된 가르침을 말합니다. 성도들이 이단들의 꾐에 넘어가 더럽혀지지 않고 깨끗한 신앙을 가져야 한다는 것입니다. 그릇의 가치와 용도도 중요하지만, 더 중요한 것은 주인이 사용하려고 할 때 즉시 사용 가능한 깨끗한 상태를 유지해야 합니다. 예수님을 믿는 순간부터 이미 다 깨끗해진다고 하면 바울이 구태여 이 말을 할 필요가 없었을 것입니다. 그런데 바울이 자신을 깨끗이 하라고 하는 것은 예수님을 얼마나 오래 믿었는지는 상관없이 자신을 깨끗이 하는 과정이 반드시 필요하다는 뜻입니다. 그리고 주어를 확실하게 지칭하지 않았으므로 계속되는 교훈의 대상이 모든 기독교인이라고 할 수 있습니다(거스리). 이 말씀을 생각해보면 성도로 표현되는 그릇은 금 같은 귀한 재료로 만들어진 그릇이 아니더라도 스스로를 깨끗하게 한 그릇은 귀하게 쓰일 수 있다는 것입니다. 깨끗함은 죄와 관계된 것으로, 죄는 그릇을 더럽힙니다. 그러므로 죄를 회개하여 더러워진 것을 깨끗이 씻어내야만 주인에게 쓰임받을 수 있습니다. 성도는 이렇게 청결하게 하는 과정을 평생 실천해야 합니다. 특히 부활을 부정하는 잘못된 이단의 가르침에 빠지지 말아야 할 것입니다.

"거룩하고 주인의 쓰심에 합당하며 모든 선한 일에 준비함이 되리라." 또 쓰임을 받을 때에는 누구에게 어떻게 쓰이는지도 중요합니다. 깨끗하고 거룩해지면 주인이 쓰신다고 하셨습니다. 자신을 청결하게 하면 하나님께 거룩한 자로 바쳐지기에 합당한 자가 된다는 뜻입니다. 교회와 성도의 주인이신 분은 바로 하나님입니다. 하나님은 성도가 깨끗한 사람이 되어야 모든 선한 일에 준비가 된다고 하셨습니다. 주인이 집에 그릇을 둔 이유는 좋은 일에 쓰려고 미리 준비한 것입니다. 하나님은 성도들을 잘 양육하셔서 하나님이 계획하신 선한 일에 쓰십니다. 하나님은 절대 악한 일에 개입하거나 시도하지 않으시고 오직 선한 일만 하십니다. 교회 공동체에 들어온 모든 사람은 다 하나님께 쓰임받을 수 있는 그릇이고, 그 한 사람 한 사람이 다 하나님이 사용하시는 대상이 됩니다. 또한 목사는 금 그릇, 직분자는 은 그릇, 일반 성도는 나무나 질그릇으로 정해진 것이 아닙니다. 그릇의 재료는 직분과 큰 관계가 없습니다. 어떻게 보면 중요한 직책에 있는 사람이 하찮은 그릇인 경우도 있습니다. 이것은 잘못된 경우입니다. 또한 성도라면 누구든지 쉽게 할 수 있는 일을 금 그릇이나 은 그릇의 소양을 가지고 있는 사람이 맡아서 한다면 이것은 교회의 손실입니다. 하나님은 어떤 재질이든지, 크기가 어떻든지 간에 자신의 죄를 회개하고 영혼과 육체를 깨끗이 씻은 사람이라면 선한 일에 적합하게 사용하실 것입니다. 모든 사람이 하나님이 사용하실 것을 생각하고 자신을 깨끗하게 하여 거룩하다고 인정받는 성도가 되어야 합니다.

영적으로 보면 각 사람은 심령에 그릇이 있습니다. 심령의 그릇이 크고 하나님이 주시는 은혜의 물이 그 그릇에 차고 넘치면 하나님의 사역을 기쁨으로 잘 감당할 수 있습니다. 그들은 항상 충만한 상태에서 주의 일을 합니다. 심령의 그릇이 작고 은혜의 물이 적으면 몇 시간도 기도하지 않았는데도 금방 지칩니다. 주의 일을 할 때에도 쉽게 지치고 별 것 아닌 일에 낙심합니다. 그들은 어쩔 수 없이 초라한 모습을 보입니다. 그리고 그릇의 재질도 각자 다른데 금 그릇이나 은 그릇인 사람은 주변에서 쉽게 볼 수 없습니다. 심령의 그릇이 얇은 유리그릇인 성도가 있다면 마음이나 믿음이 쉽게 깨질 수 있습니다. 그래서 작은 일에도 상처를 잘 받고 시험에 들어 교회를 떠나기도 합니다. 그런 사람은 잘 성장하여 그릇이 단단해질 수 있도록 기다려주고 도움을 주는 것이 필요합니다. 그것이 교회가 할 일입니다. 심령의 그릇이 양철처럼 보이는 재질로 된 성도는 상처를 받으면 쉽게 찌그러져서 마음이 좁아집니다. 마음가짐이 예쁜 사람은 그릇의 크기나 재질과 상관없이 그릇의 모양이 예쁘고 무늬가 정교하게 새겨져 있습니다. 어떤 사람은 사탄의 공격을 받아서 그릇에 금이 가거나 구멍이 뚫릴 수도 있습니다. 그런 경우는 대부분 약한 재질로 만들어진 그릇입니다.

성도는 영적으로 성장하고 마음의 그릇을 잘 준비해야 합니다. 준비가 되지 않으면 주님이 일을 맡겨주셔도 효과적으로 잘 감당하지 못합니다. 교회에 일꾼이 부족하다고 해서 준비도 되지 않은 사람을 세워서 일을 맡기면 잡음이 많이 생기고 일이 원활하게 진행되지 않을 때가 많습니다. 그래서 교회는 일꾼을 세우기보다는 먼저 성도들의 그릇이 잘 준비되도록 협력해야 합니다. 교회는 성도에게 직분을 맡기기에 앞서 성도의 마음 그릇을 넓히고 단단하고 깨끗하게 하며, 그 안을 은혜의 물로 가득 채워야 합니다. 가능하면 좋은 재질의 그릇으로 만들기 위해서 끊임없이 기도하고 노력하며 연단도 받아야 합니다. 그렇게 된다면 하나님이 그분의 계획에 따라 각 사람에게 적합한 일을 맡겨주실 것입니다. 하나님께 쓰임받는 그릇이 된다는 것은 영광스러운 일입니다.

거역하는 자들

22절 "또한 너는 청년의 정욕을 피하고." 거스리는 이 구절에서 "그러므로 청년의 정욕을 피하고 의를 목표로 하라"(R.S.V)고 번역된 것에 주목합니다. 바울은 젊은 디모데에게 권고합니다. 청년들은 원하는 것도 많고 꿈도 많습니다. 이것이 정상입니다. 젊은 청년들이 꿈이 없다면 그 나라의 장래는 암울할 것입니다. 많은 교육자들이 이 시대 젊은 청년들은 당장 먹고사는 문제만 해결된다면 이후에는 인생을 즐기면서 살고 싶어 하고 큰 꿈은 갖지 않는다는 우려의 말을 합니다. 이 구절에서는 청년들이 "정욕"이 있다고 하였는데, 여기서 말하는 정욕은 성욕만이 아닌 여러 가지를 포함합니다. 세상에서 추구할 수 있는 다양한 욕구, 즉 재물에 대한 욕심과 쾌락, 사치에 대한 욕구 등이 포함된 것입니다. 그런데 바울은 그런 청년의 정욕을 피하라고 하였습니다. 젊은 청년에게 세속적인 마음이 없어지는 것은 근본적으로 불가능하기 때문에 피하라고 한 것입니다.

사람은 육체를 가지고 있으므로 그 육체의 욕구가 있습니다. 그것은 절제하기 어렵고 완전히 끊어내거나 막을 방법이 없습니다. 세계적인 영성가라도 교만이나 성적 욕구 등은 완전히 사라지지 않습니다. 그래서 인간인 것이고, 사탄이 공격할 수 있는 약간의 허점이 보일 수밖에 없습니다. 그러므로 아무리 거룩하게 살고 있다 하더라도 바울이 말한 것처럼 나는 "죄인 중에 괴수"라고 고백하며 주님 앞에 낮은 자세로 임하게 됩니다. 하나님의 사람도 사람으로서 하나님의 일을 하는 것일 뿐입니다. 어떤 욕구는 정상이지만, 어떤 것은 마귀가 충동질하여 생기는 것도 있습니다. 사람마다 마귀의 영향을 받는 정도가 다릅니다. 그러나 보통 사람들은 그 욕구가 정상인지 아니면 마귀의 영향을 어느 정도 받고 있는 것인지 분별하기가 어렵습니다. 열매가 나쁠수록 마귀의 영향을 많이 받았을 것으로 짐작만 합니다. 젊은 목사인 디모데도 완전한 의인이 아니기 때문에 세속적인 욕망을 품고 있을 수 있습니다. 물론 그는 수준 높은 하나님의 종이므로 세상 사람들이 소원하는 욕망과는 차별되고 건전한 부분에서 욕망을 가졌을 것입니다. 하지만 인간으로 살아가는 이상 아무리 경건생활에 힘쓴다고 해도 세상적인 욕구가 완전히 없다고 할 수 없습니다. 욕구가 있더라도 절제하고 영적으로 유익한 곳으로 관심을 돌리는 노력과 수고가 필요합니다. 성도는 하나님의 말씀에 따라 회개하고 죄를 끊어내면 세상적인 성공과 육체적인 정욕을 따르는 것이 인생의 목적이 아닌 것을 깨닫게 됩니다. 예수님을 믿음과 동시에 세상적인 욕구가 자연적으로 없어지는 것이 아니라 회개와 기도와 절제와 노력의 과정이 절실히 필요합니다.

"주를 깨끗한 마음으로 부르는 자들과 함께." 바울은 디모데에게 신실한 사람들과 함께하라고 말합니다. 성도는 인생의 방향을 잘 정해야 합니다. 주님을 섬길 때 자기 사욕이 아닌 깨끗한 마음을 가져야 합니다. 오직 예수님 중심으로 살기로 작정해야 합니다. 또 그런 깨끗한 마음으로 주님을 부르는 자과 함께 동고동락하면 좋겠습니다. 성도가 어떤 친구를 사귀는지는 중요합니다. 진실성이 없고 행실이 좋지 않은 사람들과는 거리를 두어야 합니다. 주님을 사랑하고 주님을 위해 깨끗하게 살려고 애쓰는 사람들을 찾아내는 수고도 필요합니다. 그런 깨끗한 사람들은 소수입니다. 하나님의 말씀대로 깨끗이 사는 것이 그 당시에는 바보 같고 손해처럼 보여도 인생 전체를 놓고 보면 영적으로나 육적으로 유익인 것을 알 수 있습니다.

"의와 믿음과 사랑과 화평을 따르라." 그렇다면 디모데가 그렇게 깨끗한 사람들과 함께 추구해야 하는 일이 무엇인지를 알려줍니다. 바로 "의와 믿음과 사랑과 화평"입니다. "의"는 바른 것이며 하나님의 속성 중에 으뜸입니다. 이는 모든 덕스러운 것을 포함하는 단어입니다. 그러나 이단이나 미신에는 의로운 것이 없습니다. 의는 하나님 앞에서도, 사람들 앞에서도 바른 인생을 살아가는 것입니다. 어떤 것이 바른 것인지를 생각하면서 끊임없이 추구해나가야 합니다. 사람들이 바른 길을 찾아가더라도 실수할 수 있지만, 그 방향을 확실하게 정하고 죽는 순간까지 추구해야 합니다. 하나님은 바른 분이고 하나님을 섬기는 사람도 바르게 살아야 합니다. 그래서 사회에서 누구나 쉽게 어길 수 있는 작은 규칙이나 규범도 잘 지키려고 애써야 합니다. 횡단보도를 건널 때에도 신호등을 잘 보고 건너며, 운전할 때에도 교통 법규를 잘 지켜야 합니다. 작은 쓰레기도 함부로 버려서는 안 됩니다. 문화 시민이라면 사회에서 정한 규칙을 잘 지켜야 마땅합니다. 게다가 하나님을 바라보는 사람이라면 더욱 바른 것을 추구하며 살아야 합니다. 부동산 투기나 사행성 있는 어떤 것에 귀를 기울이면 안 됩니다.

"믿음과." 여기서 바울은 디모데와 디도에게 믿음에 대하여 여러 곳에서 언급합니다(4:12, 6:11, 딛 2:2). 믿음이란 기록된 성경 말씀을 또한 하나님과 깊은 교제를 통해 주시는 말씀을 믿고 따르는 것입니다. 여기서 가장 중요한 것은 하나님의 살아계심과 예수 그리스도의 죽음과 부활입니다. 그리고 사람은 죄인이라는 사실입니다. 하나님을 믿는 사람들이 모여서 하나님을 더 잘 믿고 따르기 위해 힘써 노력해야 합니다. 하나님께 가까이 나아가면 하나님의 뜻을 알 수 있습니다.

"사랑과." 예수님을 잘 믿는다면 예수님이 우리를 사랑하신 것처럼 우리도 다른 사람들을 필연적으로 사랑해야 하고, 특히 가족을 사랑해야 마땅합니다. 제일 중요한 것은 언제나 '나'를 사랑하는 것이 사랑의 출발이라는 것입니다. 자기를 사랑하지 않는 사람이 의외로 많습니다. 무엇보다 나는 하나님의 자녀요 예수 그리스도의 신부라는 것을 깊이 인식하며 사는 것입니다. 날마다 회개하여 자신을 거룩한 주님의 신부로 만들어가야 합니다. 그러면 자연스럽게 하나님의 자녀이며 주님의 신부인 나 자신을 영적으로 존중하게 됩니다. 또한 고삐 풀린 망아지처럼 제멋대로 돌아다니듯 살지 않습니다. 그러므로 가족이나 다른 사람을 위한다는 명목으로 기도에 게으르거나 영적 생활을 희생하면 안 됩니다. 이 세상에서 나 자신이 가장 소중하므로 하나님이 원하시는 인생을 살아가는 것은 자신을 사랑하는 최고의 인생입니다. 하나님의 사랑을 받으므로 나를 행복하게 만들고, 내 자존감을 높이며 살 수 있도록 스스로 여건을 만들어가야 합니다. 자기를 사랑하는 사람은 자신이 소중하므로 타인도 소중한 것을 압니다. 내 생명이 소중하므로 다른 사람의 생명도 소중히 여깁니다. 반면에 자기를 진심으로 사랑하지 않는 사람은 가족도 사랑하지 않고 타인의 인권도 존중하지 않습니다. 만일 성도라 할지라도 자기만 소중하게 생각하고 남은 함부로 대하는 사람이 있다면 마귀의 영향을 받은 자입니다. 마귀는 공격 상대를 가리지 않고 그 사람을 망치려고 달려듭니다. 자기를 사랑하고 가족을 사랑하는 사람이 교회와 이웃을 사랑할 수 있습니다. 가족을 사랑하지 않으면서 교회에서 봉사한다는 것은 그 진실성을 의심할 수밖에 없습니다. 자신의 가정을 뒤죽박죽으로 만들어놓고 문제가 있는 남의 가정을 정상적으로 만들겠다고 나서는 사람은 믿을 수 없습니다. 예를 들어, 자신의 어린 자식들을 굶기면서 다른 사람의 식생활을 염려하는 것은 정신 나간 행동이며 바른 것이 아닙니다. 그들은 다른 사람이 챙겨줄 수 있지만, 내 자식은 내가 챙겨야 합니다. 자기 집을 은혜로 다스리지 않으면서 나라를 다스린다고 앞에 나설 수 없습니다. 나, 가족, 그다음이 교회이고 직장이며 나라입니다.

"화평을 따르라." 교회 공동체 안에서 믿는 사람끼리 화평하게 지내는 것이 중요합니다. 세상에서도 화평을 이루도록 힘써야 합니다. 싸움은 어떤 이유라도 좋지 않습니다. 가족 간에도 분쟁이 일어나는 경우가 많은데 싸움이 벌어지는 원인에는 악한 영들의 영향이 반드시 있습니다. 싸우는 사람 중 양쪽이 다 잘못된 경우도 있고, 한쪽은 의롭지만 한쪽이 문젯거리일 수 있습니다. 최악은 양쪽 모두 회개가 되지 않아서 사탄의 조종에 놀아나는 경우입니다. 진리를 위해서는 목숨을 걸고라도 싸워야 하지만, 우리의 삶에는 하나님과 화평하고 가족과 화평하며 이웃과 화평해야 합니다. 사소한 것, 본질이 아닌 것을 놓고 분쟁하는 경우가 가정과 교회 그리고 이 세상에 너무 많습니다.

23절 "어리석고 무식한 변론을 버리라 이에서 다툼이 나는 줄 앎이라." 바울은 디모데에게 교회 안에 다툼이 일어나는 이유에 대해 말하고 있습니다. 바로 "어리석고 무식한 변론" 때문입니다. 이는 '잘못 교육받은', 즉 '무감각'하다는 뜻입니다. 디모데가 목회하는 현장에 이런 일이 있습니다. 목회자인 디모데는 이런 사실을 알아야만 합니다. 결국 어리석고 무식한 변론이 사라지면 교회 안에서 싸울 일이 없어지는 것입니다. 교회 안에는 지엽적인 문제를 대단한 진리로 오인하고 다투는 일이 많고, 무식함에서 기인한 쓸데없는 다툼도 많습니다. 윤리와 도덕의 무지와 세상 지식의 무지도 있지만, 영적 무지가 가장 많을 것이고 이는 가장 심각한 문제를 야기합니다. 성도라고 모두 완전한 것은 아니고, 외형은 어른이고 지도자인데 속은 어린아이 같은 사람도 많습니다. 지도자인 디모데도 얼떨결에 이런 한심한 싸움판에 끼어들 수 있습니다. 지도자의 이런 행동은 교회의 권위와 수준을 떨어뜨립니다. 교회가 권위를 잃는 것은 외부의 공격이 아니라 내부의 영적 무지와 무능 때문입니다.

24절 "주의 종은 마땅히 다투지 아니하고 모든 사람에 대하여 온유하며 가르치기를 잘하며 참으며." 모든 기독교인이 주의 종이라고 불리는데 반하여 여기서는 제한적인 의미로 쓰이고 있습니다(거스리). 디모데는 주의 종이므로 바울은 주의 종이 해야 할 일에 대해 권고하고 있습니다. 먼저 "마땅히 다투지 아니하고"를 기억해야 합니다. 앞에서 말했듯이 주의 종은 교회 안에서 지도자나 성도들과 다투면 안 됩니다. 어떤 피치 못할 문제가 발생했어도 최대한 은혜롭게 해결해야 합니다. 특히 지도자가 물질 문제로 다툰다면 더 천박한 일입니다. 탐욕을 품지 말라고 가르치고는 정작 자신이 탐욕의 사신처럼 행동한다면 그동안 가르친 모든 교훈이 공허한 말장난으로 전락할 것입니다. 싸움을 피하고 최대한 양보하는 것이 진실한 종의 모습입니다. "온유하며." 무엇보다 온유한 자세로 성도를 가르쳐야 합니다. 우리는 하나님을 진실로 바라볼 때 온유해지며, 그런 자세로 교회를 돌볼 때 열매가 있습니다. 성도라고 해도 아직 완성품이 아님을 인식하면 됩니다. "가르치기를 잘하며." 성도 중에 일반적인 은사 중 잘 가르치는 은사를 하나님께 받은 사람이 있습니다. 특히 지도자가 성도를 양육하려면 풍부한 지식과 훌륭한 가르침이 필요합니다. "참으며." 교회 안에 수많은 문제가 발생할 때 지도자다운 태도를 취하기 위해서는 참는 길밖에 없습니다. 참아낼 때 불미스런 문제도 잠잠해집니다. 주님은 이 땅에서 수많은 고통과 어려움을 참으셨습니다.

25절 "거역하는 자를 온유함으로 훈계할지니." 거역하는 자는 주님의 말씀을 거역하는 자입니다. 이는 사람들의 정책이나 의견에 반대하는 것을 말하는 것이 아니라 원천적으로 하나님의 진리를 거역하는 것을 말합니다. 앞 절에서 "참으며"라는 말로 마쳤는데, 그와 같이 거역하는 자들에 대해서도 참는 마음으로 온유하게 대하라는 뜻입니다. 교회 안에서 어떤 일을 처리하는 방법을 두고 성도 간에 서로 의견이 다를 수 있습니다. 그것이 진리 문제가 아니라면 자기 의견을 얼마든지 개진할 수 있습니다. 그리고 토론도 필요합니다. 그러나 진리 문제에 대해서 거스르는 자는 확실하게 제지할 필요가 있지만, 그조차도 온유함으로 훈계하라고 했습니다.

"혹 하나님이 그들에게 회개함을 주사 진리를 알게 하실까 하며." 그가 지금은 진리를 잘 몰라서 거역하고 있지만, 혹 하나님이 그에게 기회를 주셔서 잘못을 깨닫고 회개하여 진리를 따르게 될 수도 있기 때문이라는 것입니다. 하나님이 언젠가 돌아올 기회를 그들에게 주실지 모릅니다. 그래서 거역하는 자라 해도 내쫓듯이 매몰차게 대하지 말고 돌아올 수도 있다는 가능성을 열어두는 것이 옳다는 말씀입니다. 지도자가 강하게 징계해야 돌아오는 것이 아닙니다.

26절 "그들로 깨어 마귀의 올무에서 벗어나 하나님께 사로잡힌 바 되어 그 뜻을 따르게 하실까 함이라." 바울의 말은 진리를 거스른 자는 마귀의 올무에 걸렸다는 뜻입니다. 그래서 "깨어"라고 하신 것은 마귀의 영향을 받은 사실을 알아차린 행위입니다. 원래 이 말의 뜻은 술에 취해서 자다가 잠에서 깨어나는 것을 의미합니다(매튜 풀). "하나님께 사로잡힌 바 되어." 지금까지는 마귀에게 사로잡혀 있었지만, 이제는 하나님이 마귀의 손목을 꺾으시고 하나님이 그를 사로잡으신다는 말입니다. 성도에 대해 주도권을 행사하던 주권자가 마귀에게서 하나님으로 바뀐 것입니다. 이런 일이 일어나는 것은 쉽지 않습니다. 이런 말씀을 볼 때 교회 안에서 진리를 거역하는 자들은 결국 마귀의 영향을 많든 적든 받았기 때문입니다. 예수님을 믿는 사람 중에 마귀의 영향을 적게 받는 성결한 사람도 있지만, 마귀의 영향 가운데 있는 사람도 상당수 있습니다. 어떤 성도는 심각할 정도로 영향을 받고 있기도 합니다. 또 반대로 예수님을 믿지 않는 사람 중에서도 마귀의 영향을 많이 받지 않는 사람이 있고, 마귀의 영향으로 완전히 악하게 변질된 사람도 있습니다. 인생을 살다 보면 예수 믿는 사람이 더 못됐다는 평을 듣는 경우를 봅니다. 교회에 다니면서도 바르게 살려는 노력을 하지 않고 오히려 가정이나 사회에서 문제를 일으키는 사람이 많기 때문입니다. 또 교회에 다니지 않아도 정말 바르고 인격적으로 선하게 사는 사람도 많이 있습니다. 결국 인생은 예수 믿기 전부터 마귀의 영향을 받고 있었다는 것입니다. 사람마다 영향을 받는 정도에서 큰 차이가 납니다. 만일 마귀의 영향을 크게 받았던 사람이 교회에 출석하였는데, 그가 회개에 최선을 다하지 않고 깨끗해지기 위해 노력하지 않는다면 그는 여전히 마귀의 영향 아래 놓인 자입니다. 교회에 출석한다고 해서 마귀가 성도에게서 떠나는 것이 아니기 때문입니다. 무당 또는 무당의 가족이었던 사람이나 물의를 일으키는 신앙 집단에 속했던 사람과 가족은 더 많이 회개에 힘써야 합니다. 그동안 마귀의 영향을 받고 살았기 때문입니다. 그래서 지도자는 성도가 마귀의 올무에서 벗어나도록 도와야 합니다. 마귀는 올무처럼 성도의 육체를 감아서 묶고 환경을 점점 조입니다. 성도는 하나님께 사로잡혀 나아가야 진리에 서 있을 수 있고 의를 행할 수 있습니다. 또한 하나님의 뜻을 실행해나갈 수 있습니다. 오늘날 교회들은 마귀가 성도와 교회를 이렇게 치명적으로 해롭게 하는 것을 모르고 무방비 상태에 있습니다. 바울이나 베드로 그리고 요한이 쓴 계시록에도 마귀를 경계하라는 말씀이 여러 곳에 등장합니다. 교회는 마귀와 싸워 나갈 수 있는, 이 세상에서 유일한 단체입니다. 그리고 마귀에게 걸려 죄를 짓거나 스스로 좌절에 빠졌던 사람들이 돌아올 수 있도록 도울 수 있는 능력의 집입니다.

　교회 안에는 과거에 범죄를 저질렀지만 회개하고 믿음의 삶으로 돌아오는 사람이 심심치 않게 보입니다. 하나님이 뒤늦게라도 회개할 기회를 주셔서 진리 안에서 살게 하신 것입니다. 지금은 하나님을 거역하고 수많은 죄를 지으며 살고 있는 사람이라도 하나님은 언제든 마귀의 올무를 벗어나 돌아올 수 있도록 기회를 주실 것입니다. 그래서 언젠가 주님이 그를 구원하실 수 있다는 기대를 하면서 하나님께 맡기라고 말씀합니다. 하나님이 마귀를 사로잡으실 날을 기대합니다.

3장

사도 바울이 양아들이자 목사인 디모데에게 다양한 내용을 가르쳐주고 있습니다. 하나님의 사람은 배워야 할 것이 많고 알아야 할 것이 많은데, 그 중에 말세에는 어떤 일이 벌어질지도 알아야 합니다. 인생은 항상 평안한 것이 아니며, 기쁠 때도 있고 불행할 때도 있습니다. 이 세상은 시시각각으로 정세가 변화되는데 우리는 그 폭풍의 한가운데에서 살고 있습니다. 그래서 성경은 이 세상을 바다로 많이 표현합니다. 바다의 특징은 언제 큰 파도가 밀려올지 모른다는 것입니다. 우리는 그런 바다의 한가운데에서 항해하는 작은 배와 같이 항상 위험이 도사리고 있는 인생을 살아갑니다. 과연 나는 어떤 성능의 배를 타고 있는지, 항해는 안전하게 계속될 수 있을지 날마다 살펴보아야 합니다.

사악한 자에게서 돌아서라

1절 "너는 이것을 알라 말세에 고통하는 때가 이르러." 바울은 디모데에게 말세에 대해 알라고 말합니다. 그리고 이때가 어떤 때인지를 알려주고 있는데, 말세는 시대마다 상황이 아주 심각한 때이기도 하고 세상의 종말을 말하기도 합니다. 그 말세에 고통을 겪을 것이라는 말입니다. 세상 종말에는 7년 대환란이 있을 것이라고 요한계시록은 말씀합니다. 그 환란이 지난 후에야 주님이 재림하십니다. 그런데 그런 세상 종말만이 말세가 아니라 각각의 나라가 망할 때에도 말세라고 표현합니다. 그런 시기는 격변기로서 모든 사람이 많은 고통을 겪었습니다. 예전에도 마지막 때가 온 것처럼 느껴진 때가 있었습니다(아우구스티누스). 사도 바울이 있던 곳은 로마였는데 로마도 나중에 망하였으므로 그때를 말세로 볼 수 있습니다. 그래서 종말의 때, 즉 완전히 세상이 멸망하는 때에도 고통이 있을 것이고, 각 나라가 멸망하는 때도 말세로서 고통을 겪을 것입니다. 나라가 망했을 당시의 비극을 전해지는 말을 통해서 알기도 하지만, 그것을 직접 겪는 세대도 있습니다. 예전에는 교회가 외부적 요소로 고통을 당했다면, 이 시대에는 내부적인 요소로 고통을 당하기도 합니다. 그것은 교회 안의 부패 때문입니다. 교회라고 항상 깨끗한 것만은 아닙니다. 거룩함에 힘쓰지 않는 이런 시대에는 성도가 선한 양심을 유지하기가 어렵습니다. 말세에 고통이 있는 것은 말세의 특징으로서 하나님이 그에 대해 알려주셨을 것입니다. 바울은 계속해서 말세의 특징에 대해 알려줍니다.

2절 "사람들이." 말세의 가장 큰 문제는 바로 사람이라는 것입니다. 그래서 사람들의 행위가 어떠한지에 대해 거론하는 것입니다. 말세에는 급격한 기후 변화로 사람이 살 수 없을 정도로 온도가 급변한다거나 태풍과 전염병 등이 빈번할 것이라는 예언이 요한계시록에 나오지만, 사도 바울은 말세의 가장 큰 특징은 바로 인간이 악해지는 것이라고 합니다. 에덴동산에서 사람이 쫓겨난 주된 원인도 하나님께 불순종의 죄를 지은 것이었습니다.

말세의 특징이라고 해서 말세가 되었을 때 이런 일이 새로 발생한다는 것은 아닙니다. 불미스러운 일은 이미 일어났고 하나님이 인생을 심판하시므로 말세라는 것입니다. 인생이 범한 죄악이 누적되어갈 때 하나님이 심판하시므로, 이런 죄악들이 말세를 앞당기는 것입니다. 말세에 살아가는 사람들은 좋은 것은 앞당기고 나쁜 것은 뒤로 밀어내어야 합니다. 하나님이 말세를 예언하셨지만, 그 말세가 자신에게 급격한 속도로 도래하지 않기를 바란다면 말씀대로 살려고 노력하면 됩니다. 하나님은 심판의 때를 당기실 수도 있고, 뒤로 미루실 수도 있습니다. 때와 시기는 하나님의 손에 있기 때문입니다. 하나님은 정해진 시간이 되면 심판하시는 것이 아니고 우리가 죄를 범하는지와 회개하는지에 따라 유동적으로 행하십니다.

"자기를 사랑하며." 사람들의 첫 번째 문제는 바로 자기를 사랑한다는 것입니다. 여기서 자기를 사랑한다는 것은 자기 자신을 하나님의 자녀로 인식하고 존엄히 여기며 아낀다는 긍정적인 의미가 아닙니다. 다른 사람은 죽든지 말든지 자기만 좋으면 된다고 생각하는 사람들을 뜻하는 부정적인 의미입니다. 이것은 다른 모든 죄의 원인이 되기도 합니다. 자기 자신과 자기 가정만 눈에 보이고, 자기 이익만 극대화해서 사는 사람이 문제입니다. 이런 사람이 공동체에 있으면 그 공동체는 혼란에 빠지고 망할 수 있습니다. 사람들이 이렇게 변해간다면 그것이 바로 말세의 표징이라고 말하는 것입니다. 물론 모든 사람은 다 자기가 중요하고 자기중심으로 생각하는 경향이 있습니다. 그렇다고 해서 하나님께 불순종하거나 다른 사람에게 피해를 끼쳐서는 안 됩니다. 정상적인 태도로 살기 원한다면 하나님께 회개하고 기도해야 합니다. 예수님을 진실로 믿으면 자기중심에서 벗어나 하나님 중심으로 변화됩니다. 시각이 변화되어 하나님의 뜻이 어떤 것인지에 초점을 두므로 그에게는 말세가 아닌 하나님의 나라가 도래하는 것입니다. 그러나 하나님은 아랑곳하지 않고 자기중심으로 사는 사람이 많아지면 많아질수록 세상은 오염되고 결국 말세가 가까워집니다.

"돈을 사랑하며." 돈을 사랑하는 것이 일만 악의 뿌리가 된다고 했습니다(딤전 6:10). 어느 시대나 돈을 사랑하지 않는 사람은 거의 없습니다. 문제는 그 돈을 어떤 방법으로 벌어들였느냐 하는 것이고, 또한 돈을 어떻게 사용하느냐 하는 것입니다. 신앙생활을 바르게 하려면 돈의 출처가 하나님이신 것을 확실히 알아야 합니다. 또한 정당한 방법으로 물질을 얻어야 합니다. 그리고 하나님이 나에게 물질을 주셨으므로 하나님이 기뻐하시는 곳에 그것을 사용하겠다는 생각을 가져야 합니다. 그러나 말세가 되면 사람들은 스스로 돈을 찾아다니고, 부정한 방법으로 이익을 취하며, 부정한 곳에 사용합니다. 아브라함은 그 누구의 재물도 탐하지 않았지만 하나님이 후하게 주심으로 부유하게 되었는데, 이것이 바로 성경적인 부자의 모습입니다. 그러나 말세가 되면 다른 사람의 돈이든 나라의 돈이든 부정적인 방법으로 갈취하려는 사람들이 튀어나옵니다. 사실 기업은 이익을 남기기 위해 존재하는 것이기 때문에 어떻게든 이익을 취해야 합니다. 그러나 기업 윤리도 있고 시장 윤리도 있습니다. 그것을 어기고 부정하게 사업하고 이익을 취하려고 하는 것은 불법입니다. 그런 부정한 방법으로 이익을 취하는 사람이 늘어나면 사회 곳곳에서 부정부패가 만연하게 되고 민심이 흉흉해집니다. 정상적으로 일하고 노력해서 수입을 얻어야 하는데 타인과 공동체에 피해를 주면서까지 또는 불의한 방법으로 이익을 취하는 것은 더러운 행위입니다.

"자랑하며 교만하며." 자랑하는 사람은 남을 멸시하는 데까지는 이르지 않고 자기를 자랑하는 자입니다. 반면 "교만"은 남을 멸시하는 악행으로까지 번진 것이고, 하나님이 가장 미워하시는 죄 중 하나입니다(약 4:6). 교회 안에도 다른 사람은 다 보잘것없고 나만 훌륭하다고 생각하는 교만한 사람들이 있다는 것입니다. 그들은 자신도 부족할 수 있다는 생각은 아예 잊고 억지로 자랑거리를 만들어 자랑합니다. 여기에는 하나님에 대한 감사가 존재할 리 없습니다. 사람은 누구나 장점이 있습니다. 그 장점은 사람마다 달라서 누구는 외모가 뛰어나고, 누구는 머리가 좋으며, 누구는 힘이 좋습니다. 겉으로 보기에는 부족해 보이는 사람일지라도 함께 지내다 보면 누구보다도 훌륭한 점이 있는 것을 발견합니다. 그럴 때 이 세상에 만만히 볼 수 있는 사람은 아무도 없다는 것을 깨닫습니다. 진정한 자랑은 예수 그리스도를 자랑하는 것입니다. 바울은 주님을 자랑하는 것을 좋아했습니다. 사람을 자랑하거나 높이면 얼마 지나지 않아서 후회할 수 있습니다.

"비방하며." 이는 교만함을 나타내는 것으로 윗사람의 권위까지 무시하는 행동입니다(박윤선). 비방은 상대방을 가차 없이 깎아내리는 악독한 말입니다. 성도가 다른 사람에 대해 장단점을 말하거나 평가할 수는 있지만, 비방은 그 사람에게 애정이 없음을 드러내는 태도입니다. 그는 한 사람이든 두 사람이든 먹잇감을 만든 뒤 다른 사람들에게 나쁜 소문을 내어서 수치를 주려고 합니다. 그래서 비방은 교회 안에서는 절대로 있어서는 안 되고, 세상에서도 허용해서는 안 됩니다. 언론의 자유가 있어서 누구든 마음껏 자신의 의견을 낼 수 있지만 진실만을 말해야 합니다. 아무 애정 없이 서로를 비방하다 보면 세상은 지옥처럼 변해갈 것입니다. 이런 유익이 없는 비방은 그 사회를 점점 말세로 이끕니다.

"부모를 거역하며." 부모를 거역하는 것이 말세의 특징입니다. 기독교는 하나님을 높인 다음 부모를 높입니다. 부모를 존경하지 않거나 부모의 지도를 따르지 않는 자녀가 많아지는 것은 말세임을 보여주는 표징입니다. 자신을 낳아주고 길러준 부모를 존중하지 않는 사람은 이 세상 어느 누구의 말도 듣지 않습니다. 이 세상에 부모보다 큰 은혜를 베푸는 사람은 없습니다. 그런 부모를 무시하는 사람은 인간 말종이고, 그런 사람이 세상의 말세를 불러오는 통로입니다. 유교에서 부모 공경을 강조하는 것은 인본적인 차원이지만, 기독교에서는 하나님이 우리 인간을 부모를 공경하도록 창조하셨고 부모를 공경하는 사람은 복을 받는 구조로 세상을 만드셨음을 믿습니다. 설령 부모가 제 할 일을 다 하지 못하거나, 자녀와 의견 충돌이 많을지라도 최대한 부모를 존중하는 방향으로 문제를 풀어가야 합니다. 부모를 무시하고 학대까지 한다면 상종하지 못할 인간들입니다. 부모를 존경하고 필요를 채우는 자는 분명히 하나님의 복을 받게 됩니다.

"감사하지 아니하며." 하나님은 우리가 감사하도록 창조하셨습니다. 하나님을 비롯하여 부모님이나 스승 등 은혜를 입은 모든 사람에게 감사해야 합니다. 물론 부모 중에도 자녀가 존경할 수 없을 만큼 부모답지 않은 사람도 있습니다. 재산을 도박으로 탕진하거나 자녀를 방치하는 등 가정을 조금도 돌아보지 않는 부모도 있습니다. 그런 부모를 억지로 존경할 수는 없지만, 불쌍히 여기면서 최대한 존중하고 그들이 약해졌을 때 도움을 주어야 합니다. 감사는 은혜를 불러오는 통로이고, 불평은 어둠을 불러오는 통로입니다.

"거룩하지 아니하며." 말세의 특징은 하나님을 저버리고 섬기지 아니하므로 "거룩함"이 없어지는 것입니다. 하나님은 "내가 거룩하니 너희도 거룩하라"고 말씀하셨습니다. 거룩함을 잃으면 인간의 존엄성을 잃어버리게 되고, 점점 더 악해져서 짐승처럼 됩니다. 그러므로 거룩함이야말로 하나님의 가족이 될 만한 덕목입니다. 하나님은 나의 자녀라고 자랑하실 수 있을 정도로 사람이 훌륭한 인생을 살기를 바라십니다. 부모가 자녀를 볼 때 다른 사람들에게 자랑하고 싶은 것과 같습니다. 그러나 성도가 사랑받을 만큼 거룩하지 못한 것이 문제입니다. 말세를 살아가는 성도는 거룩함을 회복하는 데 마음을 다해야 합니다. 더러움은 하나님과 정반대의 길을 걷게 합니다.

3절 "무정하며." 이는 가까운 사람들에게 애정을 쏟지 않는 것을 말합니다. 성도는 가난하고 약하고 병들고 신음하는 사람들을 불쌍히 여겨야 합니다. 특히 자신의 가족에 대해 애정을 쏟아부어야 합니다. 사랑이 식어지고 짐승처럼 아귀다툼을 하는 세상은 상상하기조차 두렵습니다. 애정이 없는 사람은 분명 무엇인가 잘못된 사랑에 빠져있을 가능성이 있습니다. 자기 자신이나 물질적 쾌락을 사랑할 때 다른 사람에게 베풀 사랑이 절대 있을 수 없습니다(오스본).

"원통함을 풀지 아니하며." 사람은 이 땅에서 사는 동안 어떤 이유로든 원통한 일을 만납니다. 여기에서 앙심이 생깁니다. 원통함을 풀지 않는다는 말은 앙심이 있는데 이를 풀지 않는 것을 말합니다. 이것은 사람이 사랑을 받지 못했기 때문에 나타나는 현상입니다. 사랑을 받으면 받을수록 사람의 마음은 부드러워지며, 가슴에 맺힌 것도 눈 녹듯이 녹습니다. 그러므로 사랑을 많이 받고 성장한 사람이나, 현재 사랑을 받고 있는 사람은 앙심이 잘 생기지 않습니다. 또한 원통함이 사라지지 않는 것은 무엇보다 하나님과의 관계가 멀어진 탓입니다. 하나님의 사랑을 받지 못해 마음이 냉랭해졌기 때문입니다. 자신이 이런 상태에 있다면 상처를 치유하는 데 힘써야 합니다.

"모함하며." 이는 죄가 없는 사람에게 죄가 있다고 뒤집어씌우는 것으로, 아주 악한 행동입니다. 사람이 타락하면 이렇게 못된 성질이 생깁니다. 이런 현상이 나타난다면 사탄이 인간에게 강하게 역사한다는 증거입니다. 서로 참소한다는 것은 서로에게 악마가 된다는 뜻입니다(매튜 헨리). 사탄은 참소의 전문가입니다(창 3:1-5, 욥 1:9).

"절제하지 못하며." 우리 인생에 절제는 꼭 필요합니다. 성경은 우리가 은사를 받아도 절제하라고 가르칩니다. 좋은 것도 절제가 필요하다면 다른 것은 말할 것도 없습니다. 성도는 삶의 모든 면에서 절제가 필요합니다. 물건을 구입할 때도, 소비를 할 때도, 친구와의 교제 시간도 절제가 있어야 합니다. 화가 나서 몇 시간씩 소리를 지르거나 잔소리를 하는 것은 절제가 되지 않는 상태입니다. 이는 혈기의 영이 강하게 영향을 주고 있다는 증거입니다. 모든 것은 정도가 있어야 합니다.

"사나우며." 이는 근본적으로 악한 성격입니다. 사람은 타고난 성격이 있고, 그에 더하여 자라면서 성격이 다듬어지고 완성되는데, 부모와 이웃의 지속적인 사랑과 존중을 받아야 부드러운 성격으로 형성됩니다. 그러나 제대로 보호받지 못하고 미움을 받으면 상처를 많이 받게 됩니다. 그러면 스스로를 지키기 위해 맹수처럼 발톱을 세우고 타인을 공격하는 성격으로 변질됩니다. 다른 사람을 배려하거나 양보하지 못하고 자신의 이익만을 쫓아서 상대를 물어뜯으려고 하는 사나움을 보이게 됩니다. 이런 것이 말세의 징조입니다. 말세에는 이런 사람들이 여기저기에 많이 나타나서 세상이 차가워집니다.

"선한 것을 좋아하지 아니하며." 행동과 말에서 악한 것을 좋아하는 사람을 가리킵니다. 진정한 선은 하나님에게서 나오는데, 선한 것을 싫어한다는 것은 사악한 영의 영향력 아래 있다는 말입니다. 사탄은 어떤 경우라도 선을 위해 움직일 수가 없습니다. 그 영향 아래 있는 사람은 다른 사람의 삶을 망가뜨리는 데 앞장섭니다. 말세에는 이런 사람들이 교회나 사회에 많이 나타나므로 모두의 삶이 피폐해집니다.

4절 "배신하며 조급하며 자만하며 쾌락을 사랑하기를 하나님 사랑하는 것보다 더하며." 하나님이 그 사람 속에 계시면 이런 불의한 것들은 나타나지 않습니다. "배신"은 인간관계를 망가뜨리고, 서로 간에 불신을 조장하며, 결국 공동체의 화평을 깨트립니다. 조급함은 참을성이 없이, 하나님의 뜻과 섭리를 인정하지 않은 채 자신이 모든 것을 해나가려는 데서 나옵니다. 조급할 때 하나님의 일을 망칩니다. 자만은 하나님이 없으므로 나타나는 현상입니다. 그리고 하나님의 자리에 자신이 앉습니다. 교회에도 이런 사람이 있습니다. "쾌락을 사랑하"는 것도 역시 마귀가 조장하는 것입니다. 하나님은 우리 인생에 영적으로든 육적으로든 즐거워할 것들을 주셨습니다. 하지만 쾌락은 사람이 누려도 좋을 한계를 벗어나서 짐승처럼 본능에 따라서 하는 행동입니다. 하나님을 멀리하고 쾌락에 빠지면 거룩하고 순수한 인간의 본성이 더러워집니다. 이것은 당연히 마귀의 유혹에 휘둘린 것입니다. 성도는 하나님을 가까이하고 그 말씀을 지킬 때 진정한 즐거움을 누립니다. 말세를 살아가는 진실한 성도는 이런 거친 환경 속에서 심적인 고통이 클 것입니다.

5절 "경건의 모양은 있으나 경건의 능력은 부인하니 이같은 자들에게서 네가 돌아서라." 상반절은 외식하는 종교가를 가리킵니다. 이는 마치

모양을 본질과 일치하는 것으로 간주하는 경우입니다(렌스키). 그들은 사람들에게 경건의 모양을 보여서 인정받고 출세하려고 합니다. 하지만 능력을 부인하는데, 이는 믿음과 구원에 대한 확신이 없기 때문입니다. 경건의 삶은 세상을 이기고 마귀를 이기는 것인데 그렇게 하지 못하는 것입니다. 이것은 중생을 체험하지 못하여 그것을 깨닫지 못했기 때문입니다. 이들이 무서운 것은 교회 안에서 생활하면서 성도와 비슷한 삶을 살기 때문입니다. 그들은 실상 마음은 세상에 있고 거룩한 삶보다 세상 쾌락을 더 좋아합니다. 성도는 이런 사람들에게서 돌아서야 합니다. 어떤 사람이든지 한도 끝도 없이 무조건 품고 안아주는 것은 기독교가 추구하는 태도가 아닙니다. 바르게 세우려고 고군분투하다가도 끊어버려야 할 상황이 오면 과감하게 결단하는 것도 필요합니다. 아무리 권고해도 하나님의 말씀대로 살지 않고 짐승처럼 사는 사람과는 돌아서서 다른 방향으로 가야 합니다. 그것은 그들을 미워해서라기보다는 죄악과 타협하지 않기 위해서입니다. 누구라도 진리대로 순종하지 않으면 돌아설 수 있는 것이 하나님의 사람이 지녀야 할 태도입니다. 이는 특별히 목사인 디모데에게 하는 말입니다. 그러므로 목사인 사람은 냉정하게 자신이 함께할 것인가, 돌아설 것인가를 결정해서 행동해야 한다고 가르치고 있는 것입니다.

경건의 모양만 있고 능력이 없다는 것은 겉으로 볼 때에는 성경을 알고, 경건한 모습으로 살며, 믿음도 있고 교양 있어 보이지만, 경건의 능력을 부인하므로 하나님이 경건하게 사는 자에게 은혜와 능력을 주시는 것을 믿지 못하는 것입니다. 성도가 온갖 죄를 거부하고 하나님 안에서 살려고 할 때 하나님은 신적인 은혜를 내려주십니다. 인본주의에 빠지게 되면 영적 능력을 깨닫지 못합니다. 인간사에 나타나는 모든 일은 하나님이 주관하시는 것임을 잊지 말아야 합니다. 성도 중에는 겉으로는 부족해 보여도 그 속에 하나님의 능력과 권세가 있어 복음의 능력이 나타나는 사람이 있습니다. 경건의 능력은 하나님 앞에서 살아가는 자에게는 당연히 나타나는 영적 권세이며 열매입니다. 하나님의 사람은 겉은 대단하지 않아도 그 속에 하나님의 능력이 있으므로, 하나님의 형상을 드러내는 삶을 삽니다. 결국 그가 선과 악 어느 쪽에 속해 있는지가 밝혀지고, 참 경건과 거짓 경건이 드러나게 됩니다.

모세를 대적하다

6절 "그들 중에." 여기서 "그들"은 사도 바울이 일꾼에 대해서 언급하는 중에 나온 것으로, 2장 14절에서 "너는 그들로 이 일을 기억하게 하여 말다툼을 하지 말라고 하나님 앞에서 엄히 명하라"라는 구절에서 등장하는 "그들"을 말합니다. "그들"은 이방 사람들이 아니라 교회 안에 있는 지도자들을 가리킵니다. 교회 안의 선생, 혹은 발언권이 있고 가르칠 수 있는 수준의 사람입니다.

사도 바울이 교회 안에서 말다툼을 하지 말라고 가르치고 있으므로 교회 안에 말다툼이 많았던 것을 알 수 있습니다. 그들이 말다툼을 한 이유를 알아야 합니다. 그들은 진리에 대해서, 특별히 예수 그리스도가 진정한 하나님의 아들인가, 하나님이 어떻게 육신을 입을 수 있는가, 진정으로 주님은 부활하셨는가 등의 문제로 다투었을 것입니다. 초대교회에서는 이런 내용들이 중차대한 문제였습니다. 어떤 사람들은 성경에서 말한 것처럼 예수님은 하나님의 아들이고, 그분이 원래 하늘에 계시다가 이 땅에 육신을 입고 내려오셨다고 가르쳤습니다. 이에 대해 어떤 사람들은 어떻게 하나님이 사람이 될 수 있느냐고 하면서 의문을 제기했습니다. 아무리 같은 교회에 출석하고 직분을 맡았어도 이런 세밀한 부분에 대해서는 의견이 나뉘고 논쟁을 벌인 것입니다. 또 부활에 대해서도 사람이 부활할 수 있는지, 부활은 언제 이루어지는지, 죽은 뒤 얼마 후에 부활하는지 등의 문제에 대해 의견이 분분하였고, 이것은 지금까지도 학자들의 의견이 나뉘는 부분입니다.

2장 15절에서는 "너는 진리의 말씀을 옳게 분별하며 부끄러울 것이 없는 일꾼으로 인정된 자로 자신을 하나님 앞에 드리기를 힘쓰라"고 하였습니다. 또 16절에서는 "망령되고 헛된 말을 버리라"고 하였고, 17절에서는 "그들의 말은 악성 종양이 퍼져나감과 같은데 그 중에 후메내오와 빌레도가 있느니라"고 하였습니다. 악성 종양 같은 사람이 바로 교회 안에 있다는 말입니다. 예수님을 믿고 교회의 지도자가 되었는데도 교회에 해를 끼치는 사람이 있다고 하면서 이름까지 거론하고 있습니다. 교회 안에서는 서로의 허물은 되도록 덮어주고 죄는 조용히 찾아가 충고하여 해결하는 것이 원칙인데, 놀랍게도 지금 바울은 교회에 보내는 공적인 편지에 이런 경계의 말을 드러내놓고 하고 있는 것입니다. 게다가 이 내용은 2천 년 동안 성경으로 읽혀지고 있습니다. 바울이 이렇게 과감하게 거론한 것은 오직 진리를 바로 세우기 위함입니다. 교회가 이해하고 넘어갈 일이 있고, 하나하나 짚고 가야 할 일이 있습니다. 성도들의 윤리, 도덕적인 허물은 덮고 넘어갈 수 있지만, 교회 안에서 진리를 잘못 가르치는 일은 모르는 척할 수도 없고 양보할 수도 없는 심각한 문제입니다. 만일 성도가 하나님의 말씀을 잘못 배운다면 이로 인해 잘못된 신앙생활을 할 수 있고, 지옥에 갈 수도 있습니다.

사도 바울은 진리를 잘못 가르치고 성도를 잘못된 길로 인도하는 후메내오와 빌레도 같은 사람들이 어떤 특징을 가지고 있는지를 이 구절에서부터 설명하고 있습니다. 우리가 한 사람을 잘 알기 위해서는 그 사람의 말도 들어보고 행동도 지켜보아야 합니다. 사람이 발설한 말은 다 하나님이 아시고, 하나님은 사람의 말을 중요하게 여기시므로 말을 조심해야 합니다. 또 그 말과 행동이 일치해야 합니다. 이제부터 그 사람들의 행동이 어떤지를 알려줍니다.

"남의 집에 가만히 들어가 어리석은 여자를 유인하는 자들이 있으니." 이는 실제 그들이 이런 행동을 하고 있는 중이라는 말입니다. "그들", 즉 진리를 잘못 가르치는 지도자가 "남의 집에 가만히 들어가"는 것은 일종의 가정 방문을 하는데, 문제는 몰래 한다는 것입니다. 여러 심방 대원들과 함께 당당하게 방문하는 것이 아니라 "가만히 들어가"는 것은 다른 사람들이 모르게 비밀스럽게 심방했다는 것입니다. 하나님의 사람이 도둑고양이처럼 남의 집에 몰래 들어간 것입니다.

게다가 들어가서 하는 일이 "어리석은 여자를 유인"하는 것입니다. "유인"되었다는 말은 "사로잡힌 자"(엡 4:8)라고도 표현할 수 있습니다. 교회 안에는 똑똑한 사람만 있는 것이 아니라 어리석은 사람, 특히 진리에 대해 잘 알지 못하는 사람이 있습니다. 당시 초대교회에는 교회에 나온 지 오래된 사람도 있고 초신자도 함께 있었습니다. 여기서 말하는 어리석은 여자는 교회에 출석한 지 얼마 되지 않아서 진리를 잘 모르는 초신자를 가리킵니다. 그런 사람의 집에 가만히 들어가 유인하는 것인데, 교회 지도자들이 이런 일을 시도했습니다. 당당하게 공개적으로 하지 않고 몰래 찾아온 사람들에게 여인이 문을 열어주고 그들의 말을 듣고 따른 것도 이상합니다. 진리는 공개석상에서 충분히 가르쳐줄 수 있기 때문입니다.

"그 여자는 죄를 중히 지고 여러 가지 욕심에 끌린 바 되어." 여기서

"죄를 중히 지고"는 그 여자들이 양심의 억압을 받고 있다는 의미입니다(거스리). 그 여인들을 어떻게 유인했는지는 여기에 나옵니다. 그 당시 초대교회 안에는 귀족 부인이나 부유한 여인이 많았는데, 그중에는 과부도 있고, 남편이 장기간 집을 비운 여성도 있었습니다. 당시에는 전쟁이 많았으므로 남편이 전쟁에 참전하거나 다른 정치적인 이유로 집을 떠나 있었습니다. 전쟁터로 간 남편은 3년이나 5년이 넘도록 집에 돌아오지 못하는 일이 허다했습니다. 그래서 그동안 여성은 다른 남성과 친밀한 관계를 맺지 못하고 칩거하기도 하였습니다. 그런 여성들이 교회에 출석하였는데, 교회에서 지도자들을 동경하는 중에 자신의 집을 방문하겠다고 요청하면 환영하고 잘 대접했던 것입니다. 지도자가 방문했으므로 깊숙한 안방으로 인도하는 예의적 대우도 했을 것입니다. 그런데 지도자들이 찾아가 진리에 대해 잘 가르쳐주면 괜찮은데 "여러 가지 욕심에 끌린 바 되어"서 여러 가지 죄, 즉 영적인 죄와 육체적인 죄를 중히 짓게 되었다는 것입니다. 거짓 지도자의 유혹하는 말에 여인의 마음이 심히 흔들리는 상태가 된 것이 문제의 발단입니다.

7절 "항상 배우나 끝내 진리의 지식에 이를 수 없느니라." "항상 배우나"에 대해 살펴보겠습니다. 사람은 선생에게서 그리고 주변 사람들을 통해서 배웁니다. 그러나 아무리 많이 배운 사람이라도 진리 되신 예수 그리스도를 만나지 못한다면 참 진리를 알지 못합니다. 미혹되어 타락한 여성들은 단지 호기심에 이끌려 새로운 것을 배우려고 헤매지만, 결국에는 진리를 발견하지 못하게 됩니다. "지식"은 머리로 아는 것이 아니라 행위와 실천을 통해서 아는 것입니다(매튜 풀). 하나님의 말씀을 붙잡고 실천하며 살아가지 않는다면 신앙의 본질을 경험하지 못하며 하나님을 진실하게 만날 수 없습니다.

8절 "얀네와 얌브레가 모세를 대적한 것 같이 그들도 진리를 대적하니." 여기서 얀네와 얌브레는 이방 신을 섬기던 제사장들로, 모세가 애굽 왕에게 가서 하나님의 말씀을 전할 때 모세를 대적했습니다(출 7:11). 그들은 마술사와 같은 종류의 사람들이었습니다. 그런데 바울은 교회의 지도자이자 성도를 가르치는 사람들을 가리켜 얀네와 얌브레와 같은 사람들이라고 경종을 울립니다. 단순히 경고하거나 징계하는 수준을 넘어 이방 신의 제사장이요, 지옥에 갈 사람으로 취급하고 있는 것입니다. 참으로 충격적입니다. 성도들을 열심히 가르치고 있는 그들에게 사도 바울은 정반대로 그들이 진리를 대적하고 있다고 비판하는 것입니다. 그것은 그들이 진리를 왜곡하고 있기 때문입니다. 그들은 바울과 디모데의 가르침을 훼방합니다. 이렇게 진리를 잘못 가르치는 사람은 어느 시대나 많습니다.

"이 사람들은 그 마음이 부패한 자요 믿음에 관하여는 버림 받은 자들이라." 바울은 진리를 잘못 가르치고 있는 사람들의 마음이 부패했다고 말합니다. 부패했다는 것은 썩었다는 것입니다. 그들은 마음이 썩었고 믿음에 관해서는 버림을 받았으므로 믿음이 사라진 지옥 자식이 될 것입니다. 이런 사람이 여전히 교회의 현직 지도자라는 것이 놀랍습니다. 지도자들은 교회에서 공개적으로 가르치는 것뿐만 아니라 개인적으로 가정을 방문해서 몰래 가르치기도 했는데, 결과적으로는 그들 자신과 그들에게 가르침을 받은 사람 모두가 지옥에 간다는 것입니다.

9절 "그러나 그들이 더 나아가지 못할 것은 저 두 사람이 된 것과 같이 그들의 어리석음이 드러날 것임이라." 교회 안에 이단성이 있는 사람이 성경을 잘못 가르치고 있는 것입니다. 하지만 그들이 하나님의 말씀을 거스르고 자기들 마음대로 가르치지만 염려할 필요가 없습니다. 그들이 잘못 가르치는 것에 대해 교회 안의 성도들이 거룩한 분노를 일으킵니다. 또한 그들의 행실이 좋지 않기 때문에 시간이 지나면 그들의 어리석음이 드러날 것이라고 예고합니다. 겉만 번지르르한 이론이 선포되면 초기에는 사람들이 쉽게 속을 수 있지만, 그들과 관계를 맺고 시간이 지나다 보면 엉터리인 것이 드러나게 됩니다. 그래서 다른 사람과 몇 년을 함께 지내면 그의 성향이나 장단점 등을 다 알 수 있습니다. 그보다 더 세월을 보내면 확증을 얻을 수 있습니다. 그래서 바울은 디모데에게 그들의 어리석음이 드러날 것이니 걱정할 것이 없다고 한 것입니다. 거짓 선지자가 바른 교훈의 사신인 척하더라도 결국 그의 거짓됨이 드러날 것입니다. 그래서 교회에서 직분자를 세울 때 **5년 정도 두고 보면서 검증**하고 선출하는 것입니다. 악인은 발악을 하다가 결국 자신의 어리석음을 드러내고 끝장이 납니다.

잘못 가르치는 사람들은 영지주의파일 것이라고 하였습니다(박윤선). 영지주의에는 여러 파가 있고, 그들이 주장하는 바는 모두 다릅니다. 영지주의를 크게 두 가지로 나눌 수 있는데, 그 중 하나는 금욕생활을 강조하는 것입니다. 음식도 절제하고 부부생활도 자식을 생산하려는 목적 이외에는 절제하도록 주장하였는데, 이들은 교회 안에서 많은 존경을 받았습니다. 정상적인 성적 욕구를 죄로 생각하는 사람이 많았기 때문입니다. 젊은 사람이 정욕을 절제하는 것은 하나님과 깊은 영적인 관계를 가질 때 일시적으로는 가능합니다.

또 다른 영지주의는 구원받는 것은 영혼이고, 육체는 구원받지 않고 땅에 묻히므로 육체는 어떤 일을 하더라도, 즉 죄를 짓더라도 상관이 없다고 주장합니다. 여기서 밤에 은밀하게 여성의 집을 찾아간 지도자들은 성적인 욕구를 만족하기 위해서였고, 그들이 바로 육체의 죄는 구원과 상관이 없다고 주장했던 사람일 것으로 생각됩니다. 집주인들은 대부분 초신자여서 그런 잘못된 감언이설에 넘어간 것입니다. 그들은 육체가 죄를 지으면 악한 영이 몸에 들어오고, 결국 영혼도 피해를 입는다는 것을 몰랐습니다. 그래서 바울은 그들이 진리를 잘못 가르치면서 초신자들을 상대로 자신의 욕구를 채운 악한 자들이므로 이렇게 말한 것입니다. 그들은 주의 말씀을 받아들이고 말씀을 지키려다가 연약하여 지키지 못한 것이 아니고, 진리를 자기들 마음대로 왜곡하였으므로 진노를 받아 마땅한 죄를 지은 것입니다. 남편이 먼 거리를 오가는 장사 때문에, 또는 전쟁터에 나가 오랫동안 집을 비운 사이에 순간적인 욕정을 이기지 못하고 다른 남성과 부도덕한 관계를 맺었다면 이것은 회개함으로 용서받을 수 있습니다. 하지만 이것을 전혀 죄가 아니라고 여기고 회개할 마음이 없는 것은 사함받지 못할 죄를 짓는 범죄자입니다.

교회는 예나 지금이나 진리를 바르게 가르쳐야 하는데 사적인 이익을 위해 진리를 왜곡하는 사람들이 언제나 있었습니다. 지금 왕성히 활동하는 이단들도 성경에 대해 많은 지식을 가지고 있는 듯이 보입니다. 그러나 조금만 깊이 들여다보면 그들은 자신들의 논리를 합리화할 수 있는 성경 구절만 발췌하여 억지로 꿰맞추는 것입니다. 그런데 성경 전체를 꿰뚫어 알지 못하는 얕은 지식을 가진 사람들은 그들의 교묘한 말에 속아 넘어갑니다.

옛날이나 지금이나 이단들은 자신들의 가르침이 바르기 때문에 영혼들을 바른 길로 인도하려는 목적으로 포교하는 것이 아니라는 것입니다. 그들은 사람들이 가진 재물에 탐욕을 갖고 미혹하는 것입니다. 자신들의 편으로 완전히 끌어들인 다음, 합당한 이유를 대면서 재물을 바치게 합니다. 영혼을 위함이 아니라 자신들의 사리사욕이 목적인 것입니다. 그들은 큰 세력을 이루는 것 같지만, 실상은 미혹 받은 자들의 집단일 뿐입니다.

나를 건지셨다

이 내용은 앞에서 교회 안에 잘못된 가르침을 전하는 사람들이 있다는 것을 언급한 뒤 말한 것임을 염두에 두고 보아야 합니다. 참된 진리를 가르치는 사람은 어떤 모습인지를 알려줍니다.

10절 "나의 교훈과." 사도 바울이 중요하게 여기는 것이 있습니다. 교회 안에서 진리를 증거할 때 "나의 교훈"을 따라야 하는데, 이는 사도 바울이 창작한 것이 아니라 바울이 주님을 만나 직접 은혜를 받은 것, 가르침을 받은 것, 그리고 구약성경을 더 밝히 드러낸 내용들이 그의 교훈입니다. 물론 성령이 감동시키셔서 디모데에게 보내는 편지를 썼습니다. 디모데후서는 사도 바울이 살아있을 때 가장 마지막에 쓴 서신입니다. 그가 그 전에 쓴 모든 성경이 다 그의 교훈입니다. 바울은 그것을 디모데에게 잘 가르쳤고, 앞으로도 그것을 잘 지키도록 다시 당부하는 것입니다. 여기서 여섯 가지를 언급합니다.

"행실과." 행실은 생활에서 나타나는 일반적인 행동을 의미합니다(거스리). 사람의 행실은 가까이 지내는 사람이라면 누구나 쉽게 알 수 있는 모습입니다. 사도 바울은 그동안 디모데에게 생활 속에서 모범을 많이 보여주었습니다. 디모데는 바울이 행한 모든 행실에 대해 왜 그렇게 행했는지 다 보고 듣고 알았을 것입니다. 물론 바울도 사람이기 때문에 허물도 있고 부족한 부분도 있겠지만, 전체적으로 보면 바울의 행실은 모범적이었을 것이 확실합니다. 사도 바울은 주님을 만난 뒤 그리스도 앞에서나 사람 앞에서나 떳떳한 삶을 살았기 때문에 당당하게 이렇게 말하는 것입니다. 바울은 디모데와 함께 오랜 시간을 보냈으므로 디모데가 그의 잘잘못을 다 알고 있기에 정직하게 말하였을 것입니다.

"의향과." 이 말은 성경에 잘 나오지 않지만, 사도 바울이 추구하는 가르침의 의도와 사역의 방향성을 말하고 있는 것으로 보입니다. 바울은 자신이 어떤 의도로 편지를 썼는지, 또 어떤 의도로 선교했는지에 대해 말하고 있습니다. 그래서 디모데가 그의 의향을 잘 알기를 원하고 있는 것입니다.

"믿음과." 바울은 디모데전·후서와 디도서에서 믿음이란 말을 많이 사용하고 있습니다. 사도 바울은 자신이 어떤 믿음을 가졌는지 디모데가 잘 알고 있을 것이라 생각하고 간단하게 믿음이라고 말하는 것입니다.

"오래 참음과." 바울은 오래 참는 일이 많았습니다. 오래 참음은 성령의 열매이며 기독교의 중요 덕목입니다. 이는 우리가 서두르는 것이 아니라 주님의 일하심을 기다리는 것입니다. 오래 참음은 아무 노력도 하지 않고 단순히 기다리는 것이 아니라 주님이 일하실 것을 바라보면서 우리가 할 도리는 착실히 행하는 것을 말합니다. 제가 만난 성도 중에는 자신이 미래에 꿈이 있다고 말하므로 격려하고 기대하였는데 그 목표를 이루기 위해 기도하지 않거나 그 분량이 너무 적은 경우를 보았습니다. 그것을 채우지 못하면 하나님이 은혜의 생수를 부어주실 수 없습니다. 기도할 때마다 새롭게 은혜를 주시기 때문에 그 양이 가득 차야 우리의 목표를 이룰 수 있는 적절한 때가 됩니다. 그래서 성도에게는 기도가 복이고 기도가 힘입니다. 한때 기도 노트를 작성하여 기도 응답을 확인하는 것이 유행이었던 적도 있습니다. 바울이 말한 오래 참음은 어떤 기도를 하면서 막연하게 주님이 하실 것이라고 생각하고 기다리는 것이 아니라, 주님의 응답을 믿고 집중하여 기도하고 준비하며 일하는 것입니다. 주님의 응답을 바라보면서 오래 참는 것이 최후의 승자가 되는 비결이며, 그러한 사람을 때때로 목격합니다.

"사랑과." 바울은 아가페 사랑에 대해 디모데전·후서와 디도서에서 여러 번 언급하고 있습니다. 바울은 성도를 사랑하고, 특히 영혼을 사랑하므로 복음 전도에 평생을 바쳤습니다. 이 세상에서 제일 큰 사랑은 영혼을 사랑하는 것입니다. 목숨을 걸고 때와 장소를 불문하고 복음을 전한 바울은 사랑이 많은 사람인 것이 확실합니다.

"인내와." 이것은 견딤이나 견실함을 뜻합니다. 바울은 여러 박해를 받았지만 인내하면서 앞으로 잘 나아갔습니다. 인내는 하나님이 자신의 상황을 다 아시고 행하실 것을 믿어야 할 수 있습니다. 인내하는 사람에게 주어지는 열매는 속사람의 견고함입니다. 힘들었던 순간이 지나면 다시 도약할 수 있는 기회가 옵니다. 바울의 이런 생활방식은 디모데에게는 빛나는 모범 생활이었을 것입니다(오스본).

11절 "박해를 받음과 고난과 또한 안디옥과 이고니온과 루스드라에서 당한 일과 어떠한 박해를 받은 것을 네가 과연 보고 알았거니와." 바울이 받은 박해는 디모데가 아는 것이 있고 모르는 것도 있습니다. 바울은 돌에 맞았고, 동족에게 박해를 받았으며, 비판을 받고 감옥에 갇혔습니다. 바울이 당한 고난은 다 말할 수 없을 정도입니다. 만약 복음을 전했다고 해서 돌에 맞거나 교회에 나갔다고 해서 매를 맞는다면, 그것을 감수하고서라도 교회에 나올 수 있는 사람이 많지 않을 것입니다. 사도 바울은 그런 공격을 다 이겨낸 것입니다. 참으로 대단한 일입니다. 제자인 디모데는 이런 과정을 다 지켜보았습니다. 특히 이고니온과 루스드라에서 바울이 당한 고통을 디모데는 압니다. 그곳에서 유대인들이 이방인들과 함께 바울과 바나바를 돌로 쳐 죽이려고 했을 때 루스드라와 더베로 피신했습니다. 그리고 이고니온에서 디모데를 만납니다(행 16:2). 그러므로 바울 사도가 어떤 박해를 받았는지 디모데는 잘 알고 있었고, 바울은 그 일을 상기시키고 있는 것입니다.

"주께서 이 모든 것 가운데서 나를 건지셨느니라." 바울은 주께서 그 모든 환란에서 건져주셨기 때문에 이길 수 있었다고 말합니다. 주님은 환란에서 건져주실 때 사람을 사용하기도 하시고 주님이 직접 오셔서 건져주기도 하십니다. 바울은 디모데에게도 주님이 살아계시고 도와주실 것이기에 복음을 전할 때 두려워하지 말라고 가르치고 있습니다.

12절 "**무릇 그리스도 예수 안에서 경건하게 살고자 하는 자는 박해를 받으리라.**" 이는 중요한 말씀입니다. 죄악된 세상은 하나님을 잘 믿는 믿음의 사람을 좋아하지 않습니다. 세상은 하나님 앞에 설 수 없는 더러움이 많아서 그렇게 반역적으로 행동합니다. 더러운 곳에서는 깨끗한 사람이 대우를 받을 수 없고 오히려 박해를 받습니다. 공부에 열의가 많은 친구가 많은 학급과 공부에 열의가 없는 친구가 많은 학급이 있다면, 두

반의 학습 분위기는 엄청난 차이가 날 것입니다. 공부에 열의가 없는 친구가 많은 학급에서 열심히 공부하려고 하는 사람은 반에서 이상한 사람이 될 것입니다. 반대로, 공부에 열의가 많은 학생이 많은 학급에서 공부를 안 하는 학생도 그 반에서 비정상적인 사람이 될 것입니다. 하나님을 잘 믿는 성도, 이 땅에서 하나님의 일을 열심히 하여 천국에서 칭찬을 받으려고 헌신하고 봉사하는 성도는 세상 사람들에게 별난 사람 취급을 당합니다. 그러나 성도는 그런 시선과 박해를 이겨나가야 합니다. 세상이 온전하지 않고 거룩함을 싫어하므로 그런 현상이 나타납니다.

13절 "악한 사람들과 속이는 자들은 더욱 악하여져서 속이기도 하고 속기도 하나니." 경건하게 살고자 하는 사람과 대조적인 모습이 소개됩니다. 즉 9절에 등장하는 이단적 성격이 있는 자들을 가리키는 것이며, 그들과 타협하지 말라는 뜻입니다. 이단은 속이는 자입니다. 그들이 불쌍한 것은 자기들도 속고 있기 때문입니다. 초대교회 때에도 그랬지만, 마지막 시대가 되면 악한 사람들과 속이는 사람들이 회개하지 않고 더욱 번성하며 악해집니다. 악하고 속이는 사람은 잘못을 일깨워주어도 고칠 생각은 전혀 하지 않고 더욱 악하게 행동합니다. 한번 악한 길로 가면 사탄에게 끌려간 상태이므로 여간해서는 되돌아오기 어렵습니다. 늪에 빠졌을 때 자기 힘으로 나오려고 하면 오히려 더 빠지게 되고, 시간이 지날수록 더 깊이 빠지게 되어 다른 사람의 도움이 필요합니다. 이렇게 죄의 늪에 빠지면 회복하기가 어렵습니다. 속이는 사람은 남을 속이는 데 혈안이 되고, 상대가 속아 넘어가 불의한 이익을 손에 쥐게 되면 고약한 미소를 짓습니다. 그러나 신기하게도 남을 속여 피해를 준 것 이상으로 자기도 남에게 잘 속아 넘어갑니다. 이는 사람에게 속는 것 같지만 마귀에게 속는 것입니다. 속고 속이는 영이 그를 사로잡았습니다. 그래서 결국 죄를 범하게 되고 주님의 심판을 받을 수밖에 없습니다.

 어떤 사람에 대해 알고 싶다면 조금만 시간이 지나면 됩니다. 그 믿음이 진짜인지 가짜인지가 구별이 됩니다. 속이는 것 중에 가장 무서운 것은 종교 사기입니다. 사도 바울은 교회 안에 이단이 있는데 그들은 진리를 왜곡하고 속이므로, 정신을 똑바로 차려서 성도들을 바르게 가르치고 인도하라고 말합니다. 이런 일이 세상의 악한 집단이 아니라 교회 안에서 일어나고 있다는 것이 안타깝습니다. 초대교회 안에 이런 일이 있었고 또 마지막 때에도 이런 일이 많이 일어날 것을 깨닫고 성도들은 깨어 경성해야 합니다. 성경을 왜곡하는 잘못된 사상이 기승을 부리고 있는데 교회는 이를 경계하며 나아가야 합니다.

성경을 알았나니

14절 "그러나 너는 배우고 확신한 일에 거하라." 바울은 디모데에게 권면합니다. "그러나"라고 한 것은 앞에서 말한, 교회 안에 이단적인 자들의 속이는 일이나 진리를 왜곡하는 일이 있음을 염두에 두고 말한다는 뜻입니다. 그래서 이런 불미스러운 일이 있지만, "그러나 너는 배우고 확신한 일에 거하라"고 하는 것입니다. 디모데는 어려서부터 하나님을 믿었고, 오랜 시간 바울에게 지도를 받아서 현재 만족한 상태에 있습니다. 그러므로 자신이 속지 않았음을 확신했습니다(거스리). 성도가 진리 위에 서려면 먼저 진리 위에 서 있는 교사에게 배워야 합니다. 성부 하나님과 성자 예수님, 성령님이 어떤 분인지, 왜 교회를 세우셨는지, 이 마지막 때에 어떤 일이 있을 것인지, 하늘나라는 어떤 곳인지, 마귀는 어떤 존재인지 등에 대해 배워야 합니다. 특히 지도자는 영적으로 배우는 데 게을러서는 안 됩니다. 신학교에서 배울 수 있고, 또 교회에서도 배울 수 있습니다. 하나님이 누구신지도 잘 모르면서 지도자요 신자라고 하면 우스꽝스러운 일입니다. 또한 장차 하나님이 세상을 어떻게 하실 것인지를 제대로 모르고 신앙생활을 한다는 것은 허망한 일입니다. 단지 교회에 출석하는 것으로 끝나지 말고 왜 교회에 다녀야 하는지, 왜 기도하고 말씀을 듣고 헌금하고 충성해야 하는지에 대해 진실한 지도자를 통해 제대로 배워야 합니다.

"너는 배우고 확신한 일에 거하라"라는 바울의 말처럼 진리를 배워서 알게 되면 확신이 생깁니다. 구원의 문제만이 아니라 삶에서 겪는 여러 문제에 대해 지도자들은 잘 배우고 가르쳐서 성도가 확신을 갖도록 해 주어야 합니다. 성도에게는 배울 의무와 권리가 있으므로 지도자에게 확실하게 가르쳐달라고 요구할 권리가 있고, 또 잘 가르쳐준다면 열심히 배워야 하는 의무가 있습니다.

확신이 없으면 배움이 부족한 것이고, 확실하게 배웠다면 확실한 믿음에 거하게 됩니다. 단순히 지식적인 배움에 그치지 말고, 확신을 가지고 주님을 위해 목숨까지 걸 수 있을 정도의 깊이 있는 성도가 되어야 합니다. 확신은 힘든 상황에 부딪혀도 계속 충성하면서 머무르는 것입니다. 이처럼 구원에 대해서도 성도는 자신이 구원받을 수 있고 주님이 자신을 사랑하신다는 확신이 필요합니다. 이는 주님과 영적으로 긴밀하게 교제하고 교감해야 가능합니다. 확신을 가져야 한다고 억압하여서 되는 일이 아닙니다.

"너는 네가 누구에게서 배운 것을 알며." 디모데는 사도 바울에게 가르침을 받았습니다. 최고의 스승을 두었던 디모데는 축복받은 사람입니다. 바울은 일반 철학사에서도 인정할 정도로 대단한 선생입니다. 그런 지도자에게 배운다는 것은 큰 축복입니다. 그래서 바울도 자신 있게 제자 디모데에게 자신의 가르침대로 행하라고 말하는 것입니다. 바울은 성경을 공부했고, 보좌에 계시는 주님이 여러 차례 방문해 주신 경험을 하였으며, 또 천국에 오르는 체험을 했으므로 영적으로나 지식으로나 부족함이 없었습니다. 또 태생적인 배경까지도 훌륭했기 때문에 이처럼 확실히 말할 수 있는 것입니다. 바울은 모든 부분에서 모든 사람이 인정할 수밖에 없는 사도 중의 사도입니다.

15절 "또 어려서부터 성경을 알았나니." 사도 바울은 디모데에게 누구에게서 배웠는지 물었는데, 그가 배운 많은 선생 중 자신을 생각하고 말했을 것입니다. 그렇지만 바울은 디모데가 자신에게 배우기 전에 이미 "어려서부터 성경을 알았"던 것도 인정해주고 있습니다. 유대인들은 어려서는 가정에서 배우고, 어느 정도 나이가 들면 랍비에게 배웁니다. 그래서 어려서부터 성경을 알게 됩니다. 그래서 어려서부터 교회에서 신앙생활을 해온 사람이 정말 귀한 것입니다. 그들은 성장하는 동안 자연스럽게 성경을 읽고 공부하면서 한 절, 한 절이 무슨 뜻인지 더 알고 싶어 하고, 의문이 드는 내용은 수많은 시간을 고민합니다. 그러므로 성경 말씀에 대해 진한 감동과 깊은 지식이 있습니다. 이렇게 어려서부터 성경을 본 사람과 성경을 보지 않은 사람은 깊이와 무게감에서 차이가 날 수밖에 없습니다. 똑같이 "저는 주님을 믿습니다"라는 말을 한 것 같지만, 그 울림은 차이가 납니다. 그러므로 나이 들어 예수를 믿은 사람은 몇 배나 더 열심히 성경을 알기 위해 노력해야 합니다. 과거에 한국 교회에 성경 읽기 붐이 있어서 성경을 1년에 한 번 이상을 읽도록 권장했습니다. 어떤 사람은 1년에 2독, 3독을 하며 수십 년을 보내기도 했습니다. 오랫동안 반복적으로 그리고 고민하면서 배운 것은 더욱 마음에 함축이 되고 오래 기억됩니다. 믿음과 구원에 대한 고민을 하면 할수록 마음에 강한 확신으로 자리 잡게 됩니다. 디모데에게도 그런 지식이 있었던 것입니다.

"성경은 능히 너로 하여금 그리스도 예수 안에 있는 믿음으로 말미암아 구원에 이르는 지혜가 있게 하느니라." 성경을 잘 알아야 하는 목적에 대해 확실히 말하고 있습니다. 하나님이 성경을 사람에게 허락하시고, 성도가 그 성경을 공부해야 하는 중요한 이유는 구원에 이를 수 있는 지혜를 성경에서 얻을 수 있기 때문입니다. 신구약 성경의 중심은 구원자 예수 그리스도십니다. 성도가 이 땅에서 경제적으로 풍요롭게 사는 것도 중요하지만, 정말 중요한 것은 내 영혼이 구원받아 천국에 들어가는 것입니다. 그러므로 성경을 가까이하는 목적은 지식을 얻기 위한 것이 아니라, 그 속에 구원과 성도의 삶에 대한 비밀이 있기 때문입니다.

하나님의 뜻과 하나님을 잘 믿는 방법이 무엇인지, 하나님이 추구하시는 것이 무엇인지 모른다면 우리는 하나님을 잘 믿을 수 없습니다. 성경을 연구하여 깊이 알게 되면 믿음이 깊어지고, 하나님의 뜻과 계획을 알며, 순종하는 마음이 우러나옵니다. 그리고 하나님이 원하시는 정도(正道)를 걸을 수 있게 됩니다. 그 원동력은 예수 그리스도 안에 있는 믿음입니다.

16절 "모든 성경은 하나님의 감동으로 된 것으로." 창세기부터 요한계시록까지 성경을 기록한 저자가 많습니다. 그러나 그들 중 누구도 자기 생각으로 쓴 사람은 없습니다. 만약 자기 생각으로 썼다면 그것은 성경이 아니라 회고록이나 지식 전달을 위한 글일 뿐입니다. 그러나 사도 바울은 성경이 하나님의 감동으로 쓰였다고 분명히 선언합니다. 하나님이 불러주시는 말씀을 그대로 받아 적었을 수도 있고, 성령이 역사하셔서 손이 저절로 움직여서 썼을 수도 있습니다. 방법은 어떠하든지 하나님의 감동으로 쓰였다는 것이 중요합니다. 그러므로 성경을 읽을 때에도 성령의 감동을 받습니다. 성경을 하나님의 말씀으로 믿지 않는 사람들은 위험한 생각을 가진 자입니다. 성경이 사람이 쓴 글이라는 의미로 가르치는 교회나 학자가 있는데 그것은 명백히 잘못된 가르침입니다. 그렇게 이해한다면 차라리 교회에 나오지 말고 하나님을 믿는다고 고백하지 말아야 합니다. 그렇게 주장하는 사람들은 상당히 지적인 것 같고 넓은 아량을 가진 듯이 보이지만, 실상은 믿음이 없는 자들에 불과합니다. 모든 성경은 하나님이 영적인 신비함 가운데 인생에게 영적 세계를 가르쳐주시려고 기록하신 말씀입니다.

"교훈과 책망과 바르게 함과 의로 교육하기에 유익하니." "교훈"은 지혜를 주는 것이고, "책망"은 과오에 대해 반성하게 하는 것이며, "바르게 함"은 허물을 고치기 위함이고, "의로 교육함"은 의롭게 되도록 훈련하는 것입니다(거스리). "교훈"에서 시작하여 뒤로 갈수록 점점 어려워집니다. 성도를 교육할 때 세상의 학문에 기반을 둔 것이 아닌, 하나님의 말씀으로 교육하라는 것입니다. 성경은 구원에 이르게 하는 말씀이면서 생활 전반에 도움을 줄 수 있는, 인생의 모든 것을 포괄하는 수준 높은 말씀입니다. 그러므로 훌륭한 교훈이 되기도 하고 책망의 말씀이 되기도 합니다. 하나님의 사람으로 바르게 하는 데 이보다 더 귀한 것은 없습니다. 성경은 모든 성도가 온전히 구비되어 모든 선한 일을 하는 데 필요한 내용과 방향을 제공합니다(마운스).

17절 "이는 하나님의 사람으로 온전하게 하며." 지도자는 성경 말씀으로 온전하게 된다는 뜻입니다. 또한 성경이 하나님을 믿지 않는 사람과는 관계가 없다는 뜻으로도 들립니다. 성경에 나오는 신비로운 사건들은 하나님을 믿지 않는 사람들은 믿을 수 없는 내용입니다. 그래서 성경은 하나님을 믿는 사람을 온전하게 하는 역할을 하는 것입니다. 그러므로 성경은 단순히 지식을 연구하기 위한 재료가 아닙니다.

일부 일반 대학에서도 성경을 읽는 경우가 있습니다. 그러나 그들은 성경을 공부하여 내용은 알게 되겠지만, 믿음 없이 읽는다면 하나님을 알기는 쉽지 않을 것입니다. 성경을 문학 작품으로 받아들이기 때문입니다. 그러므로 성경을 연구하는 사람이 진실로 하나님을 믿는 사람이 아니라면 성경은 그에게 어떠한 영향도 주지 않는다는 것입니다. 하나님이 살아계신 분이신 것을 믿어야 그분의 말씀이 우리 마음에 울림을 주고, 우리 마음을 찌르며, 활동이 일어납니다. 만일 성경을 믿지 않으면 아무리 신비한 내용이라도 어떤 영적 반응도 일어나지 않을 가능성이 높습니다. 내가 싫어하는 사람이 하는 말은 아무리 좋은 말이라도 나에게 아무런 감동을 주지 못하고 영향을 주지 않는 것과 같습니다. 내가 존경하고 따르는 사람이 말할 때 그 말을 듣고 동의하며 움직이고 행하게 되는 것입니다.

결국 성경은 아무나 읽는 것이 아니고 아무나 가르치는 것이 아닙니다. 오직 하나님을 믿고 천국을 믿는 사람이 읽고 공부할 때 그 사람을 온전하게 하는 역할을 합니다. 하나님의 사람도 교육을 받아야 하고, 더 탄탄하게 믿음을 갖추어야 하기 때문입니다. 믿음이 없었던 사람이 성경을 읽고 믿음이 생기는 경우가 가끔 있는데, 그런 사람들은 하나님의 특별한 은혜를 받은 자들입니다.

"모든 선한 일을 행할 능력을 갖추게 하려 함이라." 이 마지막 절의 주제는 성경이 성도에게 능력을 갖게 한다는 것입니다. 선한 일을 하려면 능력을 갖추어야 하는데, 성경이 그 힘을 제공한다는 말씀입니다. 믿음을 가지고 성경을 읽는 사람은 자신의 속사람을 활기차게 하는 생수가 자기 속으로 스며들어오는 것을 느낄 것입니다. 그리고 어디에서도 느낄 수 없는 뜨거운 열정이 자기 속에서 불일 듯 일어나는 것을 경험할 것입니다. 그러면 주의 나라를 위해 목숨 바쳐 헌신하려는 열정이 솟아오릅니다. 그리고 그 열정은 지치지 않는 손과 발이 됩니다. 성경을 읽는 사람은 지금 하나님이 자신에게 은혜를 주신다고 믿으면서 겸손히 말씀을 대해야 합니다.

4장

너는 말씀을 전파하라

1절 "하나님 앞과 살아있는 자와 죽은 자를 심판하실 그리스도 예수 앞에서." 바울은 예수 그리스도의 권위를 높이고 있습니다. 성도는 언젠가 하나님 앞과 그리스도 앞에 서게 되는데 예수님은 살아있는 자와 죽은 자를 심판하시는 분이라는 것입니다. 꼭 죽은 뒤에만 심판을 받는 것이 아닙니다. 주님은 살아있는 사람도 때와 상황에 따라 심판하십니다. 성도들이 주님 앞에서 바르게 살고 있는지, 기도 생활과 믿음 생활을 잘 하고 있는지를 주님이 날마다 보고 계십니다. 그래서 어떤 사람은 칭찬하시고 어떤 사람은 책망하실 것입니다. 또 성도가 죽게 되면 최후의 심판이 있는데, 하나님이 냉정하게 심판하실 것입니다. 진정한 성도라면 이런 시간이 반드시 온다는 것을 염두에 두고 신앙생활을 해야 합니다.

"그가 나타나실 것과 그의 나라를 두고 엄히 명하노니." 바울은 심판하실 주님이 나타난다는 것을 강조합니다. 그는 늘 주의 심판을 의식하고 살았을 것입니다. 성도는 종말에 주님을 뵐 수도 있고, 그 전에 성도가 죽어 하늘에서 주님을 뵐 수도 있습니다. "그의 나라"는 주님의 영광스러운 나라입니다. 그런데 지금 주님이 나타나실 것과 하나님의 나라에 대해 사도 바울이 말합니다. "엄히 명하노니"(딤전 5:21, 딤후 2:14), 즉 진지하고 엄숙하게 명하는 말입니다. 디모데와 하나님 나라를 위해 일하는 사람에게 당부하는 내용이 2절에 이어서 나옵니다.

2절 "너는 말씀을 전파하라." 바울은 디모데에게 말씀을 전파해야 할 책무가 있다고 하는 것입니다. 여기서 "말씀"은 성경 말씀이면서 예수님이 하신 말씀을 가리킵니다. 그 범위를 넓게도 볼 수 있고 좁게도 볼 수 있지만 결국 성경입니다.

"때를 얻든지 못 얻든지 항상 힘쓰라." 복음을 전파할 때 여건이 항상 좋은 것만은 아닙니다. 어떤 때는 말씀을 증거할 수 없도록 훼방을 받을 때가 있고, 넉넉하고 풍성하게 증거할 수 있는 때도 있습니다. 복음 증거의 기회는 복음 증거자의 마음대로 되지 않습니다. 바울이 아시아에서 복음을 증거하려고 했지만 성령이 막기도 하셨습니다(행 16:6-7). 어떤 일을 행할 때 내일로 미루다가 결국 실행하지 못하는 사람이 많습니다. 기회가 항상 있는 것이 아니므로 때를 얻든지 못 얻든지 즉시 행동해야 합니다.

"범사에 오래 참음과." 이것은 바울이 즐겨 쓰는 표현으로, 주로 하나님의 참으심을 가리킬 때 쓰이는 말입니다(거스리). 이는 경책하며 경계하기 위해 가져야 할 자세입니다. 복음을 증거할 때 하나님의 복음을 받아들인 사람들을 위해서 해야 하는 일이 바로 범사에 오래 참음입니다. 복음을 증거하고 사람들을 가르칠 때 하루아침에 그들의 믿음이 성숙해지는 것이 아님을 기억해야 합니다. 물론 단기간에 믿음이 성장하는 사람도 있으나, 10년이 넘어도 성장하지 않는 것처럼 보이는 사람도 있습니다. 가르치는 사람의 의도대로 되지 않을 때 분노가 일어나기도 합니다. 그러나 오래 참지 않는다면 절제되지 않은 감정이 발산되어 상대의 감정을 상하게 하고, 그 마음이 떠나는 일이 일어날 수 있습니다. 그러므로 지도자는 주님 안에서 복음을 전하거나 가르칠 때, 또는 성도를 섬길 때 자신이 먼저 오래 참는 것을 배워야 합니다. 왜 성장하지 않는지 불평하거나 열심이 없다고 비판하지 말고 언젠가 주님이 하실 것을 기대하면서 오래 참아주어야 합니다.

"가르침으로 경책하며 경계하며 권하라." 가르침으로 경책하며 경계해야 합니다. 바울의 어조가 점점 더 강해지고 있습니다. 성도를 가르치려면 먼저 "경책"해야 합니다. 범죄한 자의 잘못을 가르쳐주고 고치도록 책망하는 것입니다. 또한 자신의 허물이 무엇인지 분명히 알게 하고 그것을 바르게 잡아주는 것입니다. 이것이 초보 단계에서 가르치는 것입니다. "경계"하는 것은 질책이나 책망에 대한 말입니다. 간혹 징벌도 의미합니다(고후 2:6). 그 사람이 잘못을 했는지 유심히 관찰하면서 조심하도록 하는 것입니다. 그 이후에 잘 고치도록 권해야 합니다. 이것을 뜻하는 표현이 '위로하다'인데, 죄인을 책망하되 위로하는 마음으로 권하는 것입니다. 성도를 잘 돌아보는 사람이 훌륭한 사람입니다.

3절 "때가 이르리니 사람이 바른 교훈을 받지 아니하며 귀가 가려워서 자기의 사욕을 따를 스승을 많이 두고." 사람이 바른 교훈을 받지 않는 이유는 건전한 교훈을 들을 때 자신의 생각과 충돌하여 견디지 못하기 때문입니다. 사도 바울은 이것이 이 세상의 적나라한 모습이라고 말하고 있습니다. 이 세상은 자기 사욕을 따를 스승을 많이 둔다고 하였는데, 자기를 무조건 지지하고 자기 귀를 즐겁게 하는 사람을 좋아한다는 뜻입니다. 이는 진리를 따라가려는 자세가 아닙니다. 자신이 행하는 일에 시비를 걸지 않고, 잘못을 저질러도 문제 제기를 하지 않고 무조건 편들어주기를 바라는 모습입니다. 결국 하나님의 말씀대로 살고 싶은 생각이 없는 것이 보통 사람의 모습이라는 것입니다. 중생하지 못한 자들은 호기심과 헛된 충동심으로 종교적 만족을 채우려 합니다.

이런 사람들이 바른 교훈에 관심이 있을 리 없습니다. 진리를 바로 알아야 신앙이 성장합니다. 바른 교훈을 외면하는 사람은 자신을 고칠 생각이 전혀 없으므로 소망이 없는 사람입니다. 사람들과 대화를 나누어보면 그런 불성실한 사람이 이 세상에 많다는 것을 알 수 있습니다. 자신이 바로 살기 위해 변화되려는 결심을 하고 노력하는 사람이 별로 없습니다. 신자임에도 이런 부정적인 모습을 가진 사람이 많습니다. 그래서 한 교회에서 신앙생활을 하는 성도끼리도 실망을 많이 합니다. 잘 배우고 싶으니 많이 가르쳐달라고 하는 성도임에도 막상 목회자가 잘못된 부분을 지적하면 시험에 들고, 상처받았다며 웅크리는 사람이 많습니다.

그러나 정말 훌륭한 사람은 하나님의 말씀을 듣고 훌륭한 성도가 되기 위해 노력합니다. 하나님 앞과 그리스도 앞에 섰을 때 칭찬받는 사람이 되기 위해 노력한다면 앞으로 존경할 만한 성도가 될 것입니다. 성도는 언젠가 하나님과 그리스도 앞에 설 것을 항상 기억하고 최선을 다하여 살아야 합니다. 성도는 인생 여정을 다 걸은 뒤 하나님 앞에서 어떻게 살았는지 그 성적표를 가지고 그분 앞에 설 것입니다. 자신이 비록 세상에서 성공 가도를 달리지는 못했어도 주님 앞에서 영적인 평가를 받을 때 좋은 성적표를 받기 위해 애써야 합니다. 그러려면 바른 것을 가르치는 선생을 가까이하고 자기의 사욕을 따른 선생을 두지 않는 것입니다. "스승을 많이 두고"라는 말씀의 의미는 마지막 시대의 사람들은 진리가 알고 싶어서 훌륭한 선생을 두려는 것이 아니라, 자신의 만족함을 위해 많은 스승이 필요하다는 뜻입니다. 그들의 가르침은 진리가 아니지만 사욕을 채워줄 것입니다. 그들의 귀를 즐겁게 하는 데 한두 선생으로는 부족합니다.

4절 "또 그 귀를 진리에서 돌이켜 허탄한 이야기를 따르리라." 그들은 진리를 따르지 않을 뿐더러 유익이 되지 않는 세상의 허탄한 이야기를 따라간다는 것입니다. 세상 돌아가는 일에 재미를 느낀다면 영적인 일에 흥미를 갖지 못합니다. 또는 영적인 이야기 같지만 실상은 미신적이며 허황된 이야기입니다. 그리고 결국 복음의 진리에서 떠납니다. 이것이 세상에 속한 사람들의 모습입니다. 이는 옛날이나 지금이나 똑같습니다.

5절 "그러나 너는." 그러나 아무리 세상이 그럴지라도 디모데는 달라야 하며 교회도 달라야 한다고 강조합니다. 하나님의 사람이 세상 사람과 같은 태도를 가질 수는 없습니다. 그래서 바울은 "그러나"라고 했습니다. 하나님의 사람은 세상 풍조를 따르는 것이 아니라 바르게 사는 모습을 드러내는 자입니다.

"모든 일에 신중하여 고난을 받으며 전도자의 일을 하며 네 직무를 다하라." "신중하여." 바울은 디모데에게 지도자로서 모든 일에 신중하라고 가르칩니다. 영적으로 깨어서 세상에 취하지 않는 것입니다. 신중하지 못하면 일을 그르치기 십상입니다. 지도자가 조급하고 변덕이 심하면 큰 문제에 봉착할 우려가 있습니다. "고난을 받으며." 디모데가 지도자로서 바르게 가르칠 때 이단적 성격의 무리에게 공격을 받을 수 있습니다. 그러나 고난도 불사해야 합니다. 복음에는 타협이 없습니다. 바울은 전도할 때 많은 고난을 당했습니다. 그러므로 디모데는 바울의 뒤를 따르는 사역자로서 고난을 각오해야 합니다. "전도자의." 이것은 디모데가 힘써야 할 또 다른 일입니다. 이단과 싸워야 하지만 불신자에게 적극적으로 전도해야 합니다. "네 직무를 다하라." 하나님의 사람으로서 해야 할 직무가 있습니다. 이 직무는 감독직이 아니고 전도를 가리킵니다. 그 직무를 다해야 하는데 이는 확실하게 열매를 맺을 정도로 완성도가 높으며, 그와 동시에 끝까지 완수하는 책임감이 요구됩니다. 최선을 다해 이 일을 감당할 때 주님이 기뻐하실 것입니다. 가정에서도, 직장에서도, 나라에서도 자신의 직무를 알고 잘 감당하는 책임감 있는 사람이 능력 있는 사람입니다. 지도자나 성도가 다른 사람들에게 칭찬을 받고 매력 있는 사람으로 인정받으며 산다면 정말 좋을 것입니다. 그러나 하나님도 성도를 판단하시므로 그분의 판단을 더욱 무겁게 받아들여야 합니다. 지도자는 성도와 세상과 주변 사람과 하나님의 평가를 받는다는 것을 생각해야 합니다. 그가 최선을 다하고 열성을 다하고 하나님을 바라보고 사는지를 주변에서 모두 보고 있습니다. 열정 없이 소극적인 사역을 하는 것은 부끄러운 일입니다. 자신의 직무를 다하는 사람이 교회에 많이 있을수록 교회는 힘이 넘치고 은혜로운 곳이 될 것입니다. 어디에서 무슨 일을 하든지 자신이 맡은 사명을 충실히 감당하면 하나님이 기뻐하시고 많은 사람에게 유익이 될 것입니다. 꼭 전도할 때에만 복음이 전파되는 것이 아니라 우리가 우리 자신의 직무를 잘 감당할 때에도 복음은 힘 있게 전파됩니다.

면류관이 예비되다

6절 "전제와 같이 내가 벌써 부어지고." 바울은 자신이 전제로 부어졌다고 하였습니다. 전제는 제물 위에 붓는 술을 말합니다(민 15:5, 28:7). 그것은 부어져 제물을 덮습니다. 그렇게 함으로 제사가 완성되는 것입니다. 바울은 삶을 마무리하는 시점에 이렇게 고백하는 것입니다. 바울은 자신의 삶이 물처럼 녹아져 하나님께 제사로 드려진다고 하였는데, 이는 그가 순교할 것을 암시하는 말이라고 할 수 있습니다. 바울은 지금 로마 감옥에서 사형 집행을 기다리는 상황이기 때문에, 하나님 앞에서 죽었고 이미 부어졌다는 것입니다. 삶에 대한 미련이 사라지고 자신의 생명이 하나님께 드려졌다고 생각하는 것입니다. 이 정도면 마음으로는 이미 완전히 드려져서 결코 돌이킬 수 없는 죽음의 상태에 있다는 것입니다. 그러면서 한편으로는 영광스러운 제사가 완전히 마무리되는 모습입니다.

"나의 떠날 시각이 가까웠도다." 떠날 시각은 죽는 때를 가리킵니다. 바울은 자신이 죽는 때를 알고 있었습니다. 그는 죽음을 두려워하지 않고 주님을 만나는 것에 더 큰 의미를 둡니다. 대부분 사람은 자신의 죽는 때를 알지 못하지만, 하나님이 죽는 때를 알려주시는 사람도 있습니다. 만약 하나님이 나타나셔서 우리에게 3일 뒤에 죽는다고 하시면 그 시간을 어떻게 보낼지 궁금합니다. 그 시간이 주님께 더 가까이 가는 기회가 될 것인지, 아니면 세상에서 하지 못했던 일을 하는 기회로 삼을지 말입니다. 주님 앞에 정말 깨끗한 모습으로 가기 위해 노력하는 사람이 많지 않을 것입니다. 하나님이 우리에게 죽는 날을 가르쳐주시지 않는 이유가 있을 것입니다.

바울은 감옥 안에서 주님과 늘 교통했는데, 이는 왕이신 주님이 감옥을 로마에 있는 대사관처럼 사용하시고 그를 방문하셨던 것입니다. 바울은 주님을 만나서 많은 대화를 나누었을 것이고, 주님은 바울이 언제 순교할지 알려주시면서 순교를 잘할 수 있도록 힘도 불어넣어 주셨을 것입니다. "바울"이라는 제목의 영화를 보면 그가 목이 잘려 죽는 장면이 나옵니다. 그는 지금까지 이 땅에서 육신을 가지고 살면서 주님의 종으로 살았고, 이제 죽어 속사람이 하늘에 가게 되면 주님의 신부로서 영원히 함께 사는 것이니, 이는 더 좋은 일입니다. 주님과의 관계가 한층 승화되는 것입니다. 이렇게 바울은 자신의 떠날 시각이 가까웠다고 영광스럽고 자랑스럽게 생각하며 디모데에게 말하였습니다.

7절 "나는 선한 싸움을 싸우고." 바울은 "나는"이라고 자신을 밝히고 있습니다. 바울은 감정싸움이나 세상적인 이익을 놓고 싸운 것이 아니라 하나님 나라를 위해서 선한 싸움을 싸운 것입니다. "싸움"은 경주와 같은 의미입니다. 그것은 죄악과 마귀와 경주하기 때문입니다(박윤선). 그리스도의 복음을 전하기 위해서 군사가 전쟁터에서 싸우듯이 최선을 다해서 싸웠다는 것입니다. 전쟁터에서 전투를 벌이는 사람은 패하면 죽습니다. 그래서 바울은 죽음을 각오하고 주의 복음을 전한 것입니다. 이것은 자만함에서 나온 말이 아닙니다.

"나의 달려갈 길을 마치고." 바울은 자신의 사역을 경주자의 달음질로 표현합니다(고전 9:24). 이 달음질은 원거리 경기이고 또 장애물 경기였습니다. 누구나 하나님 앞에서 달려갈 길이 있습니다. 자세히 따져보면 그 길의 형태는 사람마다 다르게 나타납니다. 어떤 사람에게는 산길, 어떤 사람에게는 대로 등 형편이 각기 다른데 결국 모든 성도가 달려간 길은 주님이 정해주신 길입니다. 성도 모두가 주님이 정해놓으신 길을 달려가는 것입니다. 우리 마음대로 경주를 달려놓고 다 달렸다고 주님께 말할 수 없습니다. 세상에는 자기 마음대로 여기저기 휘젓고 다니는 사람도 있을 것입니다. 달리기 경주에서는 주최측이 미리 선을 긋고 각 주자가 달려갈 길을 정해줍니다. 그리고 그 선을 넘어가면 실격으로 처리합니다. 선을 넘지 않고 갈 길만 가는 것이 "달려갈 길"인 것입니다.

　이렇게 바울은 군대 용어와 스포츠 용어를 번갈아 사용하여 말하고 있습니다. 군대나 스포츠 경기에 엄격한 규율이 있는 것처럼 하나님 나라도 다를 바가 없기 때문입니다. 정해진 규율을 지키면서 실수 없이 행해야 상을 받을 수 있습니다. 규칙을 어기면 설령 일등으로 달려가도 인정되지 않고 실격 처리가 됩니다. 성도는 이러한 규칙을 냉정하게 받아들여야 합니다. 또한 사람마다 달려갈 길이 다르므로 교회 안의 다른 사람들과 단순히 겉모습만 보고 비교하는 것은 옳지 않습니다. 나보다 더 훌륭한 사람도 있고, 나보다 열심히 달리지 않아도 목표에 도달하는 사람도 있습니다. 주님이 큰 상을 주겠다고 기대하신 사람이 다른 사람과 비슷하게 달리면 주님은 실망하실 것입니다. 그러므로 나보다 더 열심히 하는 사람을 보고 굳이 그가 너무 앞서간다고 질투할 것이 없다는 것입니다. 우리는 우리에게 주어진 분량대로 우리의 길을 최선을 다해 열심히 달리면 되는 것입니다.

"믿음을 지켰으니." 이는 경기 전에 선수들이 경기 법규를 지키겠다고 선서하는 것과 같습니다(이상근). 사도 바울은 믿음을 지켰습니다. 열심히 달렸지만 결과가 좋지 않다면 소용이 없는 것이므로 우리의 신앙생활을 평가하려면 맨 마지막에 경기에서 법을 지키듯 믿음을 지켰는지 따져보아야 합니다. 왜 그렇게 열심을 내었는지, 주님을 믿는 믿음으로 한 것인지 확인이 되어야 달려온 보람이 있는 것입니다. 달려온 것보다 믿음을 지킨 것이 더 소중한 것이라는 뜻입니다. 성도는 당연히 주를 위하여 내가 이렇게 하였다는 고백을 할 수 있어야 합니다. 앞뒤의 말을 살펴보면 바울이 자신의 신앙생활 전체를 한 문장으로 요약한 것이라고 할 수 있습니다. 성도는 바울과 같이 죽기 전에 이런 영광스러운 고백을 할 수 있어야 합니다. 가정을 지켰다는 것이나 나라를 지켰다는 것, 모두 다 귀한 고백이지만, 믿음을 지킨 것이 가장 소중합니다. 이것은 수많은 시련과 어려움을 극복한 후의 고백입니다.

8절 "이제 후로는 나를 위하여 의의 면류관이 예비되었으므로." 달려갈 길을 다 달려가서 골인 지점에 도착하면 "나를 위하여 의의 면류관이 예비되었"다고 하였습니다. 바울은 여기에서 "나를 위하여"라고 하면서 자신을 강조하였습니다. 자신을 지나치게 드러내는 것은 글을 쓸 때 좋은 태도가 아닙니다. 그런데 여기서 바울은 "나"를 강조하여 말합니다. 그는 이런 글을 쓸 자격이 있습니다. 그가 믿음을 지키고 결승점을 향해 달리면서 의의 면류관을 생각하고 있었다는 것이 확실히 드러납니다. 잘 달린 사람에게 남은 것은 상 받을 일뿐입니다. 보상은 전투하는 중이나 그 전에 주어지는 것이 아니라 전투가 끝난 다음에 주어집니다(카이사리우스).

"의의 면류관이." 사도 바울은 그 영혼이 삼층천에 다녀왔기 때문에 하늘에서 면류관을 받는다는 사실을 알았을 것이고, 자신에게 여러 가지 면류관이 예비되어 있지만, 그 중에서 의로운 삶을 살았기에 "의의 면류관"을 받을 것을 증언한 것입니다. 하늘에서 받을 면류관은 값어치나 크기가 각각 다를 것이고, 충성의 면류관, 인내의 면류관처럼 종류도 가지각색일 것입니다. 또 여러 가지 면류관을 받을 사람도 있고, 한두 개만 받을 사람도 있을 것입니다. 구원받은 모든 성도가 바울과 같은 분량의 의의 면류관을 받는 것이 아닙니다. 다 똑같이 받을 수 있다면 굳이 선한 싸움을 싸우고, 달려갈 길을 다 가고, 믿음을 지켰다고 고백할 필요가 없습니다. 그러므로 사도 바울이나 열심히 달려간 사람이 하늘에서 영광스러운 면류관을 받아야 공평한 것입니다. 구원은 믿음에 있고 상급은 의로운 행위에 있습니다.

"주 곧 의로우신 재판장이." 여기서 바울은 주님에 대해 "의로우신 재판장"이라고 하였습니다. 바울에게 의의 면류관을 씌어주시는 분이 의로우신 재판장이라는 것입니다. 주님에게는 여러 가지 면이 있는데, 여기서 그분의 의로우심을 언급하는 것은 재판할 때에는 의로워야 하기 때문입니다. 재판장은 뇌물이나 인정에 휘둘리면 안 됩니다. 주님은 의로우신 분이셔서 옳고 그른 것이 확실하십니다. 그런 분이 바울을 의롭다고 인정하셔서 그에게 의의 면류관을 주신다는 것입니다. 주님은 바울처럼 매사에 자신의 이익은 따지지 않고 오직 옳은 것만 추구하면서 치열한 싸움을 한 사람에게 의의 면류관을 주실 것입니다. 그러나 싸우지 않은 사람이라면 의의 면류관은 받지 못할 것이 분명합니다. 만약 그가 열심히 봉사했다면 봉사의 면류관을, 다른 사람을 열심히 섬겼다면 섬김의 면류관을 받을 수 있을 것입니다. 상도 큰 상이 있고 작은 상이 있습니다. 또한 큰 빛을 발하는 면류관도 있습니다. 만일 평범하게 믿음생활을 한 성도들이라면 그들이 받을 상은 도토리 키 재기처럼 비슷할 것입니다.

"그 날에 내게 주실 것이며." 바울은 의의 면류관을 "그 날에", 즉 죽는 순간 주님 앞에 가서 받을 것이라고 합니다. 바울은 이 날을 손꼽아 기다렸을 것입니다. 바울은 이렇게 성경을 정확하게 쓰고 하나님의 뜻을 밝히 드러냈습니다.

"내게만 아니라 주의 나타나심을 사모하는 모든 자에게도니라." 바울은 자신만이 아니라 누구나 자신처럼 산다면 똑같이 의의 면류관을 받을 수 있다고 말합니다. 오고 가는 모든 성도에게 소망을 주는 말씀입니다. 여기서 바울은 자신과 함께 의의 면류관을 받을 수 있는 사람의 기준을 "주의 나타나심을 사모하는 모든 자"라고 하였습니다. 주님의 오심을 사모하는 자, 즉 주님이 재림하셔서 보게 되든, 자신이 죽어 천국에 가서 주님을 보든, 주님을 보고 싶어 사모하는 자를 말합니다. 이것은 특히 재림과 연결됩니다. 보통 이것은 재림의 주를 가리킨다고 해석하는데 꼭 재림만이 아닌, 언제든지 주님을 만날 것을 기다린다는 뜻입니다.

창조주이신 주님을 만나고 싶어 하는 사람은 보통 사람이 아닙니다.

회개하고 주님을 만날 준비가 된 사람만이 주님을 만나고 싶어 할 것입니다. 지금 죽어서 주님 앞에서 섰을 때 부끄러워하지 않고 설 수 있는 사람이 있다면 귀한 일입니다. 여기서 사모한다는 것은 주님의 오심을 기다리면서 스스로 재판정으로 가서 주님이 자신을 의로운 자라고 재판해주시길 바라는 마음입니다. 사랑의 주님이 아닌 의로우신 재판장을 기다리는 것을 말하기 때문입니다. 재판정에 검사와 판사가 있듯이 그분이 감추어진 우리의 죄를 다 들추어내 판결을 내리실 것인데, 재판받기를 자청할 정도라면 스스로 의롭게 살았다고 자부하는 사람만이 가능할 것입니다.

사도 바울은 죽을 때가 가까워서 이 말을 자신의 제자에게 유언으로 남겼습니다. 아무리 어려워 보인다 하더라도 끝까지 싸우라는 것입니다(오스본). 하나님이 재판하실 때 부족함이나 걸리는 것이 없도록 디모데에게 완벽하게 살라고 당부하고 있습니다. 성도는 의로우신 재판장 앞에 서서 어떤 말을 들을지를 생각하면서 신앙생활을 해야 합니다.

자기 길로 가다

9절 "너는 어서 속히 내게로 오라." 디모데는 에베소 교회에서 목회했습니다. 에베소는 당시 발달한 도시이고 우상숭배가 만연했는데, 그런 곳에서 젊은 목사인 디모데가 어떻게 사역했을지 생각하면 안타까운 마음이 듭니다. 어마어마한 건축물이 수도 없이 세워져 있던 에베소는 문명과 문화가 발달한 그 당시 최고의 현대 도시였습니다. 그곳에는 유력하고 부유한 인사들이나 뛰어난 철학자가 많았는데, 그런 속에서 교회를 세워나갔다는 것이 놀랍습니다. 그런데 바울이 디모데에게 자신에게 속히 오라고 했습니다. 디모데가 보고 싶었을 것입니다. 개인적인 그리움뿐만 아니라 주님 나라에 대해 의논하려는 목적이었을 것입니다.

사람은 죽음의 문턱에서 진실해지고 과거를 돌아보게 됩니다. 아무에게도 말하지 않았던 비밀을 고백하기도 합니다. 또 마지막으로 만나보고 싶은 사람이 있다고 말하기도 합니다. 대사도인 바울도 훌륭한 목사인 디모데가 보고 싶어서 속히 자기에게로 오라고 하는 것입니다. 디모데가 얼마나 믿음직스럽고 사랑스러우며 주의 나라에 귀한 인물이었는지, 성령도 감동하셔서 이렇게 글을 쓰게 하셨나 봅니다. 아마도 디모데가 천국에서 큰 인물이기 때문에 그랬을 것입니다. 디모데는 최고의 사도가 인정할 만한 최고 수준의 사람입니다.

10절 "데마는 이 세상을 사랑하여 나를 버리고 데살로니가로 갔고."

여기서 사람들의 이름이 거론되고 있는데 이들은 사도 바울이 말한 것처럼 행동했습니다. 바울이 인생 마지막에 유언처럼 남기는 말 중 특정한 사람들에 대해 증언한 것이므로 많은 의미가 있다고 보아야 합니다.

"데마는 이 세상을 사랑하여 나를 버리고 데살로니가로 갔고"라고 하였습니다. 데마는 바울의 동역자였는데(몬 1:24), 그의 입장에서는 명예 훼손이라며 반발할 만한 발언입니다. 바울이 모든 사람이 보게 될 글에 실명을 거론하면서 데마가 이 세상을 사랑한다고 낙인을 찍었기 때문입니다. 그러나 성령이 이렇게 쓰도록 하신 것입니다. 데마는 주님과 하늘나라를 사모하지 않았고, 바울을 존경하지 않았으며, 교회를 위하지 않고 세상을 사랑하여 고난받을 때 떠난 것입니다. 그가 교회에서 지도자이고 교회를 위해 많은 일을 했을지라도 그렇게 말할 수밖에 없었습니다. 데마가 바울을 버린 것은 바울 개인을 버린 것이 아니라 당시 사도이고 초대교회의 최고 지도자를 버리고 떠난 것입니다. 데마의 선택지인 데살로니가는 그의 고향입니다. 바울을 따르고 주의 나라를 위해 일하다가 실망하고 자신의 고향으로 돌아간 것은 가슴 아픈 일입니다. 사도 바울과 성령이 그가 떠난 것을 두고 괴로워했을 것입니다.

그렇다고 해서 데마가 지옥에 갔다거나 천국에서 쫓겨났다거나 하는 말은 옳지 않습니다. 비록 그가 끝까지 충성하지 못하여서 큰 상을 받지는 못했겠지만, 지금까지의 충성으로도 천국에 이를 것입니다. 그가 배교를 했거나 이단 노릇을 한 것이 아니기 때문입니다. 보좌에는 들어가지 못한다 해도 하늘 예배 시간에 그를 만나는 것은 어렵지 않을 것입니다. 그러나 그는 마지막까지 충성하지 못한 것을 부끄러워했을 것입니다.

"그레스게는 갈라디아로, 디도는 달마디아로 갔고." 여기 나오는 그레스게가 누구인지 정확하게 알 수 없습니다. 그러나 그도 바울 곁을 떠났습니다. 또 디도가 달마디아로 간 것은 바울이 싫어서 떠났다기보다는 하나님의 일을 하기 위해 갔다고 볼 수 있습니다. 달마디아는 바울이 전도했던 일루리곤의 남쪽 지역입니다(롬 15:19). 디도가 그레데에서의 사역을 마친 뒤 간 곳입니다. 그의 새로운 영역이 아드리아 해의 동쪽 해안에 있었던 것입니다(거스리). 여기서 바울이 말하는 요지는 자기 옆에 아무도 없다는 것을 강조하는 것입니다.

11절 "누가만 나와 함께 있느니라." 바울의 곁에는 많은 사람이 있었지만, 디모데후서를 쓰는 시점에서는 누가만 함께 있는 상황이었습니다. 누가는 누가복음과 사도행전을 기록한 사도급 인물입니다. 또 사도 바울의 2차, 3차 전도여행에 함께한 사람으로 예루살렘도 같이 갔고(행 21:15), 로마 감옥에 갇혔을 때도 함께 있었습니다(행 24:23). 누가는 "사랑을 받는 의사"로 불리고 있으므로(골 4:14), 의사이면서 부유하고 문필가였던 것으로 생각됩니다. 편지를 쓸 때도 바울이 말하면 누가가 대필했을 가능성이 있습니다. 누가는 바울의 마지막 시간을 함께 보냈을 것입니다.

"네가 올 때에 마가를 데리고 오라 그가 나의 일에 유익하니라." 바울은 지금 디모데가 보고 싶고, 또 마가가 자신을 도와주길 바라는 일이 있다는 것입니다. 그래서 디모데가 오는 길에 마가를 데려오기를 부탁합니다. 마가는 바나바의 조카로 바울의 1차 전도여행에 함께하였는데 중간에 힘들어 포기한 일이 있었습니다(행 13:13). 바울이 그다음 여행에서 그를 데려갈지 말지를 두고 바나바와 다투었고, 사이가 멀어졌습니다. 바울은 과거에 좋지 않게 생각하던 마가를 이제는 자신의 일에 유익하다고 하면서 데려오라고 말하고 있습니다. 사실 사도 바울은 마가에 대해 사적으로 나쁜 감정을 가진 것이 아니라 주의 일을 하기로 결단했으면서 힘들다고 중간에 그만두자 노한 것입니다. 마가는 그 당시 아직 어렸기에 역경을 이기지 못하고 중도에 포기한 것 같습니다. 그러나 나중에 바울이 마가를 필요로 한 것을 보면 그 이후 마가가 주의 나라를 위해 많은 공헌을 했을 것으로 생각됩니다. 또 그는 마가복음도 기록하였습니다. 이 일에서 우리는 용서하는 심령을 지녀야 한다는 것을 깨닫게 됩니다. 한때 누구든지 잘못을 저지른 일이 있다 하더라도 그것 때문에 그 사람의 유능함과 재주를 영원히 부인하는 일이 있어서는 안 됩니다(매튜 헨리). 아마도 디모데와 마가는 인근에 있었을 것입니다. 디모데와 마가가 왔다면 누가와 함께 바울 곁에는 당대 최고의 인물이 모이는 것입니다. 바울의 말년은 은혜가 넘칩니다.

12절 "두기고는 에베소로 보내었노라." 두기고는 구제 헌금을 모아서 전달한 이력이 있습니다(엡 6:21). 바울이 그런 유력한 사람을 에베소로 보낸 것입니다. 에베소에 있던 디모데가 바울의 말을 듣고 그에게 오게 되면 에베소 교회의 리더십이 공석이 되므로 대신 두기고를 먼저 보냈다고 말하는 것입니다. 사도 바울은 교회 지도자가 자리를 비우면 그 지역 교회를 지키는 데 문제가 생기므로 디모데만큼의 권위는 없더라도 두기고를 대신 보내준 것입니다. 디모데가 편지를 보고 출발하기 전에 두기고가 먼저 에베소 교회에 도착해야 교회의 리더십이 공석이 되는 일이 없을 것입니다. 그래서 그는 가는 시간을 고려하여 편지를 보내기 전에 먼저 두기고를 보내 에베소 교회를 돌보게 할 생각이었을 것입니다(칼뱅).

이렇게 어떤 사람은 세상을 좋아하여 떠나고, 어떤 사람은 사명을 감당하기 위해 떠났습니다. 성도는 언젠가 하나님 앞에 서서 판단받는다는 것을 기억해야 합니다. 또 우리 묘비에는 어떤 말을 쓰고 싶은지 생각해 보아야 합니다. 하나님은 각각의 교회를 판단하시고 각 개인도 판단하십니다. 성도는 하나님의 평가를 생각하고 또 생명책에 어떻게 기록될지를 생각해야 합니다. 생명책에 쓰일 말을 떠올리고 소원하면서 나중에 그렇게 적힐 수 있도록 살아야 합니다. 소원만 크고 거기에 합당한 수준으로 살지 않는다면 허탄한 사람입니다. 하나님 앞에서 자신의 소원을 이야기할 때에는 그것을 이루기 위해 최선을 다하는 노력도 병행해야 합니다.

남은 자와 떠난 자

13절 "네가 올 때에 내가 드로아 가보의 집에 둔 겉옷을 가지고 오고." 드로아는 터키 서북쪽에 있는 지역입니다. 바울이 드로아에 있을 때 마게도냐 지방에서 우리를 도와달라는 환상을 보았습니다. 그곳에 가보가 살았는데 그의 집에 사도 바울이 겉옷을 두고 왔다는 것입니다. 여기서 겉옷을 '책함'으로 보기도 합니다. 바울은 에베소에 있던 디모데에게 드로아에 들러서 그의 짐을 가지고 로마까지 오라고 말하는 것입니다. 이렇게 하려면 먼 길을 여행해야 했지만, 디모데는 그렇게 했을 것입니다.

나이가 많은 바울이 물건에 애착을 두고 찾은 것으로 보입니다. 일반적으로 노인들은 죽기 전에 무언가를 찾고 곁에 두려고 하면서 집착하는 모습을 보입니다. 바울도 사람이기에 하나님께 온갖 은혜를 받고 기도 중에 삼층천에 다녀올 정도로 영성이 있었지만, 이렇게 인간적인 면모를 보이는 것도 볼 수 있습니다. 그래서 사람들과 관계를 맺을 때 가능한 인간적인 부분을 이해해주는 태도가 필요합니다. 예수님을 믿는다고 하면서 회개도 많이 하고 기도도 많이 하는데도 다른 사람의 부족한 부분을 꼬집는 사람들이 있습니다. 이는 인간에 대한 이해가 부족하기 때문입니다.

"또 책은 특별히 가죽 종이에 쓴 것을 가져오라." 또 바울은 책을 가져오라고 합니다. 여러 책 중에서 가죽 종이에 쓴 것을 가져오라고 부탁하고 있습니다. 이 책이 구약 성경이거나 사적인 기록이라는 등 여러 의견이 있지만, 정확히 알 수는 없습니다. 그렇지만 죽기 전에 찾는 것을 보면 개인적으로 중요하게 여기는 물건인 것은 확실합니다. 바울은 선교여행 중에도 문서 등을 소유했음을 알 수 있습니다.

14절 "구리 세공업자 알렉산더가 내게 해를 많이 입혔으매." 알렉산더가 바울을 대항하여 많은 악행을 저질렀다는 의미입니다(거스리). 사도 바울에게 해를 입힌 것을 보면 알렉산더는 담대한 면이 있는 사람이었을 것입니다. 사도 바울은 당대의 위대한 인물이었기 때문입니다. 수많은 교회를 세웠고, 많은 사람이 따랐으며, 많은 성경을 쓰고, 죽었다가 살아나기도 한 인물입니다. 그런 바울에게 많은 해를 입혔다고 하였으니 심각한 타격을 주었다는 것입니다. 인간관계에서 멀리 있는 사람은 배반할 수 없습니다. 보통 가까이 있는 사람이어야 배반하고 해를 입히며 타격을 줄 수 있습니다. 그래서 본문에 나오는 알렉산더도 바울과 가까이 지내고 좋은 관계를 맺다가 어느 날 돌변하였을 것입니다. 그래서 바울이 해를 많이 입었다고 한 것입니다. 그는 구리로 물건을 만드는 직업을 가지고 있었습니다.

"주께서 그 행한 대로 그에게 갚으시리니." 바울은 해를 입고 끝난 것이 아니라 주께 "그가 행한 대로 그에게 갚아주시옵소서"라고 기도합니다. 이는 축복이 아닙니다. 그가 좋은 일을 하지 않고 해를 입혔다고 했으니 그 행한 대로 갚는 것은 징계를 바라는 기도인 것입니다. 바울은 은혜가 많은 사람이고 죽을 날이 임박한 상황인데도 알렉산더를 기억하여 철저히 해결하려는 모습을 볼 수 있습니다.

사실 구리 세공업자 알렉산더는 이 본문만 아니라 다른 성경에도 등장합니다(행 19:33-34, 딤전 1:20). 원래 생명책에 이름이 있었더라도 이 정도의 사람이라면 천사가 그 이름을 찢어버려서 이름이 없을 것으로 보입니다. 예수님을 믿고 복음 안에 들어온 사람이었는데 바울에게 해를 입히고 또 복음 전파에, 주의 나라에 해를 입혔으므로 구원에서 떨어졌을 것입니다. 바울은 개인적인 해를 입었다고 복수하는 마음으로 이렇게 말한 것이 아닙니다. 바울이 그가 행한 대로 주께서 갚아주셔야 한다고 말하는 데에는 그만한 이유가 있는 것입니다. 사도 바울이 이런 기도를 해서 그가 구원을 못 받은 것이 아니라 그가 구원을 받지 못할 만한 죄를 지었으므로 바울이 이런 기도를 했을 것입니다.

15절 "너도 그를 주의하라 그가 우리 말을 심히 대적하였느니라." 바울은 디모데에게도 그를 조심하라고 주의를 주고 있습니다. "그가 우리 말을 심히 대적하였느니라"고 하였으므로 그가 바울에게 개인적인 해를 입힌 것이 아니라 복음에 해를 입혔다는 것을 알 수 있습니다(박윤선). 예수 그리스도를 증거하고 그분의 부활을 증거하는 데 크게 대적하였다는 것입니다. 그래서 바울은 디모데에게 그를 경계하고 그와 떨어져 있도록 주의를 주고 있는 것입니다. 그런 사람과는 귀중한 사역을 함께하거나 비밀스러운 내용을 공유할 수 없습니다. 어느 시대나 교회 안에서 이렇게 주의해야 할 사람들이 있을 수 있습니다.

16절 "내가 처음 변명할 때에." 이는 바울이 처음 로마 황제에게 가서 예수 그리스도를 증거한 때를 가리킵니다. 그때 바울은 그리스도의 대사로서 황제에게 예수 그리스도의 부활을 증거하였습니다. 그 엄중한 순간에 바울 옆에는 많은 사람이 있었습니다. 아마도 알렉산더는 황제를 만난 바울을 유력한 사람으로 생각하여 따랐던 것으로 생각됩니다. 그러나 바울은 황제에게 인정받지 못하고 결국 감옥에 갇혔습니다. 이후 바울을 따라다니면서 이득을 얻고 권세를 누려보려 했던 사람들은 하나둘씩 다 떨어져 나갔습니다.

"나와 함께 한 자가 하나도 없고 다 나를 버렸으나." 바울에게 더 이상 후원자가 없었다는 뜻입니다(거스리). 그동안 사적인 이익을 좇아 바울을 따랐던 사람들은 감옥에 들어간 바울을 따를 이유가 없어지니 그를 버리고 떠난 것입니다. 아마도 바울은 주변 사람들이 그렇게 떠나갈 것을 알고 있었을 것입니다. 사적 이익을 추구하는 사람은 작은 고난에도 쉽게 떠날 수밖에 없습니다.

이렇게 바울은 주변 사람들을 이해하고 인간관계를 정리하면서 인생을 정리하고자 하는 인간적인 모습을 보여주고 있습니다. 바울이 알렉산더를 마음에서 정리하고 디모데에게 전후사정을 설명한 것입니다. 그리스도 안에 있지 못하고 떠나는 사람을 인간의 노력으로 붙잡아두는 것은 바울 사도라고 해도 쉽지 않은 일입니다.

"그들에게 허물을 돌리지 않기를 원하노라." 그래서 바울은 디모데에게 인간의 본성을 이해하고 그들의 허물에 대해 이야기하지 말라고 하는 것입니다. 사람은 다 나약하고 욕심이 많으니 굳이 그들을 지적할 필요가 없습니다. 이런 바울의 모습을 보면서 인간에 대해 폭넓게 이해하는 마음을 가져야 합니다. 젊은 사람은 노년을 이해하지 못하고, 노년은 젊은 사람을 이해하지 못하며, 남자는 여자를, 여자는 남자를 이해하지 못하는 경우가 많습니다. 사람은 다른 사람을 바로 세우기 위해 애를 쓰지만 성패는 하나님의 손에 있습니다. 믿음이 약한 자는 고난이 있으면 떠납니다.

힘을 주신 이유

17절 "주께서 내 곁에 서서 나에게 힘을 주심은." 바울은 앞에서처럼 수많은 사람이 자신의 곁을 떠났지만(16절), 주께서 바울의 곁에 서서 힘을 주신다는 것입니다. 이는 정말 중요한 이야기입니다. 하늘 보좌에 계시는 주님이 감옥에 수감되어 있는 바울을 찾아오셨다는 것입니다. 그리고 곁에 계시면서 직접 힘을 주셨다는 것입니다. 주님이 자신의 종을 책임져주고 계십니다. 하늘 보좌에 계신 주님이 어떻게 바울 곁에 오셨겠느냐며 아마도 성령님이실 것이라고 해석하는 사람도 있지만, 여기서 주님은 성령을 가리키는 것이 아닙니다. 바울은 성령과 주님을 구분할 수 있었을 것이고 확실히 주가 오셨다고 말했습니다.

주님과 깊은 관계를 맺은 사람 중에는 성령이 아니라 주님이 직접 오셔서 말씀하시고 힘을 주시며 도와주시고 깊이 교제하시는 사람이 있습니다. 성령의 역사는 예수님을 믿는 모든 자에게 이루어지지만, 예수님이 오시는 것은 그분을 믿는 사람 중 소수에게 일어나는 현상입니다. 주님이 사랑하시고, 귀한 사명을 맡기셨으며, 그 사명을 죽기까지 충성하는 자에게 방문하신다고 볼 수 있습니다. 성도는 성령의 역사를 체험한 것으로 만족하지 않고 주님과 대화하는 꿈도 가질 수 있습니다. 성부 하나님과 대화하는 것은 더 희귀한 일이며, 이는 보통 사람이 경험하기 어렵습니다. 그러므로 주님과 교제하는 경험을 한다면 정말 귀한 일입니다.

이때는 사도 바울이 로마의 감옥에 갇혀 있었습니다. 그는 처음 감옥에 수감되었다가 나와서 자유로운 몸이 되었는데, 다시 감옥에 갇힌 상황이었을 것입니다. 그 감옥은 지하이거나 동굴 같은 곳에 있었을 것으로 추측합니다. 바울은 로마의 황제를 만나기 위해 감옥 안에서 황제가 부를 때를 기다렸습니다. 그는 자유가 제한된 감옥 생활을 벗어날 수도 있었지만 끝까지 기다렸던 것으로 보입니다.

주님은 사도 바울을 로마 황제를 만나는 대사로 보내셨습니다. 주님의 말씀을 로마 황제에게 대변하기 위해서 보내신 것입니다. 하늘의 왕이신 주님이 이 땅의 왕에게 사람을 보내셨으므로 그 사람은 대사입니다. 어느 나라든지 대사를 보낼 때 혼자 보내지 않습니다. 보호하는 사람도 함께 보내고, 연락을 주고받을 수 있도록 서기관도 보냅니다. 왕과 대사는 서로 연결되어 있어야 합니다. 왕은 명령을 하달하고, 대사는 그 명령을 이행한 다음 보고해야 합니다. 바울은 로마 황제가 자신의 말을 들어주지 않으므로 다시 알현할 것을 기다리고 있는 상황입니다. 그러므로 주님은 당신의 대사를 지키고 말씀을 주시려고 직접 오셔서 말씀하신 것입니다. 주님은 오셔서 바울에게 힘을 주시고 칭찬도 하셨을 것입니다. 왕이 직접 오셔서 위로한다면 큰 힘이 될 것입니다.

"나로 말미암아 선포된 말씀이 온전히 전파되어 모든 이방인이 듣게 하려 하심이니." 바울은 그동안 많은 말씀을 선포했습니다. 그 말씀은 많은 사람과 로마 황제에게까지 전파되었습니다. 그런데 그것을 모든 이방인에게 듣게 하려고 한다는 것입니다. 바울은 지금 로마에 있고, 로마는 이방의 중심지입니다. 전 세계로 뻗어갈 수 있는 도로가 뚫린 곳입니다. 하나님이 그를 로마로 보내시고 황제를 만나게 하신 것은 복음이 이방에 확장되게 하시려는 것이었습니다. 복음은 한쪽 구석에서 멈추어 자리를 잡는 것이 아니라, 전 세계로 뻗어 나가야 합니다. 하나님의 사람은 자신의 사명을 확실하게 알아야 합니다. 그렇지 않으면 엉뚱한 일에 집중하느라 시간을 낭비하게 됩니다. 그러나 사도 바울은 자신의 사명을 확실히 알았고, 그것을 말하고 있습니다. 자신이 왜 여기에 와 있고, 여기서 할 일이 무엇인지를 정확하게 알고 말하는 것입니다.

"내가 사자의 입에서 건짐을 받았느니라." 이것은 바울이 첫 번째로 로마 감옥에서 풀려 나왔을 때를 말하는 것입니다. 그때 놓이지 못했다면 사형당했을 것입니다. "사자의 입에서." 당시 로마에서는 사자를 풀어서 죽이는 형벌이 있었습니다. 그러나 로마인에게는 그런 형벌을 내리지 않고 로마인이 아닌 사람들에게만 내렸습니다. 사도 바울은 목이 잘려서 순교한 것으로 전해집니다. 그와 함께 수감되어 있던 어떤 이들은 사자에게 찢겨 죽었을 것입니다. 사자의 입은 네로 황제, 로마 정권, 혹은 마귀로 비유됩니다. 그러나 그는 주님이 주신 사명이 있기에 두려워하지 않고 모든 환란을 끝까지 인내하고 승리한 것입니다. 그것은 주님이 건지셨기 때문에 가능한 일이었습니다.

18절 "주께서 나를 모든 악한 일에서 건져내시고." 바울이 첫 번째로 로마 감옥에 수감되었을 때 주님이 건져주셨습니다. 여기서도 바울은 성령이라고 말하지 않고 주, 즉 예수 그리스도가 하셨다고 말하고 있습니다. 특히 로마 황제와 관련된 일에 있어서는 만왕의 왕이신 성자가 그를 대사로 보내셨으므로 주님이 하셨다고 말하는 것입니다. 바울은 자신이 지금까지 살아있는 것은 주님이 보호하셨기 때문이라고 증언합니다.

"또 그의 천국에 들어가도록 구원하시리니." 주님이 만민을 위해 십자가에 달려 죽으시고 다시 살아나셔서 하늘로 올라가셨습니다. 이 일로 성부가 성자에게 생명책을 주시고 보좌에 앉히셨습니다. 결국 천국은 넓은 의미로 하나님의 것이지만, 엄밀히 말하면 성자 그리스도의 것이라고 할 수 있습니다. 사도 바울은 영적인 원리를 정확하게 알고 있습니다. 그래서 주님이 천국에 들어갈 수 있도록 하시리라는 것입니다. 바울은 살아서 감옥에서 나올 것을 희망하지 않았습니다.

"그에게 영광이 세세무궁토록 있을지어다 아멘." 바울은 예수 그리스도가 세세토록 영광을 받으실 분이라고 말합니다. 그의 신앙은 분명하고 정확하며 진실한 것을 알 수 있습니다. 바울은 영적인 깊은 세계를 알고 맛보았기 때문에 그의 한 마디 한 마디가 신학이고, 하늘나라의 엄청난 비밀을 드러내는 것입니다.

말을 들어보면 그 사람의 수준을 알 수 있습니다. 그래서 생각 없이 함부로 말하면 안 되는 것은 다른 사람들이 다 평가하고 있기 때문입니다. 사람은 말에 권위와 수준과 깊이가 있어야 합니다. 그렇지 않다면 아무리 말을 많이 해도 다른 사람에게 영적으로 도움을 주고 인상 깊게 기억되는 말은 하나도 없게 됩니다. 바울과 같이 권위 있는 사람의 말은 몇 마디만 들어도 평생 가슴에 자리잡습니다. 가능한 성도끼리는 하나님에 대하여 그리고 영적으로 깊이 체험한 이야기를 나누는 것이 유익하고, 세상 돌아가는 이야기는 자제하는 것이 좋습니다.

편지의 마무리

바울은 편지 말미에 초대교회에서 함께 일했던 사람들을 거론하고 있습니다. 누구인지 정확하게 알 수 없는 사람이 많지만, 초대교회에 훌륭한 사람이 많았다는 것은 알 수 있습니다.

19절 "브리스가와 아굴라와 및 오네시보로의 집에 문안하라." 브리스가는 브리스길라로 많이 알려져 있습니다. 브리스가와 아굴라는 부부로, 브리스가가 아내이고 아굴라가 남편입니다(롬 16:3). 성경을 기록할 때 보통 남성의 이름을 여성의 이름보다 먼저 거론하는데 여기서는 아내의 이름을 먼저 기록하고 있습니다. 이렇게 한 것은 주의 나라를 위해, 특히 바울을 위해 브리스가가 더 많이 일했다고 바울이 생각해서 그렇게 한 것으로 여겨집니다.

브리스가가 먼저 거론되었다고 해서 브리스가가 아굴라보다 더 뛰어난 사람이었다고 해석하는 사람도 있습니다. 아무튼 여성의 이름이 먼저 나온 것은 이례적인 일이고, 그녀가 교회와 바울에게 큰 역할을 감당했던 것은 확실해 보입니다. 두 사람을 영적으로 진단해본다면 아굴라와 브리스가는 하늘에서 비슷한 수준의 사람으로 보입니다. 대개 부부에서는 남성이 여성보다 더 우월한 경우가 많은데, 비슷한 위치에 있다는 것은 그만큼 그녀가 탁월한 여성이었다는 것을 알 수 있습니다. 그래도 아굴라보다 더 뛰어나다고는 할 수 없습니다.

오네시보로의 이름도 거론됩니다(딤후 1:16). 그는 감옥에 갇힌 바울을 보살핀 사람입니다. 그는 하늘나라에서 존중받는 믿음의 선진일 것입니다. 이렇게 바울은 교회에 충성된 사람들의 이름을 하나하나 열거하고 있습니다. 바울은 나이가 많아도 그들의 이름을 잘 기억하고 있는 총명을 보여줍니다. 이는 그가 또렷한 정신을 가진 상태에서 순교한 것을 알 수 있습니다.

20절 "에라스도는 고린도에 머물러 있고 드로비모는 병들어서 밀레도에 두었노니." 바울은 "에라스도"가 어디에 살고 있는지를 알고 있습니다. 그는 고린도 교회의 집사였습니다(롬 16:23). 그는 바울을 도와서 일했으며 바울의 명령으로 디모데와 함께 마게도냐로 파송된 적도 있습니다(행 19:22). 그는 하나님 나라에서 존귀한 대접을 받을 것입니다. "드로비모"는 예루살렘에 헌금을 전달했던 에베소 출신 성도입니다. 바울의 세 번째 전도여행에 드로아에서부터 동반하여 밀레도, 수리아, 예루살렘까지 갑니다(행 20:4, 21:29). 그는 바울이 신뢰한 사람이었는데 병들어서 밀레도에 두었다고 합니다. 하나님 나라를 위해 충성한 사람도 병들 수 있다는 것을 알아야 합니다. 엘리사도 병으로 죽었고 히스기야도 병이 들었습니다. 병이 드는 것을 무조건 좋지 않은 시각으로 보는 것은 옳지 않습니다. 사람이 건강을 생각하지 않고 몸을 혹사하면 병이 들 수 있고, 영양 섭취를 잘하지 못해서 병이 들 수도 있습니다. 또 복음을 위해 싸우다 고문당해 그 후유증으로 병이 들 수도 있습니다. 사람의 육체는 연약하여 여러 이유로 쇠약해질 수 있습니다.

21절 "너는 겨울 전에 어서 오라." 바울은 디모데에게 겨울 전에 자신에게 오라고 하였습니다. 겨울이 오기 전에 와야 수월하다는 것입니다. 겨울에는 바닷물이 얼기 때문에 배를 타고 이동하기 어려울 수도 있습니다. 그래서 서둘러 오라는 애정 어린 권고를 합니다. 바울은 친절하게 하나하나 말해주고 있습니다.

"으불로와 부데와 리노와 글라우디아와 모든 형제가 다 네게 문안하느니라." 그들이 어떤 사람인지 확실하지는 않지만, 로마에서 바울 곁에 있던 경건한 성도들일 것입니다. "리노"는 베드로의 뒤를 이어 최초로 로마 감독직을 맡았습니다(유세비우스).

22절 "나는 주께서 네 심령에 함께 계시기를 바라노니." 대사도가 사랑하는 영적 아들 디모데에게 마지막으로 부탁하는 말씀입니다. 바울은 디모데의 심령에 주님이 함께 계시길 바랐습니다. 주님은 우리 옆에 계실 수도 있고, 앞장서서 가시면서 우리의 길을 인도하실 수도 있습니다. 바울은 오랫동안 하나님을 섬겼고, 구약에 대한 명쾌한 지식을 가졌으며, 우리 주님을 많이 만났고, 수많은 교회를 세웠습니다. 인류사에서 바울과 같이 큰 영향력을 끼친 인물은 별로 없으며, 일반 철학사에서도 바울은 대단한 인물로 인정하고 있습니다. 그런 바울이 자신의 영적 아들인 목사에게 부탁하는 것이 바로 주님이 네 심령에 계시길 바란다는 것입니다. 여기서 중요한 것은 하나님이 사람 속에 계실 수 있다는 것입니다.

바울은 여기서도 성령이라고 하지 않고 확실하게 "주께서"라고 하였습니다. 우리는 성령이 우리 속에 오신다는 것은 쉽게 받아들이지만, 주님이 계실 수 있다는 것은 생각하지 못합니다. 그러나 바울은 성부, 성자, 성령을 확실히 구분하실 수 있습니다. 하나님은 삼위일체이시지만 삼위이므로 독자적으로 일하시기도 합니다. 마가의 다락방에서 120명에게 똑같이 내렸던 성령을 말하는 것이 아닙니다. 성령은 기도하는 모든 성도에게 임하셔서 일하시지만, 주님은 다릅니다. 주님은 사람에 따라 오실 수도 있고, 오시지 않을 수도 있습니다. 대부분의 사람에게는 성령만 오시고, 주님이 특별히 찾아가시는 사람이 있는 것입니다. 그래서 바울은 디모데에게 주님이 오셔서 하늘나라의 비밀도 알려주시고, 영적 은혜도 주시며, 중요한 순간에는 말씀도 해주시기를 바란 것입니다. 바울은 자신이 그렇게 살았기에 디모데도 그렇게 되길 바라고 있습니다. 바울은 주님의 임재를 체험하고 주님과 깊은 교제를 나누어본 경험이 있습니다. 바울은 주님을 직접 만난 기쁨을 알기 때문에 디모데에게 이것을 알려주는 것입니다.

"은혜가 너희와 함께 있을지어다." 이는 디모데를 포함해서 에베소 교회 전체에 하시는 말씀입니다. 바울이 이 말을 예의상 한 것이 아니라 실제로 교회에 하나님의 은혜가 있어야 함을 말하는 것입니다. 교회에 성령이 오시고 성자가 임하시며 성부의 은혜가 내려와야 합니다. 하나님이 교회를 사랑하시는 것을 영적 경험을 통해 알 수 있습니다. 교회는 서당이나 친목회, 시장이 아닙니다. 하나님의 임재가 있는 곳이고, 그것을 위해 교회 공동체 구성원들은 거룩해져야 합니다.

디도서

TITUS

개론

디도서는 바울이 쓴 서신서입니다. 디도는 하나님의 교회를 위해 일하는 하나님의 사람입니다. 하나님의 사람, 직분자는 해야 할 일이 많습니다. 그 하나하나를 잘 감당할 때 그가 섬기는 교회가 바로 설 수 있습니다. 그래서 바울은 디도에게 필요한 내용을 가르쳐주고 있습니다.

그레데 섬은 지중해의 한 섬으로 동서의 길이가 250킬로미터나 됩니다. 구약성경은 '갑돌'이라고 했습니다. 그곳에 신자가 생긴 것은 사도행전 2장 11절에 나오는 것처럼 몇몇 유대인이 예루살렘에서 거행된 오순절 행사에 참여하면서부터입니다. 그 후 그곳에 교회가 세워집니다. 이곳은 크레타 문명과 그리스 신화의 발생지이기도 합니다. 그러므로 주민들이 신화 속에 묻혀 살았다고도 볼 수 있습니다. 사도 바울은 디도를 그레데라는 섬에 정착하게 하고 몸 된 교회를 섬기도록 감독하고 지도하였습니다. 사도 바울은 디도에게 그레데와 그곳에 세워진 교회에 대해 부정적으로 말하고 있습니다. 디도가 머무르고 있는 그레데 섬은 거짓말을 많이 하는 그 지역의 민족성 때문에 평판이 좋지 않았습니다. 디도가 목회하는 교회에 출석하는 성도들도 마찬가지로 거짓말을 많이 하는 사람들일 것입니다. 교회는 교회가 세워진 지역의 영향을 받을 수밖에 없기 때문입니다. 그곳에서 목회하는 디도는 많이 힘든 상황에 있었을 것입니다.

그래서 사도 바울은 디도에게 이 편지를 통하여 여러 가지를 가르쳐주고 있습니다. 하나님의 교회를 섬길 때에는 해야 할 일이 많은데, 어떤 경우에는 훼방을 받기도 하며 분쟁이 일어나기도 합니다. 어떤 것은 가르쳐야 하고, 어떤 것은 침묵해야 하며, 또 교회 안팎으로 많은 일을 감당해야 합니다. _TITUS

TITUS

1장

바울이 디도에게

1절 "하나님의 종이요 예수 그리스도의 사도인 나 바울이 사도 된 것은." 먼저 바울은 디도에게 보내는 편지의 서두에 자신을 소개하고 있습니다. 바울은 자신을 하나님의 종이라고 하였는데 이는 처음 나오는 말입니다. 여기에서 바울은 노예인 종을 긍정적인 의미로 사용합니다. 그 근거는 죄에 대한 바울의 태도에서 알 수 있습니다. 즉 모든 사람은 죄의 노예 아래에 있지만 주님께 구속받으면 하나님의 종이 되고, 하나님의 봉사자로 기용된다고 바울은 말합니다(마운스). 또한 바울은 자신이 예수 그리스도의 사도라고 하였습니다. 바울은 다메섹 도상에서 예수님이 자신을 이방인을 위한 사도로 세웠다는 말씀을 들었기 때문에 자격이 충분합니다(행 9:15). 그것으로 충분한 자기소개가 될 터인데 하나님의 종이라는 말을 추가한 것은 자신을 과시하려는 의도가 아닙니다. 바울은 이 땅에서 자신을 드러내고 높아지려는 모습을 보인 적이 없습니다. 그렇다면 이런 말을 한 이유는 유대인 중에서 예수 그리스도를 믿지 않는 사람들이 많았기 때문입니다. 바울이 여러 지역으로 다니면서 복음을 전할 때 많은 유대인이 훼방하고 돌을 던지며 핍박하였습니다. 그래서 바울은 복음을 전하는 동안 많은 위험을 겪었다고 말하면서 동족의 위험을 당한 것도 언급하였습니다. 동족이 복음을 전할 때 방해를 많이 했다는 뜻입니다.

바울의 예에서 볼 수 있듯이, 사람이 세상을 사는 동안 특별한 은혜를 받거나 어떤 계획을 실행할 때 가까이 있는 사람들의 반대나 박해를 받을 때가 많습니다. 특히 가족이 반대하고 비판하며 동의해주지 않을 때가 많습니다. 그래서 위대한 업적을 이룬 사람들은 가까운 사람들의 방해를 돌파한 것입니다. 이 땅에서 위대한 일, 독보적인 일을 하는 사람의 특징은 역설적으로 누구의 말도 잘 듣지 않는다는 것입니다. 일반적으로 남의 말을 경청하지 않으면 실패할 가능성이 많을 것이라고 미리 걱정할 수 있습니다. 하지만 그들은 자신이 결정한 일에 책임을 지고 끝까지 나아가는 사람들입니다. 근본적으로 남의 말을 귀담아듣지 않아서 그동안 실패를 거듭한 사람들이 아닙니다. 성공한 경험이 많으면서 자신이 옳다고 결단한 일에 대해서는 타인의 반대에도 소신 있게 밀고 나가는 사람입니다. 사실 반대하는 사람들은 일반적인 기준을 가지고 충고하는 경우가 많습니다. 전문적인 지식도 없고 깊이 생각하지 않은 채 이러쿵저러쿵 이야기하는 경우가 대부분입니다. 그러므로 특수한 경우에는 타인의 권고가 합당하지 않을 때도 있습니다.

유대인은 예수 그리스도를 인정하지 않는 사람이 대부분이지만, 성부 하나님은 모든 유대인이 다 믿기 때문에 바울은 하나님의 종이란 말을 서슴없이 추가했습니다. 바울이 하나님의 종이 아니면서 이렇게 적었다면 속이는 것입니다. 하지만 예수 그리스도가 바울을 사도로 삼으실 때에는 성부 하나님과 의논하신 일이라고 보기 때문에 성부 하나님의 종이라고 말해도 무리가 없습니다.

사람은 자신의 직분과 정체성을 정확하게 알아야 합니다. 자신의 정체 그대로 자신에게 주어진 일을 확신을 가지고 해나가기 때문입니다. 그러므로 직분자는 어디에 있든지 늘 자신이 어떤 존재인지 생각해야 합니다. 그것을 잘 인식하고 있는 사람이 사회에서 자신의 일을 잘 감당할 수 있습니다. 바울은 자신이 사도라고 당당히 말할 정도로 많은 일을 하고 영향력을 끼쳤을 것입니다. 직책을 맡으면 권위도 갖게 되지만 부담도 생깁니다.

"사도인"에서 사도란 보냄을 받은 자란 의미로, 사도직은 기독교의 기초 사역을 위해 세워졌습니다(엡 2:20). 예수 그리스도가 바울을 이방인을 위한 사도로 세우셨습니다. 바울은 자신이 왜 사도가 되었는지 이유를 분명하게 밝히고 있습니다.

"하나님이 택하신 자들의." 사도 바울이 하나님의 종이 되고 예수 그리스도의 사도가 된 목적이 바로 하나님이 택하신 자들을 위함이라는 것입니다. 하나님이 택하시지 않은 사람들에게는 자신이 필요한 존재도 아니고 바울이 애써 찾아갈 필요도 없습니다. 사람은 목표가 분명해야 시간과 인생을 낭비하지 않습니다. 기독교는 무조건 많은 사람에게 전도하는 것이 아니라 하나님이 택하신 자들을 부르기 위해서 애쓰는 것입니다. 이는 영적인 일이며 하나님이 택하신 자만 골라낼 수도 없습니다.

택함받은 자는 전도의 말씀을 들을 때 영적 반응을 할 것입니다.

"믿음과 경건함에 속한 진리의 지식과." 그렇다면 하나님이 택하신 자들의 무엇을 위해 일해야 하는지에 대해서도 설명합니다. "믿음", 즉 하나님의 택하신 사람들의 믿음이 잘 성장할 수 있도록 돕는 것입니다. 믿음은 하나님의 선물이고, 이 선물을 성도들에게 잘 전달해줄 사람이 필요합니다. 바울은 바로 자신이 믿음의 성장을 돕기 위해서 일한다고 한 것입니다.

또 바울은 "경건함에 속한 진리의 지식"을 성도들에게 알려주려고 사도가 되었다고 하였습니다. 경건함은 하나님께 속한 삶을 말하는 것이고, 하나님께 대한 것은 영원히 변치 않는 진리입니다. 결국 사도 바울이 전해주고 싶은 지식은 세상 지식이 아니라는 것입니다. 어떻게 하나님을 잘 믿을 수 있는가, 천국은 어떤 곳인가, 어떻게 예수 그리스도를 따라야 하는가 등 참 지식과 진리의 지식에 대한 것입니다. 사도 바울은 이 모든 것을 가르칠 수 있는 충분한 영적, 지적 수준이 됩니다. 바울은 가말리엘 학파에서 성경에 대한 공부도 많이 하였고, 주님을 직접 만났으며, 그 영혼이 삼층천을 체험한 사람이기 때문입니다. 또 실전적으로 전도하면서 수많은 박해도 견뎌낸 사람입니다. 이런 바울의 가르침을 받은 사람들은 얼마나 영적 공급을 잘 받았을까 생각해봅니다. 이 진리는 하늘에 속한 지식, 하나님을 아는 참 지식입니다.

2절 "영생의 소망을 위함이라." 사도직은 현재 주어진 환경과만 관계가 있는 것이 아니라 영생의 소망 안에서 확실한 미래와도 관계가 있습니다(거스리). 인생에게 가장 필요한 것은 "영생"입니다. 영원히 사는 것은 이 땅에서 육체를 가지고 할 수 있는 일이 아닙니다. 사람은 언젠가 다 죽지만 영혼은, 즉 속사람은 하늘에서 영생합니다. 사도 바울이 말하는 것은 이 땅에서는 믿음과 영적 지식이 필요하지만, 죽어서는 영원히 사는 것이 필요하다는 것입니다. 그러므로 하늘에 올라간 다음에는 영생만이 필요합니다. 바울은 이 땅의 성도들이 믿음과 영적 지식을 갖도록, 또 죽어서는 영생하도록 돕기 위해 사도로서 일하였다는 말입니다.

"이 영생은 거짓이 없으신 하나님이 영원 전부터 약속하신 것인데." 영생은 어떻게 주어졌는지에 대해 설명합니다. 바울이 하나님의 많은 속성 중에서 거짓이 없으심을 말한 이유는 당시 그리스, 로마 지역에서는 거짓된 진리, 거짓된 사상, 거짓된 철학 등이 팽배하였기 때문입니다. 진리가 아닌 사람의 생각만 가득하고, 새로운 이론과 주장이 계속 등장하지만 그 안에는 진리가 없고 거짓만 가득했습니다. 그러나 하나님은 거짓이 없고 아무리 세월이 오래 지나도 변함이 없는 분입니다. 그 하나님이 영원 전부터 약속하신 것이 바로 성도의 영생입니다. 그러므로 이것은 믿을 만한 약속입니다.

"영원 전부터"는 "창세전부터"라는 뜻과도 같습니다. 하나님이 이 땅의 창조를 계획하실 때 인생과 택한 자와 천국에 대해서도 다 계획하시고 섭리하셨습니다. 그래서 하나님은 택한 자들의 명단을 영원 전부터 가지고 계셨을 것입니다. 사람이 이 땅에 태어나기 직전에 구원을 계획하셨다고 해도 놀라운데 영원 전에 이미 모든 계획을 다 하셨다는 것이 정말 놀랍습니다. 또한 하나님이 부르실 자들을 각자에게 알맞은 부름으로 부르셔서 일하도록 다 미리 계획하셨습니다. 바울은 그 영혼이 삼층천에 올라가서 수많은 영적 비밀을 보고 알았기 때문에 이런 말을 한 것입니다.

어떤 선교사님이 『기도』라는 책을 내셨는데 깊이 회개하다가 본 환상을 그 책에 기록하였습니다. 그가 환상으로 보니 하늘에서 별똥별 같은 빛이 이 땅에 빠른 속도로 내려오는데 지도가 보이고 한 곳으로 다가가는 모습을 보았습니다. 자세히 지켜보니 그 빛이 자신의 고향, 자기 집으로 들어갔습니다. 자기 집에서 아기 울음소리가 나서 아기를 보니 그 아기가 자신이었다는 것입니다. 선교사님은 자신의 영혼이 하늘에서 이렇게 내려왔다는 것을 깨달았다고 하였습니다.

성도는 이 땅에 우연히 태어난 것이 아니라 하나님이 나를 아시고 하나님의 뜻과 계획 속에서 태어났다는 것을 알아야 합니다. 하나님이 나를 왜 이런 집에 태어나게 하셨느냐고 불평하며 투덜거리는 성도가 많습니다. 그러나 하나님의 뜻이 거기에 있다는 것을 알아야 합니다. 하나님이 어떤 영혼을 기독교 명문 가문으로 보내셨다면 그곳에서 양질의 교육을 받아서 감당해야 할 사명이 있는 것입니다. 또 어떤 영혼을 영적으로 척박한 환경으로 보내셨다면 그 집에서 고난을 돌파하여 강한 믿음을 가지고 해야 할 사명이 있기 때문입니다. 하나님은 각 영혼에게 사명과 적합한 환경으로 보내시는데 여기에 우연이나 실수란 없습니다. 큰 고난일수록 그것을 이겼을 때에 강한 믿음을 소유하게 되고, 더 큰 주님의 일을 감당할 수 있게 된다는 것을 알아야 합니다. 주변을 살펴보면 영적으로 성공한 사람은 대부분 고난을 돌파한 사람입니다. 어려움이 닥쳐

왔다고 좌절한 사람은 거기서 모든 소망이 끝납니다. 주님을 의지하고 악착같이 환경을 돌파하며 나아온 사람은 남들과 비교할 수 없는 강한 에너지가 그 속에 역사합니다.

어려운 가정 형편 때문에 대학과 신학대학원을 힘겹게 다닌 목회자들이 많습니다. 하지만 지금은 목회 현장에서 충실하게 사역을 감당하고 있는 것을 봅니다. 모든 일에는 장단점이 있습니다. 단점은 이겨내고 장점은 잘 살리는 사람이 지혜로운 자입니다. 상처주고 힘들게 하는 사람을 만나도 나의 인격 수양을 위한 도구라고 생각하고, 힘든 가정환경도 나의 성숙을 위해서 유익하다고 생각하면 됩니다.

하나님의 계획은 영원 전부터 창조주이신 하나님이 계획하신 것입니다. 아무도 그것에 대해 왈가왈부할 수 없고, 비난이나 불평을 할 수 없습니다. 하나님이 온 우주를 통치하시는 나름대로의 계획이 있으시기 때문에 우리는 우리 마음대로 한 발자국도 비껴갈 수 없고, 각자 자기 위치에서 순종할 뿐입니다.

3절 "자기 때에 자기의 말씀을 전도로 나타내셨으니." "자기 때에"는 앞 절의 "영원 전부터"와 대조를 이룹니다. 즉 중요한 사건임을 가리킵니다. 하나님은 구원 계획을 위한 자기의 때가 있으십니다. 그리고 하나님의 계획과 뜻을 전도로 나타내셨습니다.

"이 전도는 우리 구주 하나님이 명하신 대로 내게 맡기신 것이라." 사도 바울은 전도를 자신이 맡은 일이라고 하였습니다. 하나님이 보시기에 바울이 믿음직해서 맡기신 일입니다. 전도는 이렇게 하나님의 계획에 순종하여 영혼을 구원해나가는 소중한 사역입니다. 바울은 자신의 일이 하나님이 맡기신 것이라는 자부심을 가지고 있기 때문에 어디를 가든지 당당하게 하나님의 말씀을 전했습니다.

4절 "같은 믿음을 따라 나의 참 아들 된 디도에게 편지하노니." 바울은 헬라인인 디도에게 참 아들이라고 하였습니다. 영광스러운 칭호입니다. 바울의 활동을 기록한 사도행전에서도, 그리고 다른 곳에서도 디도의 기록이 나오지 않습니다. 바울이 활동할 때 디도는 따라다니지 않았지만, 그가 없는 동안 디도는 바울의 일을 맡아서 행하였습니다(렌스키). 바울은 서신에서 디도를 여러 번 언급하고 있습니다(갈 2:3, 고후 2:13, 8:23, 12:18). 유세비우스는 디도가 후에 그레데 교회의 감독으로 임명되었다고 자신의 책에 기록했습니다. 그런데 디도에게 "같은 믿음을 따라"라고 말합니다. 바울은 여기서 자신을 특수한 위치에 두지 않고 디도와 더불어 신자들 가운데에 두었습니다. 믿음은 일반적인 것이지만 사도라는 직분은 주님만이 임명하실 수 있는 것입니다.

바울이 디도에 대해 말할 때 "같은 믿음을 따라"라고 말한 것은 여러 가지를 생각하게 하는 중요한 표현입니다. 바울은 친아들이 없어서 디모데를 비롯한 몇몇 사람을 아들로 삼았을 것입니다. 바울이 어떤 사람을 아들로 삼았는지에 대해 여기에서 그 기준을 알려주고 있습니다. 하나님을 믿는 믿음이 사람에 따라 여러 색깔로 나타날 수 있습니다. 특히 구약만 믿고 예수 그리스도는 믿지 않는 유대인과 바울의 믿음은 현격한 차이가 있습니다. 믿음을 중요시 여기는 사람이 믿음의 내용과 성향이 자신과 같지 않은 사람을 아들이나 딸로 삼을 수 없습니다. 예를 들어 예수님을 믿어도 예수님은 육체로 오셨지 영혼이 없다고 하는 사람도 있고, 또 예수님은 하늘로 올라가신 것이 아니라 죽으셔서 땅에 묻혔다고 주장하는 사람도 있습니다. 그래서 믿음이 하나가 되지 않는 것입니다.

믿음이 같으려면 중요한 진리가 같아야 합니다. 창조, 구원, 예수님의 죽음과 부활, 성령의 역사 등 모든 진리에서 같은 신앙이어야 인생을 함께할 수 있고, 아들과 딸로 삼을 수 있습니다. 가는 방향이 같고, 받은 은혜와 신앙의 내용이 같아야 가족이 될 수 있습니다. 믿음이 다른 사람을 친구로 삼기 어려운 것은 대화할 때 관심 분야가 다르고 서로 부딪히기 때문입니다. 그래서 동일한 믿음이라야 친구가 되고, 한 교인이 되며, 가족이 될 수 있습니다. 지도자의 가르침과 내가 믿는 진리가 다르다면 그 교회 공동체의 일원이 될 수 없습니다. 그러나 걱정할 것이 없는 것은 이 땅에는 하나님을 진실로 믿기 원하는 많은 성도와 교회가 있기 때문입니다.

"하나님 아버지와 그리스도 예수 우리 구주로부터 은혜와 평강이 네게 있을지어다." 이렇게 사도 바울은 성도에게 하나님의 은혜가 넘치기를 간절히 소원하고 있습니다. 지도자는 성도들의 영혼이 잘되고 기도가 응답되며 평안하기를 위하여 기도해주고 축복해주어야 합니다.

그레데에서 할 일

5절 "내가 너를 그레데에 남겨 둔 이유는." 바울은 디도를 그레데 섬에 머물도록 하였습니다. 그런데 사도행전에는 바울이 그레데에 간 기록이 없습니다. 그러나 성경을 쓸 때 모든 것을 다 기록한 것이 아니라 핵심적이고 필요한 사건만 기록했기 때문에 그레데에 갔던 일을 기록하지 않았을 것입니다. 성경은 역사서가 아니고 진리의 말씀을 잘 전하기 위해 필요한 목적과 양식에 따라 기록한 것입니다. 바울이 이런 말을 한 것은 바울이 디도와 함께 그레데에 갔는데 바울이 떠나면서 디도를 그곳에 남겨두고 온 것으로 볼 수 있습니다. 그레데는 오늘날 이탈리아 동쪽의 큰 섬입니다. 이곳은 지중해를 횡단하는 선박들의 정박지이며 로마 군인들의 훈련지이기도 합니다. 이 섬에는 많은 유대인이 거주했습니다(오스본). 그곳에 디도를 남겨둔 이유가 있다고 합니다.

"남은 일을 정리하고." 바울이 디도를 남겨둔 이유를 말하는데 그가 바울과 함께 하던 일이 있었던 것입니다. 교회를 세우고 복음을 증거하고 다양한 사역을 감당했을 텐데 끝을 맺지 못했습니다. 바울이 다른 해야 할 일이 있어 떠나야 했으므로 남은 일을 디도에게 맡겼던 것입니다. 아마도 바울은 디도가 믿음직하여 교회를 맡기고 갔을 것입니다.

"내가 명한 대로 각 성에 장로들을 세우게 하려 함이니." 바울이 디도에게 특별히 명한 것이 있었습니다. 그 섬에는 여러 성이 있었는데 지금으로 말하면 행정 구역으로 시 정도에 해당한다고 할 수 있습니다. 바울은 디도에게 각 성에 장로를 세우라고 명하였습니다. 아마도 당시에는 에베소 교회보다 그레데 교회가 덜 조직화되었을 것입니다. 하나님의 교회에는 목회자도 필요하고 장로도 필요합니다. 장로는 교인이면서 성도를 돕는 중요한 역할을 합니다. 물론 장로가 필요하지 않다고 말하는 목회자도 있습니다. 장로가 교회에 더 큰 문제를 일으키는 경우도 있고, 교회를 더 은혜롭게 하는 경우도 있습니다. 그래서 장로가 교회에 필요 없다고 속단하지 말고 교회의 분위기나 형편에 따라 유익을 위하여 세우면 됩니다. 여기서 그레데 교회는 장로가 필요했기 때문에 바울이 세우라고 하였을 것입니다. 장로에게는 정해진 권한과 의무가 있으므로 잘 조절하여 맡은 일을 감당해야 할 것입니다.

바울이 각 성에 장로들을 세우라고 하였기 때문에 디도는 꼭 장로를 세워야 합니다. 그렇지 않으면 바울의 명령을 어긴 것이 되고, 남은 일을 정리해야 하는 사명을 감당하지 못하게 됩니다. 그러므로 디도는 장로를 잘 세웠을 것으로 생각됩니다. 그렇다면 어떤 사람을 장로로 세워야 하는지에 대해 기준이 있어야 합니다. 교회의 지도자는 일반 사람들보다 더 높은 수준이 요구되는데 그것은 영적인 영향력을 갖기 때문입니다. 역사를 돌아보면 교회의 지도자가 여러 면에서 교회를 어지럽힌 경우가 있습니다. 그래서 교회의 장로라면 기본적으로 존경받을 만한 사람이어야 한다는 기준을 사도 바울이 말해주고 있는 것입니다.

6절 "책망할 것이 없고." 장로의 첫 번째 조건은 책망할 것이 없는 사람이어야 한다는 것입니다. 이것은 사회적, 도덕적으로, 혹은 법률상 책잡힐 것이 없는 것입니다(박윤선). 여러 면으로 흠이 많고 문제를 일으킬 소지가 있는 사람이라면 성도들이 존경하며 따르기 힘듭니다. 물론 사람은 다 연약하므로 책망할 것이 하나도 없는 완벽한 사람은 없지만, 최대한 책망할 것이 없는 사람이어야 합니다. 그 정도의 교양과 지식과 가치관과 예의를 갖추어야 장로로 세우는 것입니다.

"한 아내의 남편이며." 디모데전서 3장 2절에도 이 구절이 나옵니다. 장로는 아내를 한 명 두어야 한다는 것입니다. 이것은 재혼하지 말라는 의미는 아닐 것입니다. 즉 결혼한 뒤 아내를 사별한 경우에는 재혼을 해도 상관이 없습니다. 한 남자와 한 여자를 기준으로 둔 것이라고 보면 됩니다. 이 말은 당시에 장로가 될 만한 사람은 경제적으로나 지위에서 높은 수준의 사람일 것이기 때문에 이런 조항을 넣었을 것입니다. 당시에는 권력이 있고 부자인 경우 여러 명의 아내를 두는 경우가 많았기 때문입니다. 교회의 장로가 되려면 원칙적으로 한 아내만 두어야 합니다.

"방탕하다는 비난을 받거나 불순종하는 일이 없는 믿는 자녀를 둔 자라야 할지라." 이것은 디모데전서 3장 4-5절에도 나옵니다. 그다음 조건은 자녀도 잘 두어야 한다는 것입니다. 장로가 될 만한 사람인데 그의 자녀가 방탕하여 술을 마시며 돌아다니고 사고를 치는 사람이라면 아무리 본인이 훌륭해도 장로가 될 수 없다는 것입니다. 부모가 자식을 어떻게 키웠는지가 중요합니다. 물론 부모가 자식을 잘 키우려고 해도 엇나가는 경우가 있습니다. 그러나 적어도 방탕하다는 말을 듣지 않아야 한다는 것입니다. 또 장로가 될 정도의 사람의 자녀가 주를 믿지 않는다면 그를 장로로 세우기 힘들다는 것입니다. 방탕하고 불순종하며 믿지 않는 자녀를 둔 장로라면 성도들이 존경하기가 어려울 것입니다. 또한 권위가 서지 않으므로 성도들을 지도하는 데도 장애가 생깁니다.

교회의 장로는 수많은 성도를 가르치고 돕는 위치에 있고, 목사를 도와서 교회의 중요한 일을 결정하는 위치에 있기 때문에 장로가 되려면 최소한 이 정도의 자격 요건은 갖추어야 한다고 하는 것입니다. 직장에서 직원을 뽑을 때도 여러 자격에 부합한지 면접을 보는데, 교회의 장로를 뽑으면서 이런 자격 요건을 살피는 것은 정당합니다. 교회는 하나님의 집이고 교회 지도자는 그 집의 청지기이기 때문입니다(마운스).

7절 "감독은." 감독은 목사나 장로 혹은 그 이상의 직책일 것입니다. 위에 나오는 장로에 이어서 계속 말합니다.

"하나님의 청지기로서." 감독은 하나님의 청지기라고 했습니다(고전 4:1, 갈 4:2). 청지기는 집주인이 아니고 주인의 뜻에 따라 그의 집을 관리하는 사람입니다. 하나님의 나라를 지키고, 하나님의 백성을 지키며, 하나님 나라의 재물을 지키는 사람입니다. 목사나 장로가 주의 일을 해나갈 때 자신이 지금 누구를 위해 일하는지를 정확히 알고 움직여야 합니다. 자신은 오직 하나님을 위해 일한다는 것을 확실히 알아야 합니다. 가정도 지키고 나라를 위해서도 일해야 하지만, 결국에는 하나님의 일을 하는 직책입니다.

"책망할 것이 없고." 이는 앞의 6절에도 나왔습니다. 앞의 말은 장로를 위한 조건이었는데 감독도 똑같이 책망할 것이 없어야 한다는 것입니다.

"제 고집대로 하지 아니하며." 융통성이 있어서 자기주장을 강하게 내세우는 자가 아니라는 것입니다. 지도자들이 제 고집대로 하는 경우가 많기 때문에 이런 조건을 넣은 것으로 보입니다. 지도자는 타인의 의견을 귀담아들은 후, 하나님의 뜻에 따라 도와주려고 해야 하며, 자신의 유익을 위해서 결정하지 말아야 합니다. 하나님의 공동체는 감독이라고 개인의 마음대로 좌지우지할 수 없습니다. 그러나 이런 말을 넣은 것은 과거에도 수장들이 고집을 피우는 경우가 많았기 때문으로 보입니다. 하나님의 뜻을 여쭙지 않고, 하나님이 기뻐하시는 뜻이 아닌 자기 생각대로 일을 처리하였다는 것입니다.

"급히 분내지 아니하며." 사람이 분을 낼 수 있습니다. 특히 정의로운 분노도 있습니다. 이는 누가 보더라도 분을 내야 하는 일이라고 인정할 만한 합법적인 분노여야 합니다. 성도가 말씀대로 살지 않는다면 목회자가 강력하게 지도해야 합니다. 그러나 화가 나더라도 인내하며, 급히 분내지 말아야 합니다. 이는 감정을 따라서 분을 내어서는 안 된다는 말입니다. 사람이 감정에 치우치면, 또한 인격이 다듬어지지 않으면 다른 사람의 말을 듣자마자 자신의 뜻과 다르다면서 화를 냅니다. 그것이 바로 급히 분내는 것입니다. 하나님 앞에서 한 시간, 혹은 하루를 보내면서 아무리 생각해보아도 이것은 말씀에 비추어 분을 낼 만하다고 인정될 때 거룩한 모습으로 분을 내야 합니다. 이때의 분은 의분일 가능성이 높습니다. 사람이 혈기가 충만하여 분을 내면 귀신 들린 것 같은 느낌이 듭니다.

"술을 즐기지 아니하며." 술은 사람을 취하게 하고 실수를 저지르게 합니다. 또한 쾌락에 빠지게 합니다. 그런데 "술을 즐기지 아니하며"라고 한 것은 술이 꼭 나쁜 것은 아니라는 것입니다. 의학적으로 알코올 성분이 몸에 필요할 수 있습니다. 일반 사람들은 약으로 먹을 수도 있습니다. 불면증으로 고통받는 경우 포도주 한 잔을 마시면 수면에 도움이 된다고 합니다. 결국 술을 즐기지 않아야 한다는 것은 술 자체가 무조건 나쁜 것이 아니라 즐기지 말라는 것입니다. 그러나 되도록 술을 마시지 않는 것이 경건에 유익합니다.

"구타하지 아니하며." 지도자는 언어적 폭력을 포함하여 사람을 때리거나 폭행하면 안 됩니다. 문제가 있을 때 말로 교훈하고 훈계해야 합니다. 가정에서도 사회 어느 곳에서도 마찬가지입니다. 특히 하나님의 집에서는 언급할 필요조차 없습니다. 온유하고 부드러운 말로 지도하는 것이 원리입니다.

"더러운 이득을 탐하지 아니하며." 더러운 이득은 합법적이지 않은 물질의 이득을 탐하는 것을 말합니다. 지도자는 이런 이익을 취하면 안 됩니다. 교회 안에서는 공금을 정당하게 사용해야 합니다. 지도자가 재정에 과도하게 관여하는 것은 옳지 않습니다. 바른 재정 지출을 위해 성도들을 잘 지도해야 합니다. 또한 도덕적이지 않은 투자나 투기, 또는 장사를 하는 등 사사로운 이익을 취하려고 해서도 안 됩니다. 교회 지도자가 주식에 단기 투자를 하거나, 복권을 사거나, 부동산에 투기를 하는 일은 정말 조심해야 합니다. 목사직을 그만두고 한다면 모르지만, 목사라면 겸손히 하나님 앞에 서서 하나님이 주시는 재원으로 살아야 합니다. 정정당당하게 일하고 노력해서 얻는 소득이어야 떳떳합니다. 어떤 사람은 복권을 사서 당첨되면 반은 하나님께 드리겠다고 말하는데, 하나님은 그런 돈을 제물로 받지 않으십니다.

8절 "오직 나그네를 대접하며." 이는 낯모르는 사람을 대접하는 것을 뜻합니다. 옛날에는 나그네가 많았는데, 특히 전도하는 나그네를 말합니다. 그들은 하나님의 사람들입니다. 그들을 잘 대접하는 것은 주의 나라 확장에 동참하는 것이기 때문에 귀한 일입니다. 전도하는 나그네가 아니더라도 귀천을 따지지 않고 돕는 자가 되어야 합니다.

"선행을 좋아하며." 지도자는 선행을 좋아해야 합니다. 특히 그런 성정을 가진 사람이 목사가 되어야 합니다. 자기 것을 챙기는 것보다 주의 나라를 위해서 드리고 좋은 일을 하려고 열심인 사람이 지도자가 되어야 합니다. 나누어주고 협력하며 희생하려는 사람이어야 하나님의 나라가 은혜롭게 발전합니다.

"신중하며 의로우며 거룩하며 절제하며." 지도자는 어떤 일을 하든지 신중하게 생각하고 기도하여 결정해야 합니다. 또 의롭고 거룩한 사람이라야 진리를 밝히 증거하고 성도를 바르게 지도할 수 있습니다. 또한 절제하는 사람이어야 합니다. 죄악을 이기고, 특히 죄에 물든 마음을 절제해야 합니다. 절제는 모든 경우에 적용되며, 그것을 실천하는 사람이 교회의 감독이 되어야 합니다. 특히 절제라는 미덕은 성욕을 자제하는 것과 관련이 있습니다(홍창표). 결국 정직함과 올바름과 깨끗한 생활은 사회적인 생활을 하는 성도들에게 도덕적으로 요구되는 내용입니다(거스리).

9절 "미쁜 말씀의 가르침을 그대로 지켜야 하리니." 가르친 말씀을 자신도 충직하게 잘 지켜야 한다는 것입니다. 그렇게 하려면 반대자나 공격자들의 훼방을 이겨내야 합니다. 그런 좋지 않은 환경에서 말씀을 지켜야 존경받는 지도자가 됩니다. 자신도 지키지 않는 것을 가르치면 성도들에게 잘 지키라고 말할 권위가 서지 않습니다. 지도자는 가르침과 행동이 동반되어야 권위가 섭니다. 사람이므로 완벽할 수는 없지만, 누가 보더라도 가르침과 행동이 어느 정도는 일치한다는 소리를 들을 수 있어야 합니다. 성도들은 지도자의 행동을 늘 지켜보고 있습니다.

"이는 능히 바른 교훈으로 권면하고 거슬러 말하는 자들을 책망하게 하려 함이라." 거슬러 말하는 사람은 가르침을 따르지 않거나 지도자의 약점을 들추어내는 사람입니다. 그런 사람들은 교회뿐만 아니라 어디에나 꼭 있습니다. 어떤 이는 반골 기질이 있어서 무슨 말을 들어도 항상 부정적으로 응대하고 받아들이지 않습니다. 이런 사람들이 지도자의 약점을 잡으려고 해도 찾을 수 없을 정도로 교훈과 행동이 무흠한 사람이어야 합니다. 그래야 진리에서 벗어난 사람들을 거리낌 없이 책망할 수 있습니다.

교회의 지도자인 감독과 장로의 자격 요건에 대하여 말하였는데, 아무나 교회의 직분자로 세울 수 있는 것이 아니고, 어느 면으로 보나 존경스럽고 따르고 본받고 싶은 마음이 드는 인물이어야 합니다.

그레데인

10절 "불순종하고 헛된 말을 하며 속이는 자가 많은 중." 그레데라는 지역 자체가 불명예스러운 평가를 받고 있었습니다. 그곳 사람들이 바울이 말한 대로 그런 성향이라면 교회에 나오는 주민들도 예외일 수 없습니다. 그레데 섬 사람들은 불순종하고 헛된 말을 하며 속이는 자가 많다고 하였으므로 그 교회에 출석하는 성도들도 그런 행동을 할 가능성이 큽니다. 누가 보더라도 하나님을 믿는 성도의 무리라고 말할 수 없는, 세속적이고 마귀적인 사람들로 교회가 구성되었다고 할 수 있습니다. 교회라고 다 거룩한 사람들이 모인 것이 아닙니다. 복음의 진리를 잘 따르지 않고 다른 교훈을 주장한다면 난감한 일입니다. 결국 교회가 큰 해를 입게 됩니다.

"할례파 가운데 특히 그러하니." 할례파는 유대인 중 예수님을 믿는 사람들을 말하는데, 특히 할례파가 더욱 문제가 많다는 것입니다. 정말 충격적인 바울의 평가입니다.

할례파는 예수님을 믿으면서도 예수님을 믿는 것으로만 구원받는 것이 아니라 할례를 받아야 한다고 주장했습니다. 그들은 자신의 조상들이 아브라함 때부터 할례를 받았고 자신들도 아브라함의 후손이므로 할례를 받았으니, 다른 성도들도 할례를 받아야 한다고 주장했습니다. 예수님이 우리 죄를 위해 십자가에서 죽으셨음을 믿고 회개하므로 구원이 이루어지는 것이 아니라는 황당한 주장입니다. 바울은 그동안 할례는 구원의 요소가 아니라고 수도 없이 가르쳤습니다. 그러나 그들은 그 가르침을 경청하지 않고 물의를 일으켰는데, 이방인들까지도 할례파 유대인들의 말을 따르므로 혼란스러운 상황이었습니다. 지역성 자체가 불순종하고 헛된 말을 하며 속임수가 능한데, 거기에 더하여 할례파 유대인들까지 나서서 진리를 흔들고 있으므로 교회가 시끄러운 상태에 놓인 것입니다. 누가 보더라도 정상적이지 않은 교회의 모습입니다.

11절 "그들의 입을 막을 것이라." "입을 막을 것이라"는 말은 '재갈을 먹이다' 또는 '입마개를 하다'는 뜻입니다(거스리). 그래서 바울은 잘못 가르치는 이들의 입을 막으라고 하는 것입니다. 여기서 "그들"은 교회에서 좌우 분별도 못하면서 경거망동하는 자입니다. 교회는 아무에게나 발언권을 주고 아무에게나 가르치는 권한을 줄 수 없습니다. 어떤 학자는 "입을 막으라"는 의미는 그런 사람들에게는 설교권을 주지 말라는 것이라고 하였습니다. 그들에게서 설교권을 빼앗으면 강력하게 반발하겠지만, 바울은 디도에게 그들의 입을 틀어막으라고 하는 것입니다. 가정과 교회를 파괴하는 잘못된 교육을 하는 지도자에게는 설교를 시키지 말아야 합니다.

"이런 자들이 더러운 이득을 취하려고." 그들은 더러운 이득을 취하려고 잘못 가르치는 것뿐 아니라 사악한 행동까지도 마다하지 않았습니다. 못된 자들이 교회 안으로 들어와 사탄의 종노릇을 하는 것입니다. 성도는 교회를 선택할 때 그 교회의 가르침을 잘 살펴보아야 합니다.

"마땅하지 아니한 것을 가르쳐 가정들을 온통 무너뜨리는도다." 이것은 믿음을 무너뜨리는 것입니다. 또한 가정을 거꾸로 메치듯이 망가뜨리는 행위입니다. 하나님이 맨 처음 만드신 것이 가정입니다. 아담과 하와를 만드신 것은 가정을 만드신 것이라고 할 수 있습니다. 그들이 비록 에덴동산에서 쫓겨났지만 하나님은 그들에게 자녀를 주셨습니다. 그런데 교회 지도자들의 가르침을 따라갔는데 그 결과 가정이 무너졌다는 것입니다. 이는 경악을 금하지 못할 무서운 일입니다. 국가 지도자를 잘못 만나면 나라가 망합니다. 교회 지도자를 잘못 만나면 잘못된 지도를 따르다가 가정이 무너집니다. 그래서 바울은 디도에게 불미스러운 일이 벌어지지 않도록 예방하는 법을 가르쳐주는 것입니다. 여러 가정이 무너졌지만 더는 무너지지 않게 방지해야 합니다. 무너진 가정은 그들의 죄로 인한 것이 아니라 교회 지도자의 죄로 인한 것이라서, 차라리 그들이 교회에 출석하지 않았다면 가정이 혼란에 빠지지 않았을 것입니다. 도리어 교회를 나와서 망했으니 억울한 일입니다. 예수님을 믿고 복 받으려고 했다가 받은 복도 깨져버렸습니다.

12절 "그레데인 중의 어떤 선지자가 말하되." 그레데인 출신 중에 선지자가 있었다는 것입니다. 바울은 그가 누군지는 밝히지 않았지만, 교부들은 유명한 시인 에피메니데스를 가리킨다고 말합니다. 그는 기원전 6세기의 철학자로서 그의 동료인 농촌 사람들이 그에게 신비한 영예를 돌렸던 사람입니다(거스리). 그런데 그 선지자가 자기 지역에 대해서 언급한 적이 있었습니다. 거기에서 태어나고 자랐는데 자신의 지역에 대해 스스로 평가를 내린 것입니다. 여기서 선지자라는 말은 꼭 하나님의 종만이 아니라 철학자나 시인도 이렇게 불렀습니다.

"그레데인들은 항상 거짓말쟁이며 악한 짐승이며 배만 위하는 게으름뱅이라 하니." 선지자가 평가한 내용은 자기 지역 사람들이 항상 거짓말쟁이고, 악한 짐승이며, 배만 위하는 게으름뱅이라는 것입니다. 헬라어로 거짓말이라는 단어는 '크레티제인'인데, 그 어원이 그레데입니다. 정말 신랄한 비판이지만, 그는 자신의 지역을 말한 것이고 자신도 거기에 포함되므로 말할 수 있는 것입니다. 다른 지역 사람이 이렇게 비판하였다면 아마도 자신의 지역을 모독했다고 큰 싸움이 벌어졌을 것입니다.

그 선지자는 그레데인을 가리켜 "항상 거짓말쟁이"라고 하였습니다. 자주 거짓말을 하는 것이 아니라 입만 열면 거짓말을 한다는 것입니다. 정말 가까이하고 싶지 않은 성향의 사람들입니다. 진실하게 평생을 살아온 사람들은 그들과 사귀다가 도중에 토할지도 모릅니다. 또 "악한 짐승"이라고 하였습니다. 인격이 있는 사람으로 보이지 않는다는 것입니다. 짐승은 짐승의 본성에 따라 움직이므로 야만성이 돋보입니다. 게다가 악한 짐승과 같다고 합니다. 어쩌면 사나운 사자나 큰 뱀을 연상했을 수도 있습니다. 그들의 잔인무도함을 나타냅니다.

"배만 위하는 게으름뱅이라." 이는 인간이 되어서 진리를 따르거나 열심히 일하지 않고 자기 이익만 따른다는 것입니다. 거짓말로 다른 사람을 속여서 빼앗고 놀고먹으려고 하는 포식자를 연상시킵니다. 진리는 하나도 중요하지 않고 자기 이익만 생각하는 저질 중의 저질입니다. 이런 곳에서 목회하는 디도는 포기하고 싶은 충동이 자주 일어날 것입니다. 바울도 교회를 세운 뒤 디도에게 맡기고 떠났는데, 바울도 여기에 있는 동안 그 지역성으로 인해 견디기 힘들었을 것입니다.

보통 목회자는 목회 환경이 좋은 지역에서 목회하고 싶어 합니다. 성도들이 목회자의 지도를 잘 따르고 진실하며 열정까지 있는 교회에서 일생을 바쳐 일하고 싶을 것입니다. 그러나 이 그레데 교회는 목회 환경이 바닥인 곳입니다.

13절 "이 증언이 참되도다." 바울은 그레데 출신인 선지자의 말을 인용하여 말한 뒤 그의 말이 옳다고 덧붙입니다. 바울이 다른 지역 사람이므로 그레데 사람을 비판하면 지역감정을 건드려서 도리어 욕을 먹을 수 있으므로 같은 지역 출신인 사람의 말을 인용하면서 비판적인 평판에 동참합니다.

"그러므로 네가 그들을 엄히 꾸짖으라." 바울은 디도가 지도자로서 성도들을 꾸짖어야 한다고 말하고 있습니다. 교회의 지도자는 성도들을 지도하면서 어떤 때는 위로하고, 어떤 때는 사랑하며, 어떤 때는 아끼고, 또 어떤 때는 겸손하게 섬겨야 합니다. 그렇지만 어떤 때는 엄히 꾸짖어야 할 때도 있습니다. 헛된 교훈을 따르고 거짓말하며 불순종하고 자기 이익만 생각하는 성도들을 그대로 보고만 있을 수 없기 때문입니다. 그런 식으로 신앙생활을 한다면 구원을 보장받기 어려울 수 있습니다.

"이는 그들로 하여금 믿음을 온전하게 하고." 교회에 나오면 은혜를 받고 믿음이 자라나야 합니다. 성도가 세상 사람과 똑같이 살 수는 없습니다. 그래서 구원받을 수 있는 온전한 믿음으로 자라도록 바른 가르침을 주어야 합니다. 특히 이단과 타협하지 않고 진리를 보수해나가야 합니다. 목회자는 성도들이 믿음대로 사는 것을 보면서 인생 최고의 기쁨을 누려야 합니다.

14절 "유대인의 허탄한 이야기와 진리를 배반하는 사람들의 명령을 따르지 않게 하려 함이라." 할례파 유대인들이 디모데전서 1장 4절에 언급한 내용과 비슷한 것으로, 아마도 구약성경에 기초한 허황된 이야깃거리가 분명합니다. 그들은 교회에서 허탄한 이야기를 시도 때도 없이 떠들었고, 진리를 배반하는 내용을 가르쳤습니다. 아마도 영지주의의 영향을 받은 유대인 중 구약성경을 영지주의적 관점에서 해석한 것으로 보입니다(헨드릭슨). 문제는 이를 믿고 따라가는 성도들이 있었던 것입니다. 지도자는 성도가 바른길을 찾지 못하고 어리석은 자가 되어 이단적인 자에게 동조하는 것을 막아야 합니다. 그렇게 되지 않도록 성도들을 엄히 꾸짖고 잘못된 길로 가지 못하도록 방어막을 치라는 것입니다. 이는 성도를 바로 세우는 데 꼭 필요합니다. 아마도 그레데 섬의 분위기가 이방 신의 신화를 좋아하기 때문에 영향을 받았을 것입니다.

"진리를 배반하는 사람들의 명령"은 아래 절에서 나옵니다.

15절 "깨끗한 자들에게는 모든 것이 깨끗하나 더럽고 믿지 아니하는 자들에게는 아무 것도 깨끗한 것이 없고 오직 그들의 마음과 양심이 더러운지라." 당시 유대인 중에는 금욕주의를 가르치면서 어떤 음식은 그 자체가 불결하므로 성도가 먹으면 안 된다고 하는 사람들이 있었습니다. 이것은 무식에서 나온 교훈입니다. 하나님이 지으시고 음식으로 주셨는데 자신들이 그렇게 주장하는 것은 옳지 않습니다.

"깨끗한 자"는 구속함을 입은 성도들을 가리킵니다. 즉 만물은 하나님이 지으셨으니 깨끗하고 신자 역시 깨끗합니다. 그러므로 만물과 신자의 관계는 충돌할 이유가 없습니다. 그러나 불신자는 하나님 앞에서 반역죄를 짓고 있으므로 늘 하나님 앞에서 불결한 것입니다. 불신자가 만물을 사용할 때도 하나님이 지으신 것을 모르고 사용하므로 그것은 불의하고 불결한 행동이라는 뜻입니다. 그들의 마음과 양심은 항상 더럽습니다. 여기서 "믿지 아니하는 자들"은 그리스도가 율법의 완성임을 믿지 않았던 유대교적 기독교인들입니다.

16절 "그들이 하나님을 시인하나." 그들은 스스로 하나님에 대해 많은 것을 안다고 떠들어댑니다. 또한 충분히 체득했다고 말합니다. 하지만 그들은 하나님을 부정합니다(렌스키). 그들은 하나님을 시인했지만 거짓말쟁이고, 마음과 양심이 더러운 사람들이었기 때문입니다. 결국 입으로 하나님을 시인한다고 해서 다 구원받는 것이 아니라는 것입니다.

"행위로는 부인하니 가증한 자요 복종하지 아니하는 자요 모든 선한 일을 버리는 자니라." 그들은 입으로는 하나님을 시인해도 행위로는 복음을 실천하지 않았습니다. 따라서 바울은 이것을 행동으로는 부인하는 자들이라고 규정하였습니다. 믿음이 있다고 말해도 행동이 따라야 인정할 수 있습니다. 그들의 행위는 가증하고 진리의 말씀, 특히 거룩해야 할 것에 대해 복종하지 않습니다. 가증은 괘씸하고 얄미운 것인데, 이런 못된 마음을 가지고 있으면서 하나님의 말씀을 지키지 않고 살살 피하는 사악한 태도입니다.

"선한 일을 버리는 사람"은 시험에 불합격한 자를 가리킵니다. 그들 자신이 선한 일을 버린 것이 아니라, 선한 일에 합당하지 않다고 버려진 자들입니다(이상근). 하나님의 일은 영혼을 돕고, 교회를 바로 세워 나가며, 성도들과 그 가정을 돕는 선한 일입니다. 교회에서 어떤 일을 추진해 나갈 때 그것은 개인과 가정에 도움이 되어야 하고 피해를 주면 안 됩니다. 남편과 아내, 자녀와 부모를 잘 보전하는 것이 교회가 할 일입니다.

그레데 사람들은 다 거짓말하는 자라고 한 말이 성경에 기록되어 있는 것을 볼 때 우리는 지역의 영을 생각해야 합니다. 각 지역마다 역사하는 영이 있고, 그 영들의 영향을 받고 살고 있습니다. 그레데 섬에서 가장 첫 번째로 역사하는 영은 거짓의 영입니다. 그 지역의 공중에는 거짓의 영이 넓게 자리 잡고 있을 것이 분명합니다. 그 지역에서 살아온 사람들이 너무 오랫동안 거짓된 말과 행동을 한 결과입니다. 만약 착하고 거짓이 없는 진실한 사람이라도 그 지역에서 10년만 살면 거짓의 무리에 섞이게 될 것입니다. 그렇게 영적 피해를 입은 사람이 분명히 많이 있을 것입니다. 지역에 역사하는 죄와 영은 이렇게 전염병처럼 번져 나가며 파급 효과가 크다는 것을 알아야 합니다. 그래서 성도는 자신이 자란 동네의 성격은 어떠한지 면밀히 살펴보는 것이 필요합니다. 자신이 살아온 환경에 영향을 받았을 것을 깨닫고 회개하면 변화될 수 있습니다.

2장

합당한 교훈

1절 "오직." 이는 1장의 내용을 받는 말입니다. 1장에서 바울은 그레데인 선지자가 증언한 내용, 즉 그 지역 사람들은 거짓말쟁이이고 선한 것을 가르치지 않는다는 말을 인용하여 말하였습니다. 그러면서 "오직"이라고 말한 것은 1장에서 말했던 그레데 사람들처럼 하지 말고 이제 가르쳐주는 대로 신앙생활을 하라는 말입니다.

"너는 바른 교훈에 합당한 것을 말하여." 바울이 디도에게 "너는"이라고 말한 것은 디도가 잘못된 사상과 행동으로 교회를 어지럽히는 자들과는 다른 부류의 사람인 것을 강조한 것입니다(거스리). 바른 교훈이란 건전한 교훈을 가리킵니다. 이 말을 한 것은 바르지 않은 교훈이 있기 때문입니다. 그래서 바울은 디도에게 올바른 지도자로서 바른 교훈에 합당한 것을 가르치라는 것입니다. 성도는 그리스도 안에서, 믿음 안에서 합당하게 배우고 행해야 합니다. 잘 가르쳐주는 지도자는 어디를 가든 환영을 받습니다.

이후 바울은 늙은 남자, 늙은 여자, 젊은 여자 등 성별과 나이에 따라서 어떻게 행해야 하는지를 가르쳐주고 있습니다. 바울은 평생 수많은 사람을 만났고 나이가 많기 때문에 사람을 이해하는 통찰력이 있습니다. 또한 하나님을 만났고 하나님이 그에게 성경을 쓸 정도로 수많은 영적 지식과 지혜를 가르쳐주시기 때문에 어느 누구도 넘볼 수 없는 영적인 감각과 지식을 소유했습니다. 바울은 자신의 모든 영적 자산을 디도에게 가르쳐주고 있습니다.

2절 "**늙은 남자로는.**" 당시 디도는 젊은 남성이었을 것입니다. 그러나 디도는 교회의 지도자이므로 교회 안의 늙은 사람에게도 가르침을 주어야 합니다. 지도자는 아무리 자신보다 나이가 많은 사람이라도 지도해야 하는 권위와 의무가 있습니다. 그렇다면 늙은 남성을 어떻게 지도해야 하는지는 그다음에 나옵니다.

"**절제하며.**" 바울은 디도에게 늙은 남성이 절제해야 한다는 것을 첫 번째로 가르치라고 합니다. 절제란 깨어 있다는 뜻으로, 하나님을 믿든 믿지 않든 모든 사람에게 해당되는 말입니다. 이것은 늘 기도하며 하나님의 말씀에 합당한 삶을 살기 위해 견디는 모습입니다. 늙은 남자가 이런 모습을 간직하고 살아야 권위와 위엄이 있습니다. 바울이 왜 나이 든 남성에게 절제하라고 했는지 생각해보면 나이 든 성도들이 보통 어떻게 행동하는지를 떠올려보면 알 수 있습니다. 나이 든 사람들은 대개 행동이나 말에 절제가 없고, 깊은 생각 없이 마음대로 하는 경우가 많습니다. 남에게 폐가 되는 행동을 대수롭지 않게 행하며 법도 잘 지키지 않는 경우가 많습니다. 도로에서 무단횡단을 하는 사람도 많습니다. 그래서 나이가 들수록 말과 행동을 절제하도록 지도해야 한다고 당부합니다. 교회에서도 주변을 의식하지 않고 자기 마음대로 말하고 언성을 높이는 등 폐를 끼치는 행동을 할 수 있습니다.

"경건하며." 절제 다음으로는 노년들이 경건해야 한다고 하였습니다. 즉 하나님 앞에서 엄숙하고 단정한 모습입니다. 절제된 생활을 하면 이런 모습을 갖출 수 있습니다. 사람은 젊을 때 예의, 교양, 법, 체면을 중시하여 자신을 잘 관리합니다. 그런데 나이가 들면 그 빗장이 풀어지기가 쉽습니다. 제도나 사회 법규나 여러 가지로 자신을 묶었던 것을 나이가 들면 쉽게 풀어버립니다. 이런 행동은 여러 불미스런 문제를 야기할 수 있습니다. 이런 사람이 교회에 있으면 시끄러운 문제를 만들기도 합니다. 경건은 하나님 앞에서 사는 삶을 말하는 것으로 나이가 들었어도 항상 하나님 앞에서 자신을 돌아보는 자세가 필요합니다.

"신중하며." 마음속의 생각을 절제하는 태도입니다. 나이가 들수록 사람은 신중해집니다. 그런데 바울이 여기서 신중하라고 하는 것은 나이가 너무 많이 들면 도리어 신중함이 없어지기 때문입니다. 조급하고 마음이 시키는 대로 하게 됩니다. 젊을 때는 나이 든 사람의 그런 행동을 보고 비난했으면서 자신이 나이 들어 그들과 똑같이 행동하고 있는 것을 발견하게 됩니다. 그래서 이런 부분들을 스스로 잘 살펴보아야 합니다.

"믿음과 사랑과 인내함에 온전하게 하고." 여기서 "믿음"은 계시된 하나님의 말씀과 기록된 말씀을 믿고 따르는 것입니다(4:12, 6:11, 딤후 2:22, 3:10). 이것은 기독교의 가장 중요한 덕목인데, 고대 헬라인들은 지식을 첫째로 두었습니다(홍창표). 믿음으로 구원받는 것이기에 가장 중요합니다. 믿음이 없으면 하나님을 기쁘시게 할 수 없습니다. "사랑"과 관련해서는, 하나님이 사랑의 근원이십니다. 성도는 하나님의 사랑을 많이 받았으므로 사랑을 실천해야 합니다. "인내함"은 소망과 연관이 많습니다. 인내는 소망이 있어야 가능하기 때문입니다. 하늘을 바라보고 주님을 바라보는 소망이 있어야 이 땅의 고난과 역경을 인내할 수 있습니다. 그래서 믿음, 소망, 사랑은 초대교회에서 중시했던 덕목이었습니다. 이런 귀한 것들은 온전하게 해야 합니다. 다시 말하면 건전하게 한다는 뜻입니다. 좋은 것이라도 지나치거나 불편하지 않게 행하는 것입니다. 무엇이든 지나치게 주장하면 율법주의가 될 수 있습니다.

3절 "늙은 여자로는 이와 같이 행실이 거룩하며 모함하지 말며." 바울은 디도에게 말하기를 늙은 여성들 역시 늙은 남자들과 동일한 교훈을 받아들여야 한다고 말합니다. "행실이 거룩하며." 이는 특히 거룩하며 모함하지 말 것을 지도하라고 말합니다. 특히 이것은 성전 봉사와 관련이 있는 말로, 성소의 제사장을 연상시킵니다(렌스키). "모함하지 말며." 이는 늙은 여성들이 제사장처럼 거룩에 힘쓰지 않고 시기질투를 절제하지 못해 여러 사람을 모함하는 경우가 많기 때문입니다. 보통 자기 딸이나 며느리, 가까운 사람부터 멀리 있는 사람까지 모함을 많이 할 것입니다. 이들은 다른 사람의 잘못을 들추고 약점을 캐려고 하는 경향이 있습니다. 이것은 거룩함에서 벗어나는 행동입니다. 이렇게 누추한 여자가 되지 않기 위해서 자신을 돌아보아야 합니다.

"많은 술의 종이 되지 아니하며." 이것은 술의 노예가 된다는 뜻인데 당시 여성들이 과음하는 경우가 많았기 때문입니다. 남편이 집을 비워서든, 남편을 일찍 잃었든, 향락을 위해서든 그들은 술을 많이 마셨습니다. 바울은 이런 일을 로마 사회에서 많이 접해본 것입니다. 남자가 술을 많이 마시고 인사불성이 되어 주정을 부리는 것도 보기 좋지 않은데, 여성이 그런 행동을 하면 더욱 민망하고 보기 힘든 일입니다. 이렇게 행동하면 아무도 그를 존경하지 않습니다. 예수 그리스도를 영접한 여성들이 이런 행동을 보일 수는 없습니다. 당시에는 오래 믿은 성도도 있었지만, 오랫동안 이방 신을 섬기면서 술 마시는 것에 자유로운 여성도 있었을 것입니다.

"선한 것을 가르치는 자들이 되고." 여성도 좋은 일을 많이 할 수 있습니다. 아무리 나이가 많은 여성이라도 그리스도 안에서 배우고 익힌 좋은 것을 다른 사람에게 가르칠 수 있습니다. 믿음에 대해, 성경에 대해, 살림이나 요리, 예의와 교양에 대해 가르칠 수 있습니다. 가족이나 교회의 성도들을 가르칠 수 있는 기회는 얼마든지 있습니다. 모함이나 잔소리가 아닌 사랑하는 마음으로 좋은 가르침을 베풀 수 있다면 모두에게 즐거움이 될 것입니다. 작은 잘못을 부풀리고 악의에 찬 소문을 내는 모함은 성도로서 부끄러운 일입니다.

4절 "그들로 젊은 여자들을 교훈하되." 나이 든 여성들이 가르쳐야 하는 대상은 특히 젊은 여성입니다(거스리). 디도는 젊은 남성이기 때문에 여성을 지도하는 데 불편한 환경이 많을 것입니다. 여성이 여성을 가르쳐주어야 하는 이유는 여성만이 알아야 하는 내용이 있기 때문입니다. 교양과 권위가 있는 나이 든 여성이 젊은 여성을 가르친다면 교회는 훨씬 더 품위가 있을 것입니다.

"그 남편과 자녀를 사랑하며." 여성들이 해야 할 가장 중요한 일이 바로 남편과 자녀를 사랑하는 일입니다. 물론 이는 가르쳐주지 않아도 할 수 있지만, 때로 중요한 것을 놓칠 때가 많기 때문에 적절한 교훈이 필요합니다. 성경은 이곳저곳에서 같은 내용을 가르칩니다. 여성은 아내로서 남편을 잘 도울 것인데, 어느 때는 사랑으로 돕고, 어느 때는 진실한 충고도 해야 합니다. 자녀 사랑은 자연적인 현상이기도 하지만, 특히 그리스도의 말씀 안에서 잘 양육해야 합니다.

5절 "신중하며 순전하며 집안일을 하며 선하며 자기 남편에게 복종하게 하라." 여기서 "신중"은 생각이 단정한 것을 의미합니다. "순전"은 외부적으로 흠이 없는 것을 말하며 순결로도 쓰입니다. 젊은 여성들이 이렇게 되도록 가르치라는 것입니다. "집안일을 하며." 나이 든 여성들이 젊은 여성들을 교훈하여 집안일을 잘 할 수 있도록 도와주어야 합니다. 여성들은 집안 환경을 잘 가꾸어 깨끗하고 살 만한 공간으로 만들어야 합니다. 집안일을 잘 하지 않는 여성들이 의외로 있습니다. 그런데 집안일은 여성이 해야 할 일 중 우선순위에 있습니다. "선하며." 또한 선한 여성으로 가꾸어 나가야 합니다. 그리고 선한 일을 행해야 합니다. 선한 일이란 친절함을 가리킵니다. "남편에게 복종하게 하라." 자기 남편에게 복종하는 것은 어느 시대이든 어느 지역에서든 변치 않는 덕목입니다(엡 5:22-24).

"이는 하나님의 말씀이 비방을 받지 않게 하려 함이라." 교회를 다니는 젊은 여성이 살림을 잘하지 않으면 주변 사람들이 그녀를 비방한다는 것입니다. 가정을 잘 관리하고 남편과 자녀를 잘 섬기지 않으면 그 여성을 비난하고, 한 걸음 더 나아가 그녀가 다니는 교회에 대해 부정적인 소문을 낼 것입니다. 그리고 지역 사람들이 모여 앉아서 그들이 교회에서 무엇을 배웠느냐고 비판할 것입니다. 예수님을 믿지 않는 사람은 예수님을 믿는 사람을 거리낌 없이 비방할 수 있음을 알고 긴장해야 합니다. 그들에게 비방거리를 주면 안 됩니다.

6절 "너는 이와 같이 젊은 남자들을 신중하도록 권면하되." 바울은 디도가 젊은 남성들도 잘 가르쳐야 한다고 말합니다. 사실 나이 든 남성은 젊은 남성을 가르치고, 나이 든 여성은 젊은 여성을 가르칠 수 있어야 아름다운 교회라 할 수 있습니다. 그래서 집에서도 아버지는 아들을 가르치고 어머니는 딸을 가르쳐야 합니다. 디도도 남자이므로 더욱이 교회 안에서 남자들을 잘 가르치라고 당부하는 것입니다. 그들에게 첫 번째로 가르칠 내용은 "신중"하라는 것입니다. 신중은 생각이 단정한 것인데, 젊은 남자는 의욕이 넘치고 혈기가 등등할 수 있습니다. 그러므로 순간적으로 잘못 생각하고 행동으로 옮길 수 있습니다. 이렇게 하면 평온해야 할 교회에 여러 부작용이 발생할 수 있습니다. 또한 지역사회에도 문제를 일으킬 수 있습니다. 그러므로 젊은 남자는 스스로를 통제하는 미덕이 필요합니다.

7절 "범사에 네 자신이 선한 일의 본을 보이며." 바울은 디도에게 젊은 남성을 가르칠 때 디도 자신이 선한 일에 행동으로 본을 보여야 한다고 알려줍니다. 가르치는 내용도 중요하지만 가르치는 자의 삶도 중요합니다. 교회의 젊은 남성들은 젊은 남성인 디도를 보고 살아가므로 본을 잘 보여야 하는 것입니다. 진정한 교육은 말이 아닌 가르치는 자의 삶을 보고 배우는 것입니다. 그래서 집에서 아들은 아버지의 행동을 보고 그대로 따라 하고, 딸은 어머니의 언행을 보고 그대로 따라 합니다. 디도는 하나님 나라의 일꾼이므로 모든 면에서 젊은 남자의 본이 되어야 한다는 것입니다. 즉 사람들이 자신을 그들의 목자이자 본으로 바라보고 있음을 알아야 합니다.

"교훈에 부패하지 아니함과 단정함과." 지도자인 디도 자신의 교훈이 잘못될 수 있으므로 잘 가르쳐야 한다는 것입니다. 교훈에 부패하지 않는 것은 디도뿐 아니라 젊은 남자에게도 필요합니다. 가르치는 내용은 오직 하나님의 말씀이어야 하며, 세상 풍습이나 자신의 생각을 전하는 것이 아닙니다. 그리고 행동과 말과 모든 면에서 단정해야 합니다. 단정함은 무게가 있는 것을 말합니다. 지도자는 약장수 같은 언변이 아닌 진실성 있는 말을 해야 합니다.

8절 "책망할 것이 없는 바른 말을 하게 하라." 디도가 복음에 충실해야 할 것을 가리킵니다. 사람은 말에 실수가 많습니다. 말실수가 없이 산다는 것은 불가능할 것입니다. 중요한 것은 최대한 실수를 줄이는 것입니다. 대부분 사람은 젊을 때 말실수로 후회하고 괴로워하다가 나이가 들면서 말실수가 많이 줄어드는 것을 깨닫습니다. 그러므로 말에 실수가 없다면 온전한 사람이라고 하였습니다. 말은 개인적인 노력도 필요하고 지도자의 가르침도 있어야 합니다. 젊었을 때부터 말에 실수가 없다면 주의 공동체에 크게 쓰임을 받을 사람입니다.

"이는 대적하는 자로 하여금 부끄러워 우리를 악하다 할 것이 없게 하려 함이라." 우리 주변에는 항상 우리를 대적하는 자가 있습니다. 여기서 대적자는 불신자나 거짓 교사나 이단자를 가리킵니다(헨드릭슨). 예수님이 말씀을 가르치실 때 바리새인들이 꼬투리를 잡았습니다. "악하다"는 말은 '가치가 없는 것'을 의미하며, 여기서는 말에 대한 것보다는 행위를 가리키는 것으로 쓰이고 있습니다. 디도의 행위를 마음에 두고 있다고 보아야 합니다. 예나 지금이나 예수님을 믿지 않는 사람들은 보통 예수님을 믿는 사람들을 경계합니다. 우리나라도 예수님을 믿는 사람의 비율이 전체 인구의 20퍼센트 정도이고, 설문 조사를 보면 기독교를 배척하는 사람의 비율이 높은 것을 알 수 있습니다. 대신 가톨릭에 호감을 표하는 답변이 많은데, 그렇다고 해서 가톨릭을 존경한다는 사람들이 신자가 되지는 않습니다. 가톨릭은 중도적 입장에서 다른 종교도 배척하지 않고 수용하는 경향이 있기 때문에 일반 사람들에게 많은 인정을 받고 있습니다. 그런데도 통계 조사를 보면 가톨릭의 신자 수는 점점 줄어들고 있습니다. 그러나 개신교의 성도 수는 비교적 줄지 않고 있습니다. 기독교는 유일신을 주장하고 다른 종교에 배타적인 성향을 보이기 때문에 일반 사람들의 배척을 당하기도 합니다. 하지만 기독교는 사학을 일으켰고, 나라의 복지에 기여하고 있으며, 나라의 안정에 기여하고 있다고 확신합니다. 성도는 자신의 잘못은 고쳐 나가고 해야 할 일은 최선을 다해 정진해 나가면 됩니다. 주님을 바라보고 나가면 주님이 동행해주십니다.

선한 일을 열심히

9절 "종들은." 이들은 신자인 종들을 가리킵니다. 바울이 에베소서와 골로새서에서는 주인에게 순종하라고 하였는데, 여기에서는 "복종하라"는 강한 어조의 단어를 쓰고 있습니다. 아마도 그레데에 있는 신자인 종들이 다른 지역의 종들보다 더 그리스도 안에서의 자유를 누리려 했던 것 같습니다. 당시에는 노예 제도가 있었기 때문에 바울이 종에 대하여 가르치고 있습니다. 종은 직장인과는 개념이 다릅니다. 직장인은 언제든지 일을 그만둘 수 있지만, 종은 주인이 돈을 지불하고 데려온 사람이어서 주인에게 매여 있기에 함부로 떠날 수 없습니다. 주인은 종의 자유를 제한하는 권한을 행사할 수 있습니다. 물론 모든 종이 다 그런 것은 아니고 어떤 종들은 상당한 자유를 누리기도 했습니다.

"자기 상전들에게 범사에 순종하여 기쁘게 하고." 종은 주인이 원하는 대로 일해야 합니다. 물론 죄를 짓는 문제는 아무리 주인이 시킨다고 해도 따르지 말아야 합니다. 하지만 주인이 법을 어기는 것이 아니고 사리 판단에 큰 문제가 없는 한 명령에 순종해야 합니다. 바울은 예수님을 믿지만 종으로 사는 사람들은 모든 일에 주인의 지도를 잘 따르고 주인을 기쁘게 해야 한다고 말합니다. 권위에 순종하지 않는 것은 거짓 스승들의 행습입니다. 종들이 순종해야 하는 이유는 종의 신분으로 교회에 나올 수 있는 것은 상전이 베푼 은혜이기 때문입니다. 지금 바울이 디도를 통해 가르치라고 한 종들은 교회에 나왔기 때문에 가르칠 수 있는 것입니다. 또 주인이 종들을 교회에 보내준 데에는 그들이 교회에서 좋은 말씀을 듣고 자신에게 더욱 유익하게 변화되리라는 기대가 있었을 것입니다. 그러므로 교회에서는 종들에게 주인의 기쁨이 될 수 있도록 가르쳐야 하는 것입니다.

"거슬러 말하지 말며." 또 종들이 주인과 사이가 좋으면 자신의 의견을 말할 수 있게 되는데, 그것이 심해지면 주인의 말에 토를 달거나 옳고 그름을 따지고 자기 의견을 주장하여 주인의 심사를 거스르게 됩니다. 이것은 좋은 모습이 아닙니다. 이 세상의 모든 생각은 시대와 환경에 따라 좋고 나쁨이 바뀔 수 있습니다. 누가 보아도 확실하다고 생각한 일이 시간이 지나면 달라질 수도 있습니다. 예를 들어, 주인의 의견이 40퍼센트는 좋고 60퍼센트는 좋지 않은데, 종의 의견은 60퍼센트가 좋고 40퍼센트가 좋지 않을 수도 있습니다. 겨우 20퍼센트를 포기하지 않으려고 종이 자신의 의견을 굽히지 않고 주인의 계획에 반대한다면 주인과의 관계가 깨질 수 있습니다.

교회에 다니는 종들이 주인에게 순종하지 않고 거슬러 말함으로 주인이 그에 대해 좋지 않은 감정이 생긴다면 그것은 교회에도 덕이 되지 않습니다. 예수님을 믿는다고 하면서 주인의 말을 거스르거나 주인을 배척한다는 나쁜 소문이 돌게 된다면 복음 전도에 심각한 타격을 입습니다. 그것을 주의하도록 가르치는 것입니다.

10절 "훔치지 말고." 사소한 도둑질을 일컫는 규정된 용어입니다(거스리). 당시 종들 중에는 주인의 물건을 훔치는 사람들이 있었기 때문에 이렇게 가르치는 것입니다. 종들은 모든 것이 부족하고 먹는 것도 부실할 수 있습니다. 그러므로 주인 몰래 훔칠 수 있습니다. 또 출퇴근하는 종들은 가족을 먹여 살리기 위해 주인의 것을 탐낼 수 있습니다. 그것이 주로 음식일 것입니다. 음식은 먹으면 증거가 남지 않지만, 다른 물건은 증거가 남을 수 있기 때문입니다. 그러나 어떤 이유로든 어떤 물건이든 훔치지 말라고 하는 것입니다. 이는 주인의 의심을 살 것이고 언젠가 밝혀질 수 있기 때문입니다. 특히 그레데 사람들은 거짓이 많았으므로 훔치고 거짓말하는 일들이 그동안 아무 거리낌 없이 행해졌을 것입니다. 바울은 디도에게 신신당부를 합니다.

"오히려 모든 참된 신실성을 나타내게 하라 이는 범사에 우리 구주 하나님의 교훈을 빛나게 하려 함이라." 종들에게 이런 여러 가지 가르침을 주는 이유는 바로 예수 그리스도의 영광을 가리지 않게 하려는 것입니다. 우리 주님이 가르쳐주신 그대로 살아서 종들이 주인에게 신임을 받고 주인과 관계가 좋아지는 것은 바람직한 일입니다. 또 주인의 입장에서도 예수님을 믿는 종들의 진실함을 보면서 감동을 받아 예수님을 긍정적으로 생각하는 계기도 될 것입니다. 이것이 좋은 영향을 끼쳐 그 주인들은 종들의 인권을 존중해주는 좋은 주인이 되고, 더 나아가 주인과 종이 다 한 형제처럼 되기를 바라는 것입니다. 종들도 말씀대로만 살면 이 땅에서나 하늘나라에서나 훌륭한 지위를 얻을 수 있습니다.

11절 "모든 사람에게 구원을 주시는 하나님의 은혜가 나타나." 바울이 디도를 통해 종들에게 한 말은 끝난 것으로 보입니다. 이제는 교회의 전반적인 부분으로 초점이 바뀝니다. 하나님은 성별과 인종을 초월하여, 그리고 신분과 관계없이 모든 사람이 다 구원받기를 바라십니다. 천대받는 종들에게도 하나님의 은혜는 나타납니다. 종이든 주인이든 다 교회에 나와 하나님의 은혜를 받아야 합니다. 여기서 은혜가 나타났다는 것은 예수 그리스도가 이 땅에 오셨다는 뜻 깊은 말입니다. 주님이 오심으로 이 세상은 새로운 질서 속으로 들어가게 됩니다.

12절 "우리를 양육하시되 경건하지 않은 것과 이 세상 정욕을 다 버리고 신중함과 의로움과 경건함으로 이 세상에 살고." 사도 바울은 디도에게 하나님이 성도들을 훌륭하게 "양육"하려 하신다는 것을 가르쳐줍니다. 양육은 훈련을 뜻합니다. 적극적인 훈련은 경건함에 이르는 훈련입니다. 그렇게 되기 위해서는 경건하지 않은 것과 세상 정욕을 다 버리도록 하는 것입니다. 성도는 하늘나라를 바라보고 살아야 합니다. 자신이 장차 하늘나라에 갈 것이며, 주님이 재림하실 것을 믿고 기다리는 훈련을 받아야 합니다. "이 세상 정욕"은 진리를 따르지 못하는 경우에 나타나는 부패한 육체적인 욕구라고 할 수 있습니다. 성도에게 요청되는 것은 신중함입니다. 이는 영적으로 깨어 있어서 마음과 정서의 균형이 잘 잡힌 상태입니다. 성도는 하나님 앞에서 사는 것처럼 의롭고 경건함으로 바르게 사는 모습을 이 세상 사람들에게 보여주어야 합니다. 경건함은 하나님 앞에서 단정히 서 있는 것입니다. 이렇게 사는 것이 신성한 성품에 참예하는 길입니다. 특히 지도자인 디도는 그렇게 되어야 합니다.

13절 "복스러운 소망과 우리의 크신 하나님 구주 예수 그리스도의 영광이 나타나심을 기다리게 하셨으니." 12절에서는 은혜의 나타나심이 현세에 관한 것이었다면, 여기에서는 두 번째 나타나심인 재림과 연관이 있습니다(렌스키). "복스러운 소망"은 성도가 내세에 받을 것을 총칭한 것입니다. "그리스도의 영광의 나타나심"은 그리스도의 재림을 가리킵니다. 성도들은 이 땅에 살지라도 주님의 재림을 기다리며 살아야 합니다. 성도의 소망은 복스러운 소망입니다. 또한 그리스도가 성도와 교회 위에 나타나십니다. 이 영광은 주님의 재림으로 나타나지만, 주님의 몸 된 교회에서 신앙생활을 할 때에도 예수 그리스도의 영광이 나타날 때가 있습니다. "나타나심을"이라고 한 것은 주님이 믿음의 사람들과 함께하시고, 몸 된 교회와 함께하시며, 성도의 기도를 들으심을 말합니다. 이런 은혜를 각자가 삶에서 기다리는 것입니다. 다른 사람의 체험을 듣는 것이 아니라 자신에게, 자신의 가정에 주님이 나타나시는 것을 체험해야 합니다. 예수 그리스도의 영광이 우리가 머무는 모든 곳에서 나타나는 경험을 해야 합니다.

14절 "그가 우리를 대신하여 자신을 주심은." 주님이 이 땅에 오셔서 우리의 죄를 용서하시고 우리를 구원하셨습니다. 성도의 일은 예수님을 믿는 것으로 끝이 아닙니다. 교회에 나오는 것으로, 교회에서 충성하는 것으로 할 일을 다 한 것이 아닙니다.

"모든 불법에서 우리를 속량하시고 우리를 깨끗하게 하사." 주님의 희생을 나타내고 있습니다. 주님은 성도의 죄를 용서해주시고, 또 그것을 통해 그들이 각자 자신을 깨끗하게 할 수 있도록 하는 것이 주님의 목적입니다. 이는 성도가 범한 모든 불법에서 용서받을 때 가능합니다. 성도가 불법을 행하면 마귀의 종이 되지만, 주님의 십자가 사역은 성도를 마귀의 종이라는 매임에서 풀어줍니다. 성도는 하나님 앞에서 깨끗하게 되어 하나님의 사랑을 받아야 합니다. 나라와 민족, 가문과 가정, 그리고 우리 자신의 죄를 진심으로 회개할 때 용서받고 깨끗해집니다. 이렇게 할 때 수준 높은 성화를 이루어갈 수 있습니다. 청소를 잘 하지 않는 집은 먼지가 가득 쌓여 사람이 살기 힘듭니다. 깨끗한 것이 좋은 것이고, 특히 손님이 오면 깨끗하게 청소하는 것이 당연합니다. 무엇보다 마음을 깨끗이 하고 영적으로 깨끗하게 하는 것이 중요합니다. 나와 세대와 가문을 영적으로 깨끗하게 청소해야 합니다. 성도라 할지라도 세대의 죄가 끼치는 영향을 많이 받으므로 특히 세대의 죄를 많이 회개해야 합니다. 또한 민족의 죄를 회개할 수 있다면 결과가 더욱 좋습니다.

"선한 일을 열심히 하는 자기 백성이 되게 하려 하심이라." 하나님의 은혜가 나타나는 목적은 하나님의 선한 일을 하기 위함입니다. 자신을 깨끗하게 하지 않으면 주님이 선한 일을 맡기지 않으십니다. 하나님은 당신의 백성이 선한 일을 열심히 하기 바라십니다. 그것은 회개가 전제 조건입니다. 회개하는 것으로도 끝이 아닙니다. 선한 일이 나타나야 합니다. 깨끗하지 않아서 악한 영이 우리를 막고 있으므로 선한 일을 할 수 없었지만, 깨끗하게 되어 방해하는 세력이 없어지면 선한 일을 하게 됩니다. 선한 일을 해야만 주의 마음에 드는 백성이 되며, 이 땅에서와 하늘나라에서 복을 받을 수 있습니다. 결국 하나님께 쓰임받지 못하고 있다면 아직 충분한 회개가 되지 않았고, 깨끗해지지 않았기 때문인 것을 깨달아야 합니다.

하나님은 준비된 만큼 쓰시는데 지식만 준비해서 되는 것이 아닙니다. 교회 지도자는 영적인 준비가 더 중요합니다. 하나님의 일을 잘하려면 하나님을 가까이하고, 하나님을 많이 알며, 자신을 깨끗하게 하고, 또 영적인 실력도 쌓아야 합니다. 하나님 나라를 위해 일할 사람은 준비할 것이 많습니다.

우리는 대개 자신의 일을 열심히 하는 사람을 볼 때 매력을 느낀다고 합니다. 옆에서 이름을 불러도 모를 정도로 집중해서 일하는 모습을 보면 존경스럽기까지 합니다. 그가 하는 일이 가정을 위한 일이고 생산적인 일일 때 모두에게 기쁨을 줄 것입니다. 우리 주님도 성도가 선한 일을 열심히 할 때 기뻐하실 것입니다. "자기 백성이." 이는 하나님의 은혜로 특별히 선택된 백성을 의미합니다(거스리). 하나님은 하나님의 일을 열심히 하는 자기 백성을 지금도 찾고 계십니다.

15절 "너는 이것을 말하고 권면하며 모든 권위로 책망하여 누구에게서든지 업신여김을 받지 말라." 바울은 디도에게 교회에 이것을 말하기도 하고 권면하기도 하며 책망도 하라고 했습니다. 책망은 하나님의 말씀과 함께할 때 권위가 섭니다. 목회자는 성도들에게 가르칠 것을 가르쳐야 합니다. 무엇보다 성도에게 업신여김을 받으면 안 됩니다. 업신여김을 받는 것은 여러 가지가 있는데, 실력이 없거나 인격이 부족하거나 지나치게 가난해서 업신여김을 받을 수 있습니다. 무엇보다 성도들에게 진리를 잘 가르치고 잘 권면하면 존경받을 수 있습니다. 목회자가 하나님이 주신 권위로 진리에 서 있지 않은 성도들을 책망하고 지도해야 지도자로서 업신여김을 받지 않습니다. 바울은 하나님의 일을 하는 사람이 업신여김을 받는 경우가 있었기 때문에 이 말을 했을 것입니다. 우리 자신이 업신여김을 받고 있는지, 만약 그렇다면 사람들이 공연히 업신여기는 것인지, 아니면 그럴 만한 부족한 요소가 있는 것인지, 있다면 어떤 부분인지 돌아보아야 합니다. 만일 누군가 디도를 업신여기려고 한다면 디도는 하나님이 자신을 인치시고 부르셨다는 것을 강조해야 합니다(참조. 딤전 4:12).

3장

중생의 씻음과 성령의 은혜

앞에서 "너는 이것을 말하고 권면하며 모든 권위로 책망하여 누구에게서든지 업신여김을 받지 말라"라고 하였는데 이제 성도들에게 권면해야 할 내용을 알려주고 있습니다.

1절 "너는 그들로 하여금." 그들은 신자들을 말합니다. 우리는 성경을 볼 때 그것을 모든 시대의 성도에게 주시는 말씀으로 받지만, 구체적으로 연구할 때는 누가 누구에게 말했는지가 중요합니다. 이 글은 사도 바울이 디도에게 하신 말씀으로 그레데 교회의 성도들에게 가르치라고 주신 말씀입니다. 성경을 연구할 때 모두 다 자신에게 하신 말씀이라고 받을 수는 없습니다. 베드로에게 천국열쇠를 주겠다고 하신 주님의 말씀은 베드로에게 해당하는 말씀입니다. 그래서 성경을 볼 때 누가 누구에게 말한 것인지를 꼭 살펴보아야 합니다. 우리 자신에게 그대로 적용할 수 없는 구절도 있습니다. 이 구절도 마찬가지입니다. 성도들은 이차적으로

이 말씀이 나와 어떤 관계가 있는지를 살펴보고 영적 은혜를 받으면 됩니다.

"통치자들과 권세 잡은 자들에게 복종하며 순종하며 모든 선한 일 행하기를 준비하게 하며." 바울은 디도에게 그레데 사람들이 통치자와 권세 잡은 자에게 복종하고 순종하며 모든 선한 일을 행하도록 준비시키라고 말합니다(참조. 롬 13장). 여기서 복종, 순종, 선한 일을 행하는 것은 다 같은 의미입니다. 그렇게 말한 이유는 그레데 사람들이 통치자들과 권세 잡은 자들에게 복종하고 순종하지 않았기 때문입니다. 그동안 잘하고 있었다면 굳이 하라고 말할 이유가 없습니다. 하나님의 백성은 하나님의 통치만 받는 것이 아니라 육신 생활의 영역을 위해서 세상 정치의 통치도 받아야 합니다. 즉 영적인 특권을 소유한 자라도 그것을 피하거나 약화시키는 것이 아니라 더욱 확실하고 강하게 만들어주어야 합니다(매튜 헨리).

어느 나라든 섬사람들의 일반적인 특징이 있다고 합니다. 이는 대륙에 사는 사람들이나 반도에 사는 사람들과는 다른 특징입니다. 사람은 살고 있는 지역의 영향을 받기 때문입니다. 그런데 그레데 사람들은 지역의 지도자이든 대륙의 통치자이든 그들의 말을 잘 따르지 않았습니다. 그리고 순종하지 않으려고 온갖 거짓말을 했습니다. 거짓말을 많이 하는 사람은 비방하고 불평하는 등 입으로 죄를 많이 짓습니다. 그들이 통치자들을 향하여 많은 비방과 모독을 했을 것이므로 바울은 통치자들에게 복종하라고 가르친 것입니다. 불의한 통치자라면 모르지만 그렇지 않다면 잘 따르는 것이 마땅한데, 그들은 그렇게 행하지 않았을 것입니다. 성도가 정치 지도자들의 지도에 순종하는 것이 하나님의 뜻입니다. 다만, 만일 그 명령이 하나님의 뜻과 어긋난다면 불복종할 수 있습니다. 또한 성도는 늘 선한 일을 행할 마음의 준비를 해야 합니다. 성도의 손길을 기다리는 곳은 얼마든지 있습니다.

2절 "아무도 비방하지 말며 다투지 말며 관용하며." 바울은 디도에게 그레데 사람들을 잘 가르쳐서 그들이 기억할 수 있도록 하라고 하였습니다. 성도이든 불신자이든 그레데 사람 모두를 포함합니다. 그레데 사람들이 기억해야 하는 것은 먼저 "아무도 비방하지 말며"입니다. 성도는 다른 사람을 함부로 비방하면 안 됩니다. 그들은 평상시 비방을 많이 했기 때문에 이것을 꼭 기억해야 했습니다. 누구든 옳고 그름을 분별하여 판단을 내릴 수 있습니다. 그러나 비방은 잘잘못을 구분하기 전에 잘 알아보지 않고 상대를 깎아내리기 위해 하는 악의적인 말입니다. "다투지 말며." 그들은 만나면 잘 싸우고 다투었습니다. 상대를 비방하면 그 당사자이든 그를 지지하는 사람들이든 자연스럽게 다툼이 일어납니다. 이것은 교회 안에서나 밖에서나 금지해야 할 일입니다. 특히 이방 사람들과의 대화에서 그들이 무례하게 말할 수 있습니다. 그들이 교회나 예수 그리스도에 대해 근거 없는 비난을 하더라도 싸우는 듯이 대하면 복음 전파에 손실이 됩니다.

"범사에 온유함을 모든 사람에게 나타낼 것을 기억하게 하라." 거짓말을 잘하는 그레데 사람들이 교회에 나오는 것이기 때문에 더욱 잘 가르쳐야 한다는 것입니다. 아무리 그레데 지역의 특성이 좋지 않더라도 교회에 나왔으면 좋은 방향으로 변화되어 그곳 사람들과는 다른 모습으로 살아야 합니다. 그래서 관용해야 합니다. 즉 남의 잘못과 허물을 긍휼한 마음으로 대해야 합니다. 그리고 비방과 다툼이 아니라 어떤 문제점이 발견되더라도 온유한 마음으로 해결해야 합니다. 특히 교회 밖의 사람들에 대해 부드러운 태도를 보여야 합니다. 그렇게 했을 때 세상은 성도들을 인정합니다. 성도든 성도가 아니든 이것은 그레데 사람들이 꼭 실천해야 할 일이고, 오늘날 모든 성도가 행할 일입니다.

3절 "**우리도 전에는.**" 이것은 바울이 자신을 가리켜 한 말입니다. 바울도 과거를 들추어내면 부끄러운 일이 한두 가지가 아닙니다. 특히 영적으로 무지했습니다. 여기에는 그레데에서 예수 그리스도를 구주로 믿는 사람들이 포함됩니다.

"**어리석은 자요 순종하지 아니한 자요.**" 어리석은 자란 하나님이 없다고 하며 영적 사실에 무감각한 자를 가리킵니다(시 14:1). 바울은 예수님을 만나기 전에는 그리스도를 알지 못한 어리석은 자였습니다. 예수님이 오신 것과 죽으신 것과 부활하신 것을 믿지 않고 스데반과 많은 믿음의 성도를 핍박하였습니다. 자신이 그렇게 어리석게 살았다고 고백하는 것입니다. 바울은 예수님을 알아보지 못했습니다. 예수님이 진정한 대제사장으로서 희생양으로 이 땅에 오신 것을 몰랐습니다. 그래서 주의 말씀에 순종하지 않았고 사도들의 말에도 순종하지 않았습니다. 그레데 성도들도 이렇게 어리석은 삶을 살아온 것입니다.

"**속은 자요.**" 바울은 자신이 속았다고 하였습니다. 구약의 잘못된 가르침을 주던 스승들에게 속았다는 것입니다. 그레데인들도 악한 자와 마귀에게 속은 자라고 할 수 있습니다(헨드릭슨). 무엇을 속고 있는지도 모르는 사이에 깜박 속는 경우도 허다합니다. 물론 종교 지도자들과 거짓 지도자에게도 속았습니다. 역시 대부분의 성도가 고백할 부분입니다.

"여러 가지 정욕과 행락에 종 노릇 한 자요 악독과 투기를 일삼은 자요 가증스러운 자요 피차 미워한 자였으나." 이것도 바울이 그렇게 살았음을 고백하는 것입니다. 바울도, 성도들도 여러 가지 정욕에 빠졌었고, 행락의 종이 되어 살아왔습니다. 악독을 품고 살았고, 투기 곧 시기와 질투 속에 살았습니다. 가증스럽게 살았던 전적도 있습니다. 그리고 피차 화목하지 못하고 미워했습니다. 이것은 상대를 혐오한다는 말로, 점점 나락으로 떨어지는 느낌을 줍니다. 바울은 말하기조차 부끄러운 삶을 살았고, 성도들도 모두 그렇게 산 것입니다. 지금은 예수 그리스도를 믿는다고 하지만, 실상은 더럽고 깨끗하지 못한 출신들입니다.

4절 "우리 구주 하나님의 자비와 사람 사랑하심이 나타날 때에." 바울은 자신의 구원관을 말하고 있습니다. 구원받는 과정은 먼저 하나님의 자비와 사랑이 나타나야 시작됩니다. 예수 그리스도가 다메섹 도상에서 바울에게 나타나신 것을 염두에 둔 말입니다. 그리고 성도들 각자에게 사랑의 은혜를 베푸신 것을 뜻하는 것입니다.

5절 "우리를 구원하시되 우리가 행한 바 의로운 행위로 말미암지 아니하고." 바울은 성도가 의로운 행위를 하면 구원받을 수 있고, 의로운 행위를 하지 않으면 구원받을 수 없는 것이 아니라고 말합니다. 즉 자신과 그레데 교회 성도들의 행위가 구원의 근거가 아니라는 것입니다. 의로운 행위란 모세의 율법을 지키는 것입니다(거스리). 자기의 행위로 인해 구원받을 수 있는 사람이 있을지 의문입니다.

"오직 그의 긍휼하심을 따라 중생의 씻음과 성령의 새롭게 하심으로 하셨나니." 바울은 예수 그리스도가 오신 후에 자신이 중생의 씻음, 성령의 새롭게 하심으로 씻어졌다고 말합니다. 중생에는 회개가 동반됩니다. 깊은 회개가 없으면 중생을 체험했다고 할 수 없습니다. 중생의 체험을 한 사람 대부분은 깊은 죄의식을 가지고 통회하고 자복하는 시간을 갖습니다. 바울도 그런 체험을 했을 것입니다. 그러므로 자신의 죄를 깨닫지 못하면 중생할 수 없습니다. 죄를 깊이 깨닫고 주님의 은혜가 아니면 나 같은 죄인은 구원받을 수 없다는 절박한 마음이 있어야 합니다.

여기서 바울은 중생과 성령의 역사를 분리하여 말하고 있는데, 성령이 오셔야 중생이 이루어집니다. 또한 성령이 임하셔야 죄에서 떠나 새로운 길로 출발하게 됩니다. 중생의 체험이 있다고 구원이 종결된 것이 아니고 성령의 새롭게 하심이 계속해서 있어야 합니다. 성령의 인도하심, 새롭게 됨이 지속적으로 나타나야 구원의 여정을 성공적으로 마칠 수 있습니다. 이렇게 되려면 날마다 죄 씻음의 회개를 해야 합니다. 회개할 때 성도의 몸과 마음이 새로워질 수 있습니다. 내 몸, 그리고 환경 속에도 죄가 있고 악한 영들이 있으므로 회개를 통해 씻어내야 합니다. 즉 바울과 그레데의 성도들이 하나님의 은혜로 구원받았으므로 그레데의 불신자들을 무시하거나 나무라지 말라는 것입니다. 하나님의 은혜가 아니면 이 세상 누구도 걸인보다 못한 버림받는 자가 됩니다. 하나님은 인간의 옛 본성을 손보신 정도가 아니라 아예 새로 만드신 것입니다(요한 크리소스토무스).

6절 "우리 구주 예수 그리스도로 말미암아 우리에게 그 성령을 풍성히 부어 주사." 사도 바울은 성령의 풍성함, 다른 말로 '성령의 충만함'이 있어야 한다는 것을 가르치고 있습니다. 렌스키는 이 말씀이 세례받을 때 성령을 부어주시는 것을 의미한다고 합니다. 하지만 바울은 아마도 이때 오순절 성령 강림을 회상했을 것입니다. 초대교회에 강력한 성령의 임재가 있었던 것입니다. 어느 시대이든 성령이 나에게 역사하셔서 성령의 충만한 부어짐을 경험해야 합니다. 하나님은 간구하는 자에게 아낌없이 풍성히 주십니다. 이 모든 것의 주도권도 주님이 갖고 계십니다. 성령의 충만한 삶은 정말 축복되고 영광스러운 신자의 삶입니다. 바울은 그레데 교회 성도들에게 이러한 은혜가 있기를 바라고 있습니다. 우리는 받은 은혜가 있을 때 겸손해야 합니다.

7절 "우리로 그의 은혜를 힘입어 의롭다 하심을 얻어." 바울이 말하는 순서를 잘 보아야 합니다. 바울이 여기서 말한 의롭다 하심을 얻는 것은 중생과 동시에 일어나는 일이 아닙니다. 중생의 씻음과 성령의 새롭게 하심, 성령의 풍성히 부어주심 다음에 그분의 은혜를 힘입어 의롭다 하심을 얻는 순서입니다. 성도가 예수님을 믿으면 여기서 나타나는 영적 과정이 필요한 것입니다. 예수님을 믿는 순간 완전히 의롭게 되는 것이 아니고 의로움의 씨앗이 가슴에 심어진 후, 열심히 회개하고 성령의 풍성함을 받아 살다 보면 어느 시점에 주님이 의롭다고 선언하실 만한 수준이 되는 것입니다. 더 깨끗해질수록 더 깊은 의로움을 지닌 성도가 됩니다. 그리스도 안에서 의롭게 되는 신비로운 과정을 쉽게 말할 수 없지만, 이 글을 잘 이해하면 됩니다.

"영생의 소망을 따라 상속자가 되게 하려 하심이라." 주님이 성도들에게 원하시는 것은 주님의 상속자가 되는 것입니다. 상속자는 호적에 오르고 부모의 인정을 받아 친아들이 되는 것입니다. 성도는 주님의 상속자, 즉 재산과 가문의 영광을 물려줄 수 있는 의로운 사람이 되어야 합니다. 하나님과 친밀하고 하나님을 닮은 사람이 되어야 합니다. 성도가 의로운 사람으로 인정받은 후에 어느 시점에 하나님이 상속자로 삼아주시는 것입니다. 상속자는 엄밀한 의미에서 아직은 소유권자가 아닙니다(거스리). 교회에 나오는 시점과 하나님을 믿는다고 고백하는 순간에 바로 상속자가 되는 것이 아닙니다. 하나님이 원하시는 성도의 수준은 하늘나라의 상속자입니다. 성도는 그렇게 되기 위해 하늘의 은혜를 받아야 하고 잘 준비되어야 합니다. 그렇게 되려면 지속적으로 중생과 성령의 새롭게 하심과 성령의 충만함과 주의 은혜를 받아 의롭다 하심을 얻어야 합니다. 그리고 영생의 소망이 이루어지는 과정이 끊임없이 지속되어야 합니다. 정말 구원을 받았다면 저 하늘에서 영원히 사는 것이 믿어져야 하고, 하늘을 바라보며 살아야 합니다. 그런 사람은 생명책에 이름이 기록됩니다.

바울은 디도에게 이 말씀들을 그런데 사람들에게 잘 전해주라고 하였습니다. 아마도 그런데 사람들이 진리에 반대되는 생활을 하고 있었기 때문에 그렇게 말한 것으로 보입니다.

그런데 사람들은 지도자들에게 불순종하고 비방하는 사람들이었습니다. 어느 시대이든 성도들은 자신도 그렇지 않은지 스스로 돌아보아야 합니다. 지역색에 빠져 함부로 다른 지역의 지도자들을 비판적인 시각으로 보거나, 객관적 사실에 근거하지 않은 비방을 하는 것은 아닌지 자신을 돌아보아야 합니다. 성도들은 지도자의 가르침을 냉정하게 판단해보고 하나님의 말씀에 합당하면 따라가고, 합당하지 않으면 돌아서야 합니다. 그리스도의 교훈에서 떠난 자들도 있기 때문입니다. 또 구원에 대해서도 한두 번 은혜를 체험한 것으로 만족하지 말고 날마다 깊은 회개를 하고 하나님의 말씀에 순종해야 합니다. 하나님은 거룩한 하늘나라를 아무에게나 상속하지 않으십니다. 늘 회개하고, 성령을 의지하며, 날마다 주님을 의지하고, 구원을 이루어가는 하늘나라의 상속자가 되어야 합니다.

이단에 속한 사람

8절 "이 말이 미쁘도다 원하건대 너는 이 여러 것에 대하여 굳세게 말하라." 여기서 "이 여러 것"은 앞에 나온 4절부터 7절까지의 내용으로, 바울은 디도에게 권하기를 거짓 교사들에게 이를 굳세게 말하라는 것입니다. 바울은 앞에서 가정에 대해, 그레데 사람들의 특징에 대해, 구원에 대해 여러 이야기를 디도에게 해주었습니다. 특히 구원은 하나님의 은혜로 중생, 회개, 성령의 새롭게 하심, 의롭게 됨 등을 거쳐서 이루어진다는 진리에 대해 위축되지 않고 굳세게 말해야 한다는 것입니다. 상대방이 어떻게 받아들일지에 대해, 그로 인해 교회에 미치는 부정적일지 모르는 영향에 대해서 염려할 수 있습니다. 그러나 하나님의 사람은 하나님만 바라보고 달려가야 합니다. 하나님의 뜻대로 행하면 하나님이 뒤처리를 하십니다. 바울은 디도가 사역했던 그레데 사람들의 삶에 문제가 많았기 때문에 진리를 전하면서 굳세게 말해야 한다고 가르치는 것입니다.

성도는 자신이 어디에 속해 있는지를 아는 것이 중요합니다. 성도는 육신적으로 이 나라에 속해 있습니다. 때문에 이 나라 국민으로서 모든 의무와 권리를 가집니다. 그러나 실제적으로는 하늘나라에 속한 사람이라는 것을 분명히 알아야 합니다. "우리의 시민권은 하늘에 속"해 있으므로(빌 3:20) 이 땅의 법을 준수하지만, 하나님의 뜻과 정부의 명령이 충돌한다면 성도는 하나님의 뜻을 따를 수밖에 없다는 것을 확실히 해야 합니다. 그래서 성도들은 하나님의 사람으로서 이 땅의 어떤 환경에서도 절대 위축되면 안 됩니다.

"이는 하나님을 믿는 자들로 하여금 조심하여." 하나님을 믿는 자들은 선한 일을 하는 데에도 조심해야 합니다. 하나님의 말씀에서 벗어나거나, 불순종하거나, 세상을 따라가고 있지 않은지 조심스럽게 살펴보아야 합니다. 예수님을 믿는 사람은 교회를 다니는 것으로 할 일이 끝난 것이 아니라 이 세상에서 어떤 모습으로 살아갈 것인지 생각해야 합니다. 생각 없이 세상을 따라가고 세상 방식을 따라 행동하지 말라는 것입니다.

"선한 일을 힘쓰게 하려 함이라." 조심하는 이유는 성도의 목표가 선한 일에 힘써야 하기 때문입니다. 예수님을 믿는 사람은 이런 의식으로 무장해야 합니다. 하나님을 섬길 때 최선을 다하는 모습을 보여주어야 합니다. 강하고, 담대하게 말하며, 행동하고, 선하게 살아야 합니다. 최고의 선은 하나님께 있습니다.

"이것은 아름다우며 사람들에게 유익하니라." 하나님을 굳게 믿고, 복음을 전하며, 선한 일에 힘쓰는 것이 아름다우며, 사람들에게 유익하다는 것입니다. 그것은 성도들에게도 유익하고, 그런 성도들이 있는 지역과 나라에 유익한 것입니다. 예수님을 믿는 사람들이 있는데도 유익이 없다면 복음이 전파되지 않은 것입니다. 우리나라의 복지 센터나 어려운 이웃을 돕는 기관이나 단체들은 거의 대부분 기독교 계통에서 운영하고 있다는 통계를 보면서 자랑스럽게 생각해야 합니다. 또 정신적 치료를 위한 병원 운영자들의 상당수가 그리스도인입니다. 그들이 운영하는 병원이나 단체는 대한민국에 크게 공헌하고 있습니다. 사학도 기독교 계통이 많습니다.

기독교에서 이런 여러 가지 좋은 일을 하지만, 가끔 언론에 교회와 지도자들을 비판하는 기사가 나오는 것을 보며 우리는 행동을 조심해야 합니다. 하지만 교회의 잘못보다는 기독교에 대한 반감을 가진 언론과 정권의 편향된 의견은 아닌지 생각해봅니다. 개신교가 우리나라에 많은 선한 영향력을 끼치고 많은 유익을 주고 있다는 것을 알아야 합니다. 교회는 지역에 유익을 주어야 하고 실제로도 그렇습니다. 한국교회가 한국사회의 유익을 위하여 많은 수고를 했다고 생각해도 틀리지 않습니다.

9절 "그러나 어리석은 변론과 족보 이야기와." 디모데전서 1장 4절에서도 이와 비슷한 내용이 나타나는 것으로 보아 에베소와 그레데가 비슷한 상황에 놓여 있는 듯 보입니다. 사람들이 하나님이 가르쳐주시지 않은 내용들에 대해 자신의 상상과 추측성 이론으로 주장합니다. 이런 쓸데없는 변론이 교회 안에서 많이 벌어졌다는 것입니다. 또 족보 이야기를 많이 했습니다. 각 지역마다 유대인을 중심으로 이런 이야기를 하는 사람들이 있었던 것입니다.

"분쟁과 율법에 대한 다툼은 피하라." 사도 바울은 율법에 대해서도 가르쳐준 것들이 있습니다. 유대인들은 신약 시대에 들어와서도 할례와 결례, 그리고 어떤 음식물은 섭취할 수 없다는 등의 주장을 했습니다. 바울이 가르쳐준 대로 실천하면 되는데 시비를 걸고 따르지 않는 사람들이 있었던 것입니다. 그래서 자연히 다툼이 일어났지만, 바울은 이런 이유로 인한 다툼을 피하라고 했습니다. 교회 안에서, 교단 안에서, 교계 안에서 가능한 한 분쟁을 피해야 합니다. 서로 양보하고, 손해를 보더라도 희생하면 분쟁을 피할 수 있습니다. 근거가 빈약하고 회개하지 않아 영적으로 취약한 상태에서 자신의 의견을 강하게 주장하면 싸움이 날 수밖에 없습니다.

"이것은 무익한 것이요 헛된 것이니라." 성경적인 명확한 근거 없이 서로 옳고 그름을 따지는 것은 시간이 지나면 다 유익하지 않고 헛되다는 것입니다. 어린아이의 신앙을 가진 사람들이 미성숙하여 비중이 크지 않은 내용을 두고 목숨 걸고 싸우기도 합니다. 진리는 양보할 수 없지만, 여러 개 중 하나를 선택할 수 있는 경우에는 최선이 아니면 차선을 선택할 수 있습니다.

10절 "이단에 속한 사람을." 교회 안에 이단에 속한 사람이 있습니다. 이단은 진리를 왜곡하는 악한 사람들입니다. 그들은 헛된 교리를 만들고, 또 그것으로 무리를 형성하는 자들입니다. 성도는 그들을 멀리하는 것이 당연합니다. 박윤선은 "우리 교회 안에는 이단이 아닌데 성경을 잘 몰라서 이단적 발언을 하는 사람들이 있기 때문에 그런 사람들을 이단으로 배척하지 말고 성경의 진리를 잘 가르쳐주어야 한다"고 하였습니다. 모르고 한 일에 대해서는 가르치고 권고하며 회개하게 해야 합니다. 함부로 이단으로 규정하여 배척하는 것은 그를 구원에서 쫓아내는 일입니다. 성도에게는 그런 권한이 없습니다. 누군가에게 이단이라고 말하는 것은 그가 천국에 갈 수 없다고 단정하는 것인데, 누가 천국 백성인지 아닌지를 우리가 알기는 어렵습니다. 만일 하나님이 그를 천국 백성으로 보고 계시는데 내가 자의적으로 그를 이단으로 정죄한다면 하나님은 도리어 나를 정죄하실 것입니다. 교회 안에서 이단이라는 말을 너무나 많이 사용하는 것은 문제입니다. 누가 보아도 인정할 만한 이단들은 드러나 있기 때문에 그들을 배척하는 것은 맞지만, 성경 해석에 약간의 문제가 있거나, 무지한 상태에서 고집을 피우거나, 세계관과 삶의 시각이 다르다고 해서 다 이단이라고 규정하는 것은 위험합니다. 바른 가르침을 주어도 거부하고 회개를 거부한다면 그때는 이단이라고 해도 무방합니다. 실제로 여기에서 "이단"(헬라어로 하이레티코스)은 오늘날의 이단을 가리키는 것이 아니라, 성도 중에 고집불통으로 다른 사람들이 동의할 수 없는 말을 주장하는 자로 볼 수 있습니다.

"한두 번 훈계한 후에 멀리하라." 바울은 로마서 16장 17-18절에서는 "그들에게서 떠나라"고 하였습니다. 여기에서는 멀리하라고 말합니다. "한두 번의 훈계"란 가볍게 가르침을 주는 것이 아닙니다. 한 번을 하더라도 진실하게 잘 권고해야 하고, 만약 그렇게 해도 거부한다면 할 수 없이 멀리하는 것입니다. 진정한 권고가 있어야 하고, 또한 권고하는 사람이나 단체는 사랑과 함께 신학적, 지식적, 인격적 소양을 갖추어야 합니다. 그리고 반론의 기회도 충분히 주어야 합니다. 이러한 절차 없이 성급하게 형제를 공동체에서 끊어내는 것은 큰 죄입니다. 우리는 예수 그리스도가 이단 취급을 받으셨다는 것을 항상 기억해야 합니다. 어느 시대나 썩은 종교 지도자들이 있습니다. 한번 이단적 사상이 들어가서 고집불통이 되면 쉽게 고쳐지지 않는 부분이 있습니다. 그러므로 서로서로 조심하고 열매를 지켜보면서 겸손히 사는 것입니다.

11절 "이러한 사람은 네가 아는 바와 같이 부패하여 스스로 정죄한 자로서 죄를 짓느니라." 렌스키는 잘못을 했으면서도 지도자의 권위를 무시하고 그대로 버티는 자는 죄를 짓는 자라고 했습니다. 이단적 행위를 하는 그들은 스스로 죄를 뒤집어쓰고 망할 길로 달려가는 자입니다. 잘못 가르치는 것에 더하여 자신이 하나님이라고 하는 사람도 있는데, 그런 자는 이단의 괴수입니다. 이런 사람은 어느 시대나 교회 안팎에 있습니다. 그러므로 자신이 하나님이라고 하는 사람을 추종하는 자도 이단입니다. 자신이 하나님이고 예수님이고 성령님이라고 하거나, 교회도 필요 없고 성경도 필요 없다고 하는 사람은 확실히 지옥 자식입니다. 이단은 조금만 시간이 지나도 그 더러운 정체가 드러납니다.

마지막 인사

12절 "내가 아데마나 두기고를 네게 보내리니." 예수님의 열두 제자가 있고 칠십 문도가 있습니다. "아데마"는 칠십 문도 중 한 명이라는 전설이 있습니다(룩크). 이 칠십 문도의 명단을 알 수 없지만, 그들은 주의 나라를 위해서 열심히 일한 사람들입니다. 지금 우리가 보고 있는 성경의 여러 서신을 전달한 "두기고"는 바울이 신뢰하였던 최측근의 인물입니다. 그는 사도 바울과 함께 여행했고(행 20:4), 주 안에서 진실한 자란 말도 들었습니다(엡 6:21). 바울은 그런 아데마와 두기고 중에서 한 사람을 보내주겠다고 디도에게 말했습니다. 그런데 바울은 두 사람 중 한 명을 결정하지 못한 상태에서 편지를 보냅니다. 디모데후서 4장 2절은 두기고가 에베소로 보내졌다고 기록합니다. 그러므로 아데마는 그레데로 보내졌습니다(마운스).

"그 때에 네가 급히 니고볼리로 내게 오라 내가 거기서 겨울을 지내기로 작정하였노라." 바울은 디도에게 니고볼리로 오라고 하였습니다. 마게도냐의 니고볼리는 겨울철에 따뜻한 지역이기 때문에 사도 바울은 거기서 겨울을 보낼 것이라고 말한 것입니다. 니고볼리는 그 당시 발달한 도시였을 것입니다.

13절 "율법교사 세나와 및 아볼로를 급히 먼저 보내어." 바울은 또 사람을 보낸다고 했습니다. 율법교사 "세나"는 율법을 잘 알고 있었기에 유대인들에게 필요한 사람이었을 것입니다. "아볼로"는 바울보다도 설교를 잘했던 것으로 알려진 유명인사입니다. 아볼로는 훌륭한 설교자이며 인품도 좋고 외모도 좋아서 초대교회에서 상당히 인기가 있었던 것으로 보입니다(행 18:24). 아볼로는 복음을 잘 이해했기에 성도들이 쉽게 받아들일 수 있는 설교를 했을 것입니다. 한 사람이 모든 분야를 다 잘하기는 어렵기 때문에, 각 분야별로 인재가 필요합니다. 율법을 잘 아는 세나는 유대인들에게 설득력이 있었고, 복음을 전하는 설교를 잘하는 아볼로는 그 교회 성도들에게 도움이 될 수 있으므로 바울은 그들을 디도가 사역하는 그레데에 속히 보냈습니다.

"그들로 부족함이 없게 하고." 그래서 바울은 그레데의 성도들에게 그들을 영접하는 데 부족함이 없게 하라고 하였습니다. 지도자를 잘 섬기는 것은 당연합니다. 바울은 복음전도자의 생활에 관심을 갖습니다.

14절 "또 우리 사람들도 열매 없는 자가 되지 않게 하기 위하여 필요한 것을 준비하는." 바울은 디도에게 보내는 지도자들이 그곳에서 사역하면서 필요한 것들이 있을 것이라 생각하고 말합니다. 사역자는 사역을 하면서 생활비가 필요합니다. 그래서 바울은 디도가 그들의 필요한 생활비를 잘 준비해주어야 그들이 생계를 걱정하지 않고 열심히 사역할 수 있다는 것을 알려줍니다. 하나님의 복음을 증거하는 사역자들이 생활에 얽매이거나, 물질적으로 어렵거나, 건강, 가족 부양, 사회 조직 등에 매여 있다면 복음을 위해서 온전히 일하기가 힘듭니다. 마음이 나뉘고 신경이 분산되면 열매를 맺기가 어렵습니다. 그래서 그런 것을 잘 배려해주어야 합니다. 바울은 천막 만드는 일로 사역에 필요한 재원을 마련하면서 사역한 적이 있습니다. 그러므로 생활비를 벌면서 사역하는 고충을 잘 알았기 때문에 이렇게 사역자들을 배려해주도록 이야기한 것으로 보입니다.

사실 성도들이 사역자들의 필요를 준비해주는 것은 사역자에게만 유익한 것이 아니라 성도에게도 유익합니다. 성도의 영적 성장을 위해서 사역자가 전념할 수 있기 때문입니다. 사역자가 불필요한 데 신경 쓰지 않고 성도의 영혼을 위해 말씀을 전하고 영적인 공급을 위해 힘쓰면 성도에게 큰 유익이 됩니다.

"좋은 일에 힘 쓰기를 배우게 하라." 또 바울은 성도들이 사역자의 필요를 채우는 것은 좋은 일이고, 그 좋은 일에 힘쓰는 것을 성도들이 배워야 한다고 말합니다. 사역자는 성도들이 좋은 일에 힘쓸 수 있도록 가르쳐야 합니다.

15절 "나와 함께 있는 자가 다 네게 문안하니." 바울의 곁에 있는 사람이 누구이며 몇 명인지 알 수 없지만, 바울을 돕는 사람은 여러 명이 있었습니다. 그들도 바울 옆에서 바울의 이 서신이 그레데 사람들에게 유익이 될 수 있도록 기도하면서 함께 있었을 것입니다. 또한 디도에게 문안하고 그레데 성도들에게 문안하는 마음을 전했을 것입니다. 하나님의 사람들은 서로서로 문안하고, 서로를 위해 기도해주며, 하나님의 은혜를 받아 서로 잘되기를 바라는 마음을 가져야 합니다.

"믿음 안에서 우리를 사랑하는 자들에게 너도 문안하라." 사도 바울뿐 아니라 사도 바울의 일행을 사랑하는 자들이 또 있을 것입니다. 그들에게 디도와 그레데의 성도들도 문안을 해달라고 바울이 요청하는 것입니다. 바울의 소식을 궁금해 하고 그의 안부를 묻는 사람들에게 그의 근황과 안부를 잘 전해주기를 디도에게 바라는 것입니다. 이런 것을 볼 때 사도 바울은 성도들과의 관계를 중요시하는 것을 알 수 있습니다. 바울은 하나님과의 관계가 깊은 사람인데, 이에 더하여 하나님을 믿는 성도들과의 관계도 소홀히 하지 않는 대사도의 모습을 보여줍니다.

"은혜가 너희 무리에게 있을지어다." 바울은 디도와 그레데 교회에게 마지막 인사를 전합니다. 성도와 교회에는 하나님의 은혜가 꼭 필요합니다. 그 은혜 안에는 영적인 것과 물질적인 것, 건강과 가정의 안녕도 다 포함됩니다. 그 모든 은혜가 디도와 교회의 모든 성도에게 있기를 기도해줍니다. 여기에서 바울의 진심이 드러납니다.

사실 바울은 앞 장에서 그레데 사람들이 거짓말을 잘하고 여러 문제가 있다고 지적하였지만, 그 교회에서 수고하는 디도에게 애정이 있고, 또한 그 지역의 성도들이 영적으로 성장하고 믿음 위에 바로 서기를 진정으로 바라고 있습니다. 그러기에 아볼로나 두기고 등 여러 유력한 인물을 보내는 것입니다. 성도는 어느 지역에 살고 있든지 그 한 영혼 한 영혼이 정말 귀합니다. 그 한 사람이 천국에 갈 사람이고, 하나님이 사랑하시는 사람이며, 그 한 사람을 위해 주님이 피 흘려 돌아가셨기 때문입니다. 또 하나님이 그에게 복음의 씨앗을 뿌려주셔서 예수님을 믿게 하시고, 성령이 오셔서 역사하시는 사람이므로 그는 함부로 대할 사람이 아닙니다. 특히 우상을 숭배하는 사람과는 비교할 수조차 없습니다. 천국을 바라보는 사람과 마귀에게 쓰이는 사람은 겉으로는 같은 사람의 모습을 하고 있어도 신분은 확연히 다른 것입니다. 그래서 바울은 그레데가 좋지 않은 지역일지라도 귀한 인물들을 보내서 돕고 있습니다.

하나님의 사람은 성도들에게 부족한 모습을 발견하여도 실망하지 말고 성도들의 심령에 있는 믿음의 씨앗을 생각해서 끝까지 도우려는 자세가 필요합니다. 기도하고 이해해주고 끝까지 기다려주는 마음이 필요합니다. 젊을 때는 혈기가 많고 이해심이 부족하여 쉽게 실망하고 포기합니다. 그러나 나이가 드는 동안 많은 경험을 하면서 마음이 넓어집니다. 바울이 이 편지를 쓸 때도 노년의 때였으므로 이런 마음으로 말했을 것입니다. 원숙해진 사도 바울의 신앙과 인격이 드러나는 편지입니다.

함께 읽으면 좋은 책

국내 저자

박윤선. 『성경주석-바울 서신』, 서울, 영음사, 1955.

엄성옥. 『유세비우스의 교회사』, 서울, 은성, 1990.

이병철. 『대조 신약성경』, 서울, 브니엘 출판사, 1986.

이상근. 『신약 성서 주해(살전-디도)』, 서울, 대한예수교장로회, 1968.

이한수. 『바울신학연구』, 서울, 총신대학출판부, 1993.

한국성서연구원. 『성서원어대전(신학사전 Ⅰ·Ⅱ·Ⅲ)』, 서울, 브니엘 출판사, 1986.

한천설. 『바울서신』, 서울, 총신대학교신학대학원, 2013.

『바울서신연구』, 서울, 총신대학교신학대학원, 2013.

홍창표. 『신약과 문화』, 수원, 합동신학교출판부, 1995.

국외 저자

구쓰리. 『틴델 주석 시리즈』, 서울, CLC, 1982.

그랜트 오스본. 『LAB 주석 시리즈(디모데-디도서)』, 서울, 한국성서유니온선교회, 2008.

렌스키. 『디모데전후서·디도서·빌레몬서』, 서울, 백합출판사, 1976.

매튜 풀. 『매튜 풀 청교도 성경주석(디모데-히브리서)』, 파주, 크리스천 다이제스트, 2016.

매튜 헨리. 『성서주석 시리즈』, 서울, 기독교문사, 1979.

알렉산더 맥클라렌. 『맥클라렌 강해설교(에베소서 Ⅱ-디모데전서)』, 고양, 크리스천 다이제스트, 2010.

윌리엄 거널. 『그리스도인의 전신갑주』, 고양, 크리스천 다이제스트, 2014.

윌리엄 마운스. 『WBC 주석 시리즈-목회서신 46』, 서울, 솔로몬, 2013.

피터 고데이. 『교부들의 성경 주해(신약 XI)』, 서울, 분도출판사, 2013.

필립 샤프. 『사도적 기독교』, 고양, 크리스천 다이제스트, 2004.

원서

Calvin. 『*Calvin's New Testament Commentaries*』, Great Britain, Eerdmans, 1973.

Herman Ridderbos. 『*PAUL*』, Grand Rapid, Eerdmans, 1975.

Tenney. 『*The Zondervan Pictorial Encyclopedia of the Bible: Volume* Ⅰ-Ⅴ』, Grand Rapid, Zondervan, 1975.